Auf der Spur des Morgensterns

Wir danken herzlich allen Menschen und Institutionen,
die im Förderkreis PARANUS-Verlag unsere Arbeit unterstützen.
Das vorliegende Buch wurde besonders gefördert
von der Autorin selbst, der »Brücke Schleswig-Holstein gGmbH«
und vom »Verein zur Wiedereingliederung psychisch kranker
Menschen – die Wabe e.V.« (Erlangen).

Die Autorin:

Die Bildhauerin Dorothea Buck, Jg. 1917, war, nach freier künstlerischer Tätigkeit, von 1969 bis 1982 Lehrerin für Kunst und Werken an der Fachschule für Sozialpädagogik I in Hamburg. Zwischen 1936 und 1959 erlebte sie fünf schizophrene Schübe. In ihrem ersten Schub wurde sie in den v.Bodelschwinghschen Anstalten in Bethel zwangssterilisiert.

Dorothea Buck war und ist maßgeblich in der Bewegung der Psychiatrie-Erfahrenen aktiv, die sich Ende der 1980er Jahre zu formieren begann. Heute ist sie die Ehrenvorsitzende des 1992 auch von ihr mitgegründeten »Bundesverbandes Psychiatrie-Erfahrener«.

Zusammen mit Thomas Bock gründete sie 1989 das erste Psychose-Seminar in Hamburg und warb auf vielen Lesereisen im In- und Ausland für die Idee des Trialogs zwischen Betroffenen, Angehörigen und in der Psychiatrie Tätigen.

Im Februar 2008 wurde Dorothea Buck das Große Verdienstkreuz des Verdienstordens der Bundesrepublik Deutschland verliehen.

Im Herbst 2012 erscheinen Dorothea Bucks »Ermutigungen – Ausgewählte Schriften«, wieder in Kooperation vom Anne Fischer Verlag und Paranus Verlag.

Dorothea Sophie Buck-Zerchin

Auf der Spur des Morgensterns

Psychose als Selbstfindung

Herausgegeben von Hans Krieger

Mit einem Anhang:

Wie es weiterging

Erzählt von Dorothea Sophie Buck-Zerchin

Anne Fischer Verlag · Paranus Verlag

Bibliografische Information Der Deutschen Nationalbibliothek
Die Deutsche Nationalbibliothek verzeichnet diese Publikation in der Deutschen Nationalbibliografie; detaillierte bibliografische Daten sind im Internet über http://dnb.d-nb.de abrufbar.

5. Auflage 2014

Paranus Verlag
Postfach 1264, 24502 Neumünster
Telefon (0 43 21) 2004-500, Telefax (0 43 21) 2004-411
www.paranus.de

Anne Fischer Verlag
Am Hochsitz 8, 22850 Norderstedt
Telefon (040) 52 52 828, Telefax (040) 52 110 976

Koordination dieser Neuausgabe: Hartwig Hansen, Hamburg
Umschlaggestaltung: druckwerk, die Brücke Neumünster gGmbH
unter Verwendung eines Aquarells der Autorin
Das Foto der Autorin auf der Rückseite des Buches
verdanken wir Frau Erika Kluge.
Druck und Bindung: druckwerk, die Brücke Neumünster gGmbH

ISBN 978-3-926200-65-5 (Paranus Verlag)
ISBN 978-3-926049-47-6 (Anne Fischer Verlag)

Gleichzeitig zu dieser Neuausgabe erscheint
in Zusammenarbeit mit dem Dorothea-Buck-Haus in Bottrop
das Hörbuch mit der ISBN 978-3-926200-66-2.

Inhalt

Anhang

Vorwort des Herausgebers zur Taschenbuchausgabe

Fast neun Jahre sind seit dem ersten Erscheinen dieses Buches vergangen. Für die Autorin waren dies trotz ihres hohen Alters Jahre des intensiven Engagements für eine humanere Psychiatrie. Sie hat dabei rasch den Mut gewonnen, das schützende Pseudonym abzustreifen; unter ihrem bürgerlichen Namen Dorothea Buck ist »Sophie Zerchin« als Mitbegründerin eines bundesweiten Selbsthilfeverbandes der Psychiatrie-Erfahrenen und als Referentin bei zahlreichen Tagungen in die Arena getreten. Damit und mit ihrem Buch, das für viele zum Wegweiser wurde, hat sie selbst entscheidend dazu beigetragen, daß die Neuausgabe jetzt auf positiv veränderte Verhältnisse trifft. Fortschritte in der Psychiatrie sind nicht nur einer verfeinerten Medikamentierung zu verdanken, auch nicht nur der Öffnung für flankierende Therapieformen, deren gemeinsames Kennzeichen die verstärkte menschliche Zuwendung ist. Gewachsen ist vor allem die Bereitschaft, auf die PatientInnen zu hören und ihre Erfahrungen ernst zu nehmen. Wegbereiter wurden dabei die »Psychose-Seminare«, die sich nach dem Hamburger Vorbild (an dem Dorothea Buck maßgeblich beteiligt war) rasch im ganzen Land ausgebreitet haben – Gesprächsgruppen, in denen Fachleute, Psychiatrie-Erfahrene und Angehörige nach einem neuen Psychoseverständnis und einer gemeinsamen Sprache suchen (bei immer noch zu geringer Beteiligung der Ärzte). Dies sind erfreuliche Ansätze für einen Wandel, der nach wie vor dem biologistischen Denken der Medizin abgetrotzt werden muß und heute durch die Euphorien der Gen-Forschung neuerlich gefährdet ist. Das Buch von Sophie Zerchin / Dorothea Buck kann hier weiter gute Dienste tun; es hat noch immer den Charakter eines Pioniergangs in wenig erforschtes Gelände.

München, im Januar 1999 Hans Krieger

Vorwort des Herausgebers zur Erstausgabe

Wir leben in einer verrückten Welt. Wenn als Kriterium der Verrücktheit die Selbst- und Gemeingefährlichkeit gilt, bedarf dieser Satz keines Beweises; das Arsenal der Massenvernichtungswaffen und die bedrohlich fortschreitende Zerstörung der Lebensgrundlagen sprechen eine nur zu deutliche Sprache. Doch innerhalb dieser allgemeinen Verrücktheit gibt es eine Verrücktheit besonderer Art: die sogenannten Geisteskranken – Menschen, deren Geist auf eine für den »Normalen« unbegreifliche Weise anders zu funktionieren scheint. Sie werden eingesperrt und zwangsbehandelt, bis sie unauffällig genug sind, sich einzupassen; wenn dies nicht gelingt, werden sie weiter eingesperrt.

In frühen, vorrationalen Kulturen stand der Wahnsinnige dem Göttlichen nahe; seine Erfahrung reichte über menschliches Durchschnittsmaß hinaus. Das Zeitalter der Vernunft unterwarf ihn der Gewalt, zunächst der rohen Gewalt der Arbeitshäuser und Narrentürme, später der sublimen Gewalt der Medizin. Die Geschichte der Psychiatrie beginnt als eine Geschichte der physischen und psychischen Folter. Ansätze zu humanerer Behandlung entwickeln sich nach und nach, immer wieder bedroht von Rückfällen und der Gefahr, selber in larvierte Gewalt umzukippen. Dies kann nicht überraschen, denn die Gewalt steckt schon im Ansatz: indem der Wahnsinnige für krank im medizinischen Sinn erklärt wird, wird ihm die menschliche Bedeutung seines Fühlens und Denkens aberkannt; er wird betrachtet und behandelt wie eine falsch funktionierende Maschine. Er verliert seine Subjekt-Qualität und wird zum bloßen Objekt der Diagnose, der

Fürsorge und der Verwahrung. Die Euthanasie-Morde der Nazis sind so gesehen nur eine zwar extreme, aber folgerichtige Konsequenz der psychiatrischen Ideologie. Solange Fehlsteuerungen in der Biochemie des Körpers für abweichendes Wahrnehmen, Denken und Fühlen verantwortlich gemacht werden und die Frage nach dem möglichen Sinn solch abweichender Erfahrungen gar nicht erst gestellt wird, muß jeder Verlust des therapeutischen Optimismus den Gedanken an ein »lebensunwertes Leben« nahelegen, und es ist dann nur eine Frage der moralischen Enthemmung, ob dieser Gedanke zur Tat wird. Heute bewahren uns vor solchen Konsequenzen vor allem die Künste der pharmazeutischen Industrie, mit denen sich das fundamentale Scheitern der klassischen Psychiatrie wirkungsvoll verschleiern läßt.

Jahrzehnte psychiatrischer Forschung brachten eine Fülle von marginalen Details, aber keine wirkliche Erkenntnis. Was zum Beispiel eine »Schizophrenie« – das am häufigsten diagnostizierte psychiatrische Krankheitsbild – eigentlich ist, weiß niemand zu sagen, der rein medizinisch denkt, sich also weigert, den verborgenen Sinn psychotischen Welterlebens zu entschlüsseln. Schon der Begriff führt in die Irre. Schizophrenie heißt Spaltungs-Irresein, doch der Schizophrene erliegt seinen Wahnvorstellungen ja gerade darum, weil ihm die Spaltung mißlingt, die wir alle täglich leisten: die Abspaltung der Symbolwelt des Unbewußten von der Alltagsrealität unseres rationalen Bewußtseins. Er erlebt plötzliche Einbrüche von Inhalten des Unbewußten, deren Symbolcharakter er verkennt – und verkennen muß, solange seine »Therapeuten« ihm nicht helfen, den symbolischen Sinn zu verstehen, sondern seine fremdartigen Erfahrungen lediglich mit sozialem Zwang und der chemischen Keule zu unterdrücken versuchen.

Solche Einsicht ist möglich geworden durch die Entdeckungen der Tiefenpsychologie, vor allem der Schule

C.G. Jungs. Doch nur äußerst zögernd hat tiefenpsychologisches Denken in die Medizin eindringen und die psychiatrische Praxis verändern können – mit beachtlichen Erfolgen im einzelnen, aber ohne Breitenwirkung. Die Psychiatrie mit ihrer Verwahrungspraxis und ihrem rein somatischen Krankheitsbegriff blieb hier ebenso resistent wie gegenüber Versuchen von Soziologen und Sozialpsychologen, die Abgrenzung des »Normalen« vom nicht mehr »Normalen« in Frage zu stellen, also den Vernunftbegriff zu relativieren, dessen Meßlatte bestimmte Erlebnis- und Verhaltensformen als krankhaft definiert. Reformansätze wie die eines Ronald Laing, Gaetano Benedetti oder Martti Siirala haben die theoretische Diskussion befruchtet, im Falle Laings auch ein lebhaftes publizistisches Echo gefunden, die Anstaltspraxis aber zumindest in Deutschland nicht verändert. Unangetastet blieb vor allem das Definitionsmonopol der Psychiatrie; daß etwa von den »Kranken« selber zu erfahren sein könnte, was der Inhalt ihrer »Krankheit« ist, schien bis vor kurzem undenkbar. Massive Berührungsängste stehen dem entgegen. Denn die Ausgrenzung und Stigmatisierung des »Geisteskranken« dient auch der Ausgrenzung und Verdrängung von Dimensionen der Erfahrung.

Doch seit kurzem gibt es erste Anzeichen für eine Lokkerung dieser Berührungsängste. Einzelne Psychiater, Klaus Dörner etwa, haben begonnen, auf die Stimme der Patienten zu hören, von ihnen lernen zu wollen – in gewissen Grenzen, natürlich. Eine Patientenbewegung ist im Entstehen, die sich nicht nur vorgenommen hat, von der Psychiatrie eine Aufarbeitung ihrer inhumanen Vergangenheit einzufordern, sondern auch ihr eigenes Expertenwissen in eine gewandelte Psychiatrie einbringen will. Denn wer wenn nicht die Betroffenen selber kann Experte sein, wenn es um die Frage geht, was »Wahnsinn« eigentlich ist, wie er erlebt wird und wie mit ihm umzugehen ist?

Sophie Zerchin gehört zu den Initiatorinnen dieser Patientenbewegung. Ihr Erfahrungsbericht gibt uns eine Innenansicht psychotischen Erlebens. Was im diagnostischen Blick des Psychiaters als pure Absurdität erscheint, auf die inhaltlich sich einzulassen Zeitverschwendung wäre, erschließt sich hier nach und nach als ein chiffriertes Muster sinnträchtiger symbolischer Zusammenhänge, das – sobald es verstanden und integriert wird – das Leben nicht beeinträchtigt, sondern bereichert. Die in den psychotischen Schüben immer wieder aufblitzende Erfahrung der Geborgenheit in einem weitreichenden, geradezu kosmischen Sinngefüge, wie sie im normalen Zustand nie zu erleben ist, weist dabei am nachdrücklichsten darauf hin, daß es nicht ausreicht, im psychotischen Erleben einfach die Auswirkung eines geistigen Defektes, eines fehlgesteuerten Gehirns zu sehen. Zugleich dokumentiert das Buch die Inhumanität der Psychiatrie in ihrer destruktivsten Phase. Es dokumentiert diese Verweigerung der Menschlichkeit dort, wo sie am unmittelbarsten trifft: in der Wirkung auf die Seele des ohnehin durch seine zunächst unverständlichen »Wahnerlebnisse« beunruhigten, oft tief verstörten Patienten. Sophie Zerchin, als »schizophren« diagnostiziert, wurde fünfmal interniert; als ganz junge Frau erlitt sie in der Nazi-Zeit die Zwangssterilisierung.

Schließlich aber, und das ist wohl das Wichtigste: Sophie Zerchin fand aus eigener Kraft einen Ausweg aus der Wahnverstrickung und damit aus dem Kreislauf der Anstaltsaufenthalte (aus der »Drehtürpsychiatrie«, wie man das gerne nennt). Als sie erkannte, daß ihre Wahnvorstellungen aus dem eigenen Inneren kamen und symbolisch verstanden sein wollten (etwa wie die nächtlichen Träume des »Normalen«), hatte sie den Schlüssel zu ihrer Selbstheilung gefunden. Sie verweigerte die Medikamente und wurde gesund durch ein vertieftes Selbstverständnis. Auch darüber – und wie hilfreich dabei Gespräche mit den Mitpatienten waren – berichtet ihr Buch. Es ist darin nicht nur Dokument einer großen Kraft der Selbstbehauptung unter ungünstigsten Bedingungen, sondern auch Zeugnis einer außerordentlichen geistigen Leistung.

Wenn ein besonders begabter Mensch den Weg der Heilung durch Verstehen aus eigener Intuition finden und gehen kann, obwohl alles darauf abgestellt ist, ihn daran zu hindern, – wieviele andere könnten diesen Weg nachgehen, wenn sie dabei tatkräftige und verständnisvolle Unterstützung fänden? Doch eine Herausforderung zum Umdenken ist das Buch von Sophie Zerchin nicht nur für die Psychiatrie. Es nötigt uns, unsere Vorstellungen von »Normalität« als viel zu eng und einengend zu erkennen, und lädt uns ein, einen umfassenderen Kosmos menschlicher Erfahrung zumindest in den Umrissen zu erahnen.

Die Selbstheilung von Sophie Zerchin war dauerhaft. Gut dreißig Jahre sind seit ihrem letzten psychotischen Schub vergangen, in dem sich ihr die Symbolik ihrer Schizophrenie erschloß als ein Weg zu höherer Integration. Sie hatte verstanden und brauchte keinen weiteren Schub. Sie wirkte erfolgreich als Künstlerin und Lehrerin und hat noch im hohen Alter die Kraft zu aktivem sozialem Engagement, zum Engagement für die Rechte der Entrechtetsten in unserer Gesellschaft: der sogenannten Geisteskranken.

Ein Buch wie dieses zu schreiben, fordert Mut. Noch ist es auch für den seit langem Geheilten und sozial Wohlintegrierten ein Risiko, zu bekennen, daß er einmal »geisteskrank« und Anstaltsinsasse war. Noch ist die Macht des Vorurteils groß und die Angst vor den sozialen Folgen dieses Vorurteils nur allzu begründet. Das Buch von Sophie Zerchin sollte und könnte dazu beitragen, daß diese Schranken fallen.

München, im März 1990 Hans Krieger

Einleitung

Schizophrenie wird in den Lexika als »Spaltungsirresein« erklärt; vom »zerrissenen und gespaltenen« Menschen ist in den psychiatrischen Lehrbüchern die Rede. In meinen fünf psychotischen Schüben von 1936 bis 1959 habe ich mich aber nie gespalten gefühlt, sondern ergriffen und manchmal überwältigt von Gewißheiten und Sinnzusammenhängen, geführt von einem Instinkt, den ich als spontane Impulse oder als innere Stimme erlebte. Ich fragte andere, die wie ich als »schizophren« diagnostiziert worden waren. Auch sie hatten sich nicht »gespalten« und »zerrissen« gefühlt.

Eine Freundin schrieb mir 1985: »Ich habe seit meinem 25. Lebensjahr eine als solche diagnostizierte Schizophrenie und mindestens 4 Schübe hinter mir. Ich habe mich während meiner akuten Krankheitsphasen nie gespalten gefühlt, sondern immer nur ergriffen von einem unerhörten märchenhaft-apokalyptischen Sinnzusammenhang, der äußerst schwer zu durchleben war und mich von daher der Alltagswelt ferngerückt hat. Meine Mitmenschen, die diese Schübe und meine Auseinandersetzungen mit den Ansprüchen, die da an mich gestellt wurden, nur von außen beobachten konnten, mußten meine Reaktionen freilich als absonderlich oder verrückt erfahren . . . Mein Lebens- und Weltgefühl entsprach eher dem eines Menschen, dem plötzlich klar wird, daß unter seinem Wohnraum tiefere Stockwerke sind und über ihm höhere, und dem sich plötzlich diese Stockwerke, die zu dem großen Menschenhaus gehören, von unten und oben her erhellen. So gewann die naive Gegenwart des gelebten Lebens plötzlich eine neue Bedeutung, indem mythische Vergangenheit zu mir auf und religiöse, apokalyptische Visionen auf mich nieder stürzten. Diese Erfahrung aber widerspricht der Grunderfahrung der Zerrissenheit. Eher gibt sie die Erfahrung einer größeren Einheit wieder.«

Viele Schizophrene erleben offenbar diese im Normalzustand nicht gespürten Sinnzusammenhänge. Sie können zu unsinniger Selbstüberschätzung verführen, und der von Angst Erfüllte wird sie als Verfolgungsideen erleben. Für den innerlich Isolierten kann die Erfahrung einer engeren Verbindung mit dem Ganzen eine große Hilfe sein. Nur vor dem Hintergrund dieser den Normalzustand übersteigenden Sinnerfahrung können die für den Schizophrenen als typisch geltenden »Beziehungs- und Bedeutungsideen«, seine Symbolsprache und seine Symbolhandlungen verstanden werden. Dem Psychiater erscheinen sie als unsinnig, weil er sie als isolierte Symptome betrachtet und den verborgenen Sinnzusammenhang nicht kennt.

Mein Bericht möchte verständlich machen, warum wir Betroffenen die psychotische Erfahrung nicht als sinnlos erleben und als einen Unwert von uns abspalten können, sondern verstehen lernen müssen, was in der Psychose geschieht. Ohne dieses Verstehen ist nach meiner Erfahrung aus fünf Schüben eine echte und endgültige Heilung nicht möglich.

Den ersten Anstoß zum Schreiben gab mir meine tiefe Betroffenheit über die ärztlichen Morde an weit über 100 000 Anstaltspatienten in den Jahren 1939 bis 1945 und die noch immer menschenunwürdigen Zustände in unseren geschlossenen Anstalten. Von meinen fünf Schüben (1936, 1938, 1943, 1946 und 1959) fiel nur der dritte in die Zeit der »wilden Tötungen« nach der offiziellen Einstellung der Patientenvergasungen im August 1941. Ich war damals Patientin der Frankfurter Universitätsnervenklinik, die von dem Euthanasie-Gegner Professor Kleist geleitet wurde. Nur am Rande erfuhr ich von verhungernden Patienten in der hessischen Anstalt Eichberg und konnte es nicht glauben.

Erst während des Eichmann-Prozesses 1961 hörte ich Zahlen der Euthanasie-Opfer. Bestürzt wollte ich Näheres erfahren. Außer einem schmalen Kapitel in »Medizin ohne Menschlichkeit« von A. Mitscherlich und F. Mielke gab es im Buchhandel damals nichts. In einem Presse-Archiv fand ich einige wichtige Leserbriefe, darunter den Brief eines ehemaligen Patienten der Anstalt Eichberg über seine grauenhaften Erfahrungen als Leichenträger. Der längst vergriffene Bericht *Die Tötung Geisteskranker in Deutschland* von Alice Platen-Hallermund (1948) wurde mir auf Umwegen geliehen.

Meine Bestürzung wuchs, als 1964 die *Evangelischen Dokumente zur Ermordung der ›unheilbar Kranken‹ unter der nationalsozialistischen Herrschaft in den Jahren 1939-45* erschienen. Seit dem Ende der fünfziger Jahre arbeitete ich als Bildhauerin an öffentlichen Aufträgen, die nur durch Wettbewerbe zu gewinnen waren, und hätte meine ungeteilte Aufmerksamkeit für meine Arbeit gebraucht. Doch die verdrängten Patientenmorde und die Unmenschlichkeit unserer Anstalten beunruhigten mich so tief, daß es mich immer wieder von der künstlerischen Arbeit weg an die Schreibmaschine drängte. In meiner künstlerischen Arbeit ging es mir um die Beziehungen der Formen und Gestalten zueinander; die Beziehungslosigkeit dieser Psychiater zu ihren Patienten widersprach allem Menschlichen, ohne das es für mich keine Kunst geben kann. Es gelang mir nicht, mich über diesen Abgrund von Gleichgültigkeit hinwegzusetzen, und ich wollte es auch nicht. Nur wir Betroffenen selber würden zu mehr Einsicht und Menschlichkeit in der Psychiatrie beitragen können – auch dadurch, daß wir uns weigerten, weiterhin stumme Opfer und Objekte zu bleiben.

Aus den Freisprüchen für vieltausendfache ärztliche Mörder wegen ihres »nicht einwandfrei nachzuweisenden

Unrechtbewußtseins« – so in Frankfurt 1967 unt
netischem Beifall der Zuhörer« – mußten wir erk
daß die an den Anstaltspatienten begangenen Mor
in unserem »Rechtsstaat« nicht als Verbrechen galt
an den Morden beteiligten Ärzte aus Anstalten, Gesundheitsbehörden und Universitäten blieben geachtet; wir dagegen blieben die »Minderwertigen«. Jeder blieb mit seinem Wissen um diese Verbrechen allein. Ich befreite mich von der Last dieses Wissens und von meinem Zorn über unsere Ohnmacht zunächst mit der Niederschrift eines »Euthanasie«-Spiels (1969).

Ermutigend war seit den sechziger Jahren das Engagement einiger Journalisten, die besonders im *STERN*, im *SPIEGEL* und in der *ZEIT* die Öffentlichkeit immer wieder mit unserer Anstaltsmisere konfrontierten. An Frank Fischer möchte ich erinnern, der sich als Hilfspfleger in verschiedenen Anstalten einstellen ließ und über seine zum Teil haarsträubenden Erfahrungen erst in der »Zeit« und dann in seinem Buch »Irrenhäuser – Kranke klagen an« berichtete (1969). In den zwanzig Jahren, die seither vergangen sind, hat es manche Reformen gegeben. Trotzdem berichteten Uwe Heitkamp und Michael Herl, die sich in verschiedene Anstalten in mehreren Bundesländern als Patienten hatten einweisen lassen, im April 1986 im ARD-*Report:* »Ihnen drinnen bleibt nach meiner Erfahrung kaum eine Hoffnung. Und das über Jahre und Jahrzehnte hinweg. Sie werden beobachtet, kontrolliert, sind eingesperrt und vollgepumpt mit Medikamenten. Die gedämpfte Dauerbeleuchtung bei Tag und Nacht verursacht Kopfschmerzen. Die Betten-Ausstattung ist perfekt: Handbinden, Fußfesseln und Bauchgurte sind griffbereit am Bett montiert.«

Ein Mitarbeiter der *ZEIT*, Hans Krieger, hatte sich in engagierten Rezensionen psychiatrischer und psychologischer Literatur für eine verständnisvollere Behandlung psychotischer Patienten eingesetzt. Er machte uns mit

Psychiatern wie Jan Foudraine und Ronald Laing vertraut, die die Schizophrenie aus der Erfahrung des Patienten zu begreifen versuchten. Über meine jüngere Schwester nahm ich Verbindung mit Hans Krieger auf. Dem »Euthanasie«-Spiel hatte ich ein Manuskript folgen lassen, in dem ich mich mit dem Somatose-Dogma der psychiatrischen Lehre auseinandersetzte und für ein psychologisches Verstehen der Psychose-Erfahrung plädierte. Nachdem Hans Krieger den ersten Teil meines Manuskriptes gelesen hatte, schrieb er mir: »Inzwischen gibt es schon eine Menge Literatur zur Psychiatriekritik, viel Kluges und Gewichtiges ist da gesagt worden. Aber es sind immer Psychiater und andere Laien, die sich da äußern; die Experten (ich meine die Patienten, die Leute, die das Schicksal der Psychose an sich selbst erfahren haben) werden nicht gefragt und können sich auch nur sehr selten mitteilen. Sie sind als Mensch mit Ihren Erfahrungen unendlich wichtiger als alle Theorie; daß jemand sich selbst aus der Psychose befreien kann und auch versteht, was da passiert ist, kommt nicht oft vor, und daß Sie dazu die Gabe des Schreibens haben, ist ein seltener Glücksfall. Ich fände es schade, wenn Sie da nur etwas schreiben wollten, was auch ein Psychiater oder ein Journalist könnte.«

Aber konnte ich so offen und rückhaltlos über meine Psychose berichten, wie er mir vorschlug? Würde ich es nicht bereuen müssen, so intime Dinge preisgegeben zu haben? Noch heute trifft mich jedes abwertende Urteil über »Geisteskranke« sehr tief. Andererseits lasteten auf mir die Morde an meinen Leidensgefährten und das Unrecht der Zwangssterilisierung. Wenn die dogmatische Voreingenommenheit der Psychiater zu solchen Verbrechen führen konnte, dann mußte endlich etwas geschehen, um ihnen die Augen zu öffnen. Und nur aus unseren Erfahrungen konnten sie die erlebte Wirklichkeit der Psychose kennen lernen.

Eineinhalb Jahre lang ließ ich die Sache ruhen. Dann fand ich, daß ich meine Erfahrungen als Anstaltspatientin aufschreiben sollte. Ich wünschte, mein Bericht könnte dazu beitragen, daß psychotische Menschen besser verstanden und mit mehr Achtung behandelt werden.

Sophie Zerchin

Vom 9. bis 11. 10. 1992 trafen sich 220 ehemalige und heutige Psychiatrie-PatientInnen und gründeten den »Bundesverband Psychiatrie-Erfahrener e. V.«. Sie schlossen sich dem »Dachverband Psychosozialer Hilfsvereinigungen e. V.« Thomas-Mann-Straße 49 A, 5300 Bonn 1 an.

Wiedergeburt im Watt

Am 9. April 1936 trieb es mich in die Dünen hinaus. Es war Gründonnerstag – an einem Gründonnerstag war ich vor 19 Jahren geboren worden. Am späten Nachmittag ging ich von zuhause fort. Seit einigen Wochen erlebte ich diese starken inneren Impulse. Ich folgte ihnen bedingungslos, denn ich empfand sie als Führung nach dem Paulus-Wort: »Die der Geist Gottes treibt, die sind Gottes Kinder.«

Die Nacht verbrachte ich in einer Dünenmulde. Es war kalt. Von Zeit zu Zeit stieg ich hinauf auf die Düne, um den Aufgang zuerst eines, danach eines zweiten Sternes über dem Horizont des Wattes zu beobachten. Waren es Venus und Merkur? Daß ein Stern in einer einzigen Nacht vom Horizont bis in den hohen Himmel aufsteigt, wie hier der Morgenstern, war mir wie ein Wunder. Ich hatte es noch nie gesehen, hatte nie davon gehört oder gelesen. Vielleicht steht er auch nur selten so günstig, daß man seinen ganzen Lauf beobachten kann.

Im Morgengrauen, als der Stern hoch am Himmel stand, zog ich mein Zeug aus, meinen liebsten Pullover und alles andere, und verscharrte es im Sand. Ende meiner Eitelkeit. Nur den neuen Wintermantel behielt ich an. Dann ging ich dem Morgenstern nach, den Johannes am Ende seiner Offenbarungen mit Jesus identifiziert hat. Ich ging zuerst am Deich entlang, dann ins Watt hinein; ich lief genau auf der Leuchtspur, die der Stern ins feuchte Watt warf. Ich hatte abgewartet, bis es mich zum Aufbruch treiben würde, und erklärte mir nun den Sinn dieses Ganges als vorausgeworfenes Zeichen einer einzuholenden Entwicklung.

Ich kam an einen Priel, der auch bei tiefster Ebbe nicht

austrocknet. Ich kannte ihn von einer sommerlichen Wattwanderung her; wir hatten ihn durchqueren müssen, und trotz tiefer Ebbe war uns das Wasser beidemale bis an die Hüfte gegangen. Jetzt mußte ich den Priel durchschwimmen. Als ich am anderen Ufer angelangt war, verblaßte der Morgenstern. Nur der Mond, der neben ihm stand, war noch sichtbar. Ich war an eine Stelle mit tiefem Schlick geraten. Ich zog meinen Mantel aus und trat ihn unter mich, aber trotzdem sank ich tief in den Schlick ein. Da verblaßte auch der Mond. Was sollte ich nun tun? Hilf mir bitte, Jesus, ich friere, bat ich erschöpft von der kalten, durchwachten Nacht.

Dann wandte ich mich zur Insel um und faßte den Leuchtturm ins Auge. Aber da, wo ich kurz vorher noch hatte schwimmen müssen, war jetzt das Wasser verschwunden. Auf allen Vieren kroch ich zurück durch den Schlick, zog mich an einer großen eiförmigen Boje hoch, blickte noch einmal hinter mich, sah die Sonne aufgehen und verlor das Bewußtsein.

Als ich aufwachte, lag ich zuhause unter dem Leuchtbogen meiner Mutter. Arbeiter hatten mich gefunden. Ich begriff nun nichts mehr; das Sternwunder war mir ebenso unbegreiflich wie das trockene Prielbett. Als erstes fragte ich, ob sie vielleicht alle Engel wären. Geschahen denn auch heute noch Wunder, und hatte nur ich als einzige nichts davon gewußt? Als ich Mutter erzählte, daß ich einen Stern vom tiefen Horizont bis hoch in den Himmel hatte aufsteigen sehen und danach noch einen zweiten, schüttelte sie ungläubig den Kopf: das könne nicht sein. Von dem zweiten Wunder, daß das Prielbett ohne Wasser war, sprach ich darum schon gar nicht mehr.

Aber diesen Tag wollte ich festlich begehen – mit einem Stück Torte. Meine Schwester holte es sogleich vom Bäkker. Ich war überzeugt, daß dies der wichtigste Tag meines Lebens war: der Tag meiner Wiedergeburt aus dem Schlamm des Wattes. Als eingetrocknete schwarze Kruste trug ich diesen Schlamm noch auf der Haut, und als er im Bad nun abgeschrubbt wurde, kamen darunter meine von Muscheln zerschnittenen Knie zum Vorschein. Das war der Beweis, daß ich wirklich zurückgekrochen und nicht geschwommen war, dachte ich. Und auch mit der Stelle, an der mein Mantel versenkt war, hätte ich das Wunder beweisen können: genau am Schnittpunkt der Geraden zwischen Leuchtturm und Boje mit dem jenseitigen Prielufer müßte ich ihn wiederfinden. An der großen Boje, die auf der Inselseite des Priels liegt, mußte ich gefunden worden sein, überzogen von einer Schlickschicht, die beim Schwimmen wieder abgespült worden wäre. Es ist wie bei einer richtigen Geburt, dachte ich: statt des Fruchtwassers ist das Prielwasser abgegangen.

Einige Wochen zuvor war ich am Meer entlang gegangen. Der Strand war hart; es ging sich leicht. Über dem hellgrauen Wasser mit den weit hinausgreifenden dunklen Buhnen schwebte hinter Nebeln das unbestimmte Licht der Sonne – ein schwereloser, fast heiterer Anblick. Ich wollte nicht zweimal denselben Weg gehen und stieg die Dünenkette hinauf, um am Watt entlang zurückzulaufen. Meer und Watt leben vom Himmel, den sie widerspiegeln, und je nach der Farbe der Wolken ist das oft ein großartiges Bild. Diesmal war es ein bestürzend düsteres. Wie eine tote Macht lag unbeweglich das Watt im grauen Nebel, in seltsamem Gegensatz zum Meer unter dem schwebenden Licht der verhangenen Sonne. Mit jedem Schritt sackte ich in den weichen, feuchten Grasboden ein. Eine Möwe hob sich vom Boden und sank sogleich wieder herab. Eine andere lag tot an einem Tümpel zwischen den Binsen. Endlos zog sich der Weg dahin, entlang am schnurgeraden Deich.

Am nächsten Morgen hatte sich dieser Weg für mich in Musik verwandelt. Es begann mit dem Nebelhorn. Geigenstimmen setzten ein mit dem Thema der hinter den Nebeln unsichtbar schwebenden Sonne. Die weit ins

Meer hinausgreifenden dunklen Buhnen klangen aus der Tiefe herauf, wie um das schwebende Licht zu halten. Ich konnte kaum so schnell mitschreiben, wie ich die Musik in mir hörte. Natürlich hatte ich keine passenden Noten dafür; ich zeichnete einfach die Melodienbögen mit dem Bleistift nach. Später wollte ich sie ins reine zeichnen und jeder Stimme eine andere Farbe geben. Dann kam der Aufstieg auf die Dünenkette. Die drohend dunkle Macht des Todes lastete über dem Watt. Und gerade dieser Teil der Musik begeisterte mich: das Aufeinanderprallen zweier entgegengesetzter Mächte als Höhepunkt. Doch gerade hier, an der spannendsten Stelle, brach plötzlich, von einem Takt zum anderen, die Musik ab. Nichts kam mehr, kein einziger Ton. Ich war verzweifelt.

War es eine geheime Angst gewesen, die gerade am Höhepunkt die Musik jäh abbrechen ließ – die Angst, mein Lebensweg könnte ebenso wie dieser Weg am schnurgeraden Deich entlang in vorgeschriebenen Gewohnheiten ermüden? Und hatte die gleiche Angst mich in der Morgendämmerung des Karfreitags dazu gedrängt, der hellen Spur des Morgensterns ins Watt zu folgen? Genau an der gleichen Stelle wie beim ersten Mal war die Möwe aus dem Tümpel neben dem Deich aufgeflogen und war wieder herabgesunken, als laste ein Druck auf ihr. Aber dieses Mal hatte ich die Sonne strahlend über dem Watt aufgehen sehen, und die Sonne hatte alles verwandelt. Mit diesem in Musik verwandelten »Lebensweg« begann das Erleben in Symbolen, das in meinen psychotischen Phasen dominieren sollte.

Als »geisteskrank« erschien mir dieses für mich so wesentliche Erlebnis durchaus nicht. Biblische Berichte wie der von Abrahams Gehorsamsprobe zeigten deutlich genug, daß göttliche Führung etwas ganz anderes war als unsere Alltagsvernunft. Sollte nicht das unerschütterliche Vertrauen in Gott sogar Berge versetzen? Wenn Gott von Abraham gefordert hatte, sein Liebstes, sein eigenes Kind zu opfern – warum sollte er nicht von mir verlangt haben, daß ich mich selbst als das mir Liebste überwand?

Das war ein Einbruch des sonst Unbewußten ins Bewußtsein – ein Einbruch einer anderen Realität, der Realität des Symbolischen. Die Psychiatrie betrachtet einen solchen Einbruch als krankhaft; sie nennt das »Schizophrenie«. Damit ist eine Spaltung gemeint, die Spaltung zwischen Traumwelt und äußerer Wirklichkeit. Ich aber habe mich in meinen psychotischen Schüben nie gespalten gefühlt, sondern hatte oft ein tieferes Gefühl vom Zusammenhang.

Im »normalen« Zustand hätte es mich nicht dazu gedrängt, der Spur des Morgensterns im feuchten Watt zu folgen. Aber dann hätte ich auch keine symbolische Geburt erlebt. Daß ich sie erleben würde, war mir im Augenblick des Aufbruchs ins Watt noch nicht bewußt.

Ein Osterhasenbilderbuch war mit der Ostersonnabendpost für mich gekommen, ohne Absender. Ich war entzückt, daß jemand sich das für meine Wiedergeburt hatte einfallen lassen, und betrachtete es aufmerksam. Dann wurde ich in eine geflochtene Trage mit Verdeck gelegt, wie man sie für den Schiffstransport von Kranken verwendete. Auf die Wiedergeburt folgt der Säuglingskorb, dachte ich.

In dem vergitterten Zimmer des Festlandkrankenhauses vergingen mir Assoziationen solcher Art. Hier, wo ich über die Ostertage bleiben sollte, war es unheimlich. Das Unheimliche lag für mich darin, daß niemand mit mir sprach. Vertrauensvoll war ich mitgekommen, und nun war ich hinter Gitter gesetzt, und niemand erklärte mir, warum. Der Rechtsbrecher kennt die Gründe seiner Gefangenschaft; der sogenannte Geisteskranke aber weiß nicht, warum er eingesperrt und bekämpft wird.

Das Krankenhaus schien über die Ostertage kaum belegt zu sein. Eine Schwester kam herein, aber sie sprach nicht mir mir. In der Nacht wachte sie im Nebenzimmer.

Das kleine Fenster zwischen uns, durch das sie mich überwachen konnte, blieb die ganze Nacht über erleuchtet. Der Ostersonntag war ein trüber Regentag. Eine lastende Stille breitete sich aus, in die alle Viertelstunden die Glocke vom nahen Schloßturm schlug. Auf der Balkonbrüstung vor dem Fenster saß ein bunter Stieglitz. Sollte es der sein, der mir vor Jahren weggeflogen war? So rund geworden inzwischen? Pfleger und Stationsmädchen machten sich einen Spaß daraus, mich zu necken. Ich griff dem Mädchen dafür in die Halskette, und wahrscheinlich hab ich sie zerrissen.

Was sollte ich hier? Ich hatte die Nacht über den Aufstieg des Sterns verfolgt. Meine Mutter hatte das für unmöglich erklärt. Aber es war ausgeschlossen, daß ich mich geirrt hatte. Sollte sich das Wunder der Weihnachtsnacht wiederholt haben, und ich war die einzige, die es gesehen hatte? Nein, das konnte nicht sein; die Sternwarten waren doch auch da. Nun wurde ich bestraft dafür, daß ich im Watt ein Wunder erlebt hatte. Ich begriff das alles nicht. Und in diesem unheimlichen Schweigen um mich herum wuchs immer mehr meine Angst.

Warum war von zuhause niemand mit mir gekommen? Warum ließen sie mich alleine in dieses düstere Krankenhaus fahren, ohne sich weiter um mich zu kümmern? Und was sollte die Spruchkarte, die sie mir mitgegeben hatten: »Und ob ich schon wanderte im finstern Tal, fürchte ich kein Unglück«? Ich wanderte doch gar nicht im finstern Tal, sondern hatte ein Wunder erlebt: meine Wiedergeburt. Ins finstere Tal hatten erst sie mich gebracht, indem sie mich in dieses Krankenhaus steckten und dort allein ließen. Und sie hatten mir nicht gesagt, wohin ich kommen würde.

Zorn kam nun zur Angst hinzu. Ich zerriß die Spruchkarte und auch das Osterhasenbuch. Die Ostereier und Apfelsinen, die sie mir mitgegeben hatten, warf ich an die Zimmerwände. Dann kippte ich das große Eisengitter, das oben nur angebunden war, aus dem Fensterrahmen und versperrte damit die Tür; mein Bett schob ich davor. Die Pfleger sollten wenigstens draußen bleiben. Die Gardinen habe ich wahrscheinlich auch zerrissen. Doch die Pfleger kamen. Einer stand auf dem Balkon vor dem Fenster, die beiden anderen vor dem Gitter an der Tür. Drohend schwang ich das Steckbecken. Sie drangen trotzdem mit einer Spritze ein. Da schlug ich das Becken einem von ihnen an den Kopf; es traf ausgerechnet den, der freundlich gewesen war und mich nicht geneckt hatte. Sie hieben mir die Betäubungsspritze in den Oberschenkel und schafften mich dann in den Keller hinunter.

»Viereinigkeit! Viereinigkeit!« brüllte ich auf der Treppe. Das war mein Protest dagegen, daß ich für das Wunder im Watt mit Einsperren, Betäubungsspritze und nun mit Kellerhaft bestraft wurde. Es war zugleich auch mein Protest gegen eine Dreieinigkeit, aus der wir ausgeschlossen sind, weil Gottes Geist in uns nicht wirken darf.

Die »Viereinigkeit« blieb ein zentrales Thema meiner Psychosen – als die Einheit von Geist und Natur, Gott und Welt. Vor allem in meinem fünften Schub im Jahr 1959 gewann sie große Bedeutung. Die Erklärung dafür fand ich später bei C.G. Jung. Was ich »Viereinigkeit« nannte, heißt bei ihm Quaternität. Die Quaternität oder Vierheit ist eines der großen Symbole der Ganzheit. Jung schreibt darüber: »Wenn die vierte Größe zu den drei anderen tritt, entsteht das ›Eine‹, welches die Ganzheit symbolisiert. In der analytischen Psychologie ist es nicht selten die ›minderwertige‹ Funktion (d.h. diejenige Funktion, die dem Menschen nicht zur bewußten Verfügung steht), welche ›das Vierte‹ verkörpert. Ihre Integrierung ins Bewußtsein stellt eine der Hauptaufgaben des Individuationsprozesses dar.«

Der Keller war stockfinster. Sie hatten mich auf eine Matratze am Boden gelegt. Ich kroch in der Dunkelheit an der Wand entlang, bis ich zwei kleine Mörtelleisten ertastete. Ich legte sie über Kreuz auf meinen Körper. Da wurde ich ruhiger und schlief ein. Am Morgen kam der Pfleger, dem ich das Steckbecken an den Kopf geschlagen hatte. »Sieh mal, da hast du mich hingeschlagen!« Er zeigte mir die große blaue Beule an der Stirn. Es tat mir wirklich leid. Ihn hatte ich nicht treffen wollen.

Später kamen der Vater meiner Freundin Armgard und die Gemeindeschwester, die mich auf dem Schiff begleitet hatte. Sie zogen mir einen Wollschlüpfer übers Nachthemd, legten mir meinen alten Wintermantel um und banden mir die Hände zusammen. Nun galt ich also schon als gefährlich. Im Auto saß ich mit der Gemeindeschwester auf der Hinterbank; vorne saß Armgards Bruder, den sein Vater in die Diakonenschule fuhr. Als ich während der Fahrt die Fessel ein wenig zu lockern versuchte, um die ins Gesicht verrutschte Kappe zurückzuschieben, war das Grund genug, mir wieder eine Betäubungsspritze zu verpassen. Ich empfand es als Strafe. Wohin ich gebracht wurde, wußte ich auch diesmal nicht.

Kindheit und Krise

Wie entsteht eine Schizophrenie? Erwächst sie aus der Lebensgeschichte, aus Reaktionsweisen, die sich schon in der Kindheit entwickelten, etwa um ein Gefühl des Mangels auszugleichen? Nach dem Verlauf meiner Kindheitsgeschichte könnte ich mir das denken.

Ich wurde im ersten Weltkrieg geboren. Mein Vater stand im Feld, wie man damals sagte. Was für ein Feld mochte das wohl gewesen sein, in dem mein Vater stand? Sein Feldbett stand zusammengeklappt auf dem Dachboden; es war das Notbett, das bei allen Umzügen mitgenommen wurde. Später hatte ich es in meinem ersten kleinen Atelier; es war neben dem Modellierbock und einem geliehenen Barhocker für meine Porträt-Modelle das einzige Möbelstück.

Vater brauchte das Feldbett als herumfahrender Divisionspfarrer ohne festen Unterstand. Auf einem vergilbten Foto sitze ich auf seinem Schoß. Es ist mein erster Geburtstag. Die Gartenlaube, in der wir sitzen, ist noch kahl, aber ich habe einen Kranz von Himmelsschlüsseln auf dem Kopf. Mein Vater sieht glücklich aus und lächelt. Ich auch. Auf späteren Kinderbildern sehe ich immer etwas traurig aus. Er hält mich behutsam, aber man sieht ihm an, daß er lange kein so kleines Kind mehr im Arm gehabt hat. Er trägt einen einfachen Soldatenrock. Eigentlich hatten meine Eltern auf einen Jungen gehofft, als Spielgefährten für meinen zwei Jahre älteren Bruder. Denn zwei Mädchen hatten sie schon. Wir wurden keine Spielgefährten, mein Bruder und ich. Kaum hatte ich angefangen, eine Geschichte zu erzählen: »Es war einmal ein Häschen . . .«, fiel er mir sogleich ins Wort: ». . . das hat ein stumpfes Näschen.« Damit war ich gemeint; das stumpfe Näschen hatte ich. Ich wollte aber nicht von mir erzählen, sondern von dem Hasen, der in meiner erdichteten Kindheit eine so große Rolle spielen sollte.

An diesem ersten Geburtstag hat mein Vater mich vielleicht erst zum zweiten Mal gesehen. Als der Krieg zu Ende war und er wieder nach Hause kam, war ich inzwischen eineinhalb Jahre alt. Darauf schob er die Fremdheit, die zwischen uns blieb. Seine ganze Liebe wandte er unserer jüngsten Schwester zu, die drei Jahre nach mir geboren wurde. Für mich blieb nicht genug übrig, fand ich, und hier saß der Kummer, der meine ganze Kindheit überschattet und mich noch weit darüber hinaus begleitet hat.

Meine Mutter versuchte, den Mangel für mich auszugleichen, aber das schien nun wieder meine drei älteren Geschwister zu ärgern. Vaters besondere Liebe für unsere Jüngste ließen sie gelten; sie teilten sie sogar. Daß aber Mutter mich etwas zu bevorzugen schien, konnten sie nicht so gut hinnehmen; dazu war wohl auch der Altersabstand zu mir nicht groß genug.

Einmal träumte ich, Mutter sei ertrunken. Ich stand im Dunkeln auf und klopfte an die Tür meiner Eltern; ich mußte mich sofort vergewissern, daß Mutter noch da war. Sie öffnete im Nachthemd, aber nun wagte ich gar nicht, ihr zu sagen, daß ich etwas so Schreckliches von ihr geträumt hatte. Sie war etwas ärgerlich, daß ich sie ohne Grund mitten in der Nacht geweckt hatte. Vielleicht war sie in meinem Traum ertrunken, weil Vater sie immer »Entchen« nannte; daß es »Ännchen« hieß, ist mir erst später aufgegangen.

Weniger geliebt zu werden als meine jüngere Schwester, hat mich sehr belastet. Noch mehr belastete mich, daß ich daraus folgern mußte, weniger liebenswert zu sein. Ich selbst fand mich »katzig«, wie man damals sagte, aber schon früh spürte ich, daß das etwas mit meiner unglücklichen Stellung innerhalb der Familie zu tun hatte. Als kleines Kind hatte ich als besonders fröhlich gegolten. Ersatz suchte ich in intensivem Spiel, und irgendwie spürte ich schon damals selber, daß ich im Spielen auch vor etwas floh.

In den zwanziger Jahren konnte das Spielen auch noch wirklich zum Lebensinhalt werden, denn die Autos hatten uns Kinder noch nicht von der Straße verdrängt, und die Schule ließ noch genügend Zeit zum Spielen. Manche Spiele hatten ihren festen Platz im Jahresrhythmus. Zur Zeit des Kreiselspiels sah man überall auf ebenen, gepflasterten Flächen Kinder ihre bunten Holzkreisel mit einem Bindfaden am Stock antreiben. Zur Zeit des Murmelspiels sah man sie an den ungepflasterten Straßenrändern die farbigen Tonmurmeln oder Knicker und die größeren Buzer aus Blei oder Glas in Mulden werfen. Auch Tauspringen, Steckbuch und das Hüpfspiel »Hinkepinke« hatten ihre festen Jahreszeiten. Nur Mädchen spielten diese drei Spiele, während Messerstechen auch ein beliebtes Jungenspiel war: in ein auf die Erde gezeichnetes Feld wurde ein offenes Taschenmesser geworfen; die im Boden steckende Schneide zeigte an, in welcher Richtung das Feld geteilt wurde, und das ging fort, bis einer Herr über das ganze Feld war. Die nicht an Jahreszeiten gebundenen Spiele wurden in unserem Garten gespielt; hier trafen sich die vielen Kinder aus unserer Straße. Rund um die Stadt lebten noch Bauern.

Wenn ich zurückdenke, habe ich das Gefühl, daß auch meine Eltern Spielen wichtiger fanden als Schule. Da ich als zart galt – ein Kriegskind eben –, ließen sie mich oft in der Schule fehlen. Im ersten Schuljahr hat mich ohnehin meine Mutter unterrichtet, obwohl sie mit fünf Kindern und einem großen Haushalt eigentlich kaum Zeit hatte. Ich aber wäre viel lieber in die Schule gegangen. Der Schulhof grenzte an unser Land hinter dem eigentlichen Garten; ein Imker hatte hier in einem Holzgestell seine

Bienenkörbe stehen. Täglich saß ich dort auf dem überdachten Bord mit einem Butterbrot und einem Becher warmer Milch für meinen Bruder, der gleich in der großen Pause an den Zaun kommen würde. Schließlich wurde vereinbart, daß ich jedesmal, wenn eine Schülerin fehlte, mich auf ihren Platz setzen durfte. Ganz enttäuscht kam ich einmal nach Hause: wieder waren alle da gewesen. Aber ein Mädchen hatte schon eine dicke Backe; die würde morgen sicher fehlen.

Aber als ich dann im zweiten Schuljahr reguläre Schülerin wurde, hatte die Schule ihren anfänglichen Reiz für mich wohl schon etwas verloren. Denn aus der ganzen Grundschulzeit sind mir fast nur die kleinen Ostereier im Gedächtnis haften geblieben, die wir zum ersten Mal mit Tinte in das neue Heft statt mit dem Griffel auf die Schiefertafel zeichnen und dann bunt ausmalen durften. Und die Lehrerin (sie war eine Cousine von Vater) mit ihrer rotblonden Haarkrone und den hellblauen Augen; sie galt als streng, aber wenn sie sprach, sah ihr Mund freundlich aus. Eine genaue Erinnerung habe ich nur an das, was mich besonders beeindruckt hat; darum habe ich ein so gutes Gedächtnis für die ungewöhnlichen Erfahrungen meiner psychotischen Phasen, während ich aus den normalen Zeiten dazwischen sehr Vieles vergessen habe, denn was ich in der Psychose erlebte, empfand ich als wesentlich.

Mutter hatte vor ihrer Ehe zusammen mit einer Freundin einen Kinderhort gehabt. Von daher hatte sie wohl den ausgeprägten Sinn dafür, wieviel Zeit Kinder zum Spielen brauchten. Vater teilte ihre Auffassung, und so wuchsen wir fast ohne ernstere Schulsorgen auf. Auch im Haushalt brauchten wir kaum zu helfen. Mittags zwanzig oder dreißig Stück Geschirr abtrocknen (die Zahl wurde beim Essen ausgehandelt), sonnabends die Gartenwege harken (was wir schon als viel Arbeit empfanden) und Brot und Milch holen, wenn der Pferdekarren des Milchmannes zu wenig gebracht hatte. Wahrscheinlich gab es nur wenige Eltern, die schon damals dem Spiel eine so große Bedeutung für die Entwicklung der Kinder zumaßen.

Vater, der hier so aufgeschlossen war, zeigte in anderer Hinsicht weniger psychologisches Verständnis, und das blieb mir immer unverständlich. Er schrieb uns Kindern bestimmte Eigenschaften zu; er drückte uns einen Stempel auf. So entstand eine Rangordnung unter uns, die auch zur Hackordnung werden konnte. »Meine älteste Schwester ist klug, die zweite schön, und ich habe nichts«, sagte ich betrübt zu einer Tante (sie hat es mir später erzählt). Ganz leer ging ich allerdings auch nicht aus. Vater fand, daß ich »natürlich« war und redete und schrieb, »wie mir der Schnabel gewachsen war«. Er meinte sogar, ich würde »als erste heiraten«. Aber für mich war das nur ein Trostpflaster, ich konnte es nicht als echte Anerkennung empfinden, wie er sie meinen drei klügeren Schwestern gab. Meine Unlogik machte ihn ungeduldig. Schließlich wagte ich bei Tisch kaum mehr den Mund aufzumachen, um nicht wieder etwas Unlogisches zu sagen. Deshalb mußte ich auch Latein lernen, weil es angeblich das logische Denken schult. Es hat mir sogar Spaß gemacht, aber ich glaube nicht, daß ich dadurch logischer geworden bin. Heute wundert es mich eigentlich, daß ich als die Unbegabteste in der Familie galt, denn am Ende der Grundschulzeit war ich trotz der langen versäumten Zeiten unter den sieben Besten von vierzig.

Schön war ich auch nicht. Meine breite Nase nannte Vater zuweilen einen »Hexentanzplatz«. Das war als Spaß gemeint, aber ich fand es überhaupt nicht spaßig. Ich tröstete mich damit, daß er mich manchmal »ägyptische Königstochter« nannte – auch wegen der Nase. Er hatte lange in Jerusalem und Alexandria gelebt, dort hatten er und Mutter sich auch kennengelernt. Ausgleich suchte ich bei meiner jüngeren Schwester. Wenn Vater und die älteren Geschwister sie so viel lieber hatten als mich, dann sollte sie wenigstens mich am meisten lieben. Immer wieder setzte ich ihr mit der Frage zu, wen sie nach den Eltern am liebsten habe.

Ganz besonders aber liebte ich meine Puppen. Wenn wir verreist waren, schrieb ich ihnen zärtliche Briefe. Noch als Zwölfjährige wünschte ich mir eine Puppe – sie wurde meine Lieblingspuppe. Sie mußte Latein lernen – wie ich. Zwischendurch aber wurde sie immer wieder einmal vom Schulmädchen zum Baby. Meine älteren Geschwister mißbilligten das; viel richtiger fanden sie die gleichmäßige Entwicklung vom Dreijährigen zum Schulkind, die meine jüngere Schwester ihrem Puppenjungen angedeihen ließ. Ich aber brauchte diese Baby-Phasen. Die Erinnerung an den mit geblümtem Stoff ausgeschlagenen Korbpuppenwagen mit meiner Puppe als gewickeltem Baby darin, dazu das warme Kinderzimmer mit dem großen Kachelofen und dem verschneiten Garten hinter den Fenstern, läßt noch heute ein Gefühl von kindlicher Geborgenheit in mir aufsteigen, wie ich es sonst kaum erinnere.

Im Sommer wohnten unsere Puppen in einem Gartenhaus, das Vater gezimmert hatte. Der Garten, der mit der langen Hecke und dem vielen Gebüsch so viele verborgene Schlupfwinkel bot, der große, geheimnisvolle Keller und ein doppelter Dachboden mit dämmrigen Gerümpelecken, die meine Phantasie entzündeten – das war das Spielreich von uns »beiden Kleinen«. Hier breiteten wir und unsere Freundinnen uns aus. Im Kohlenkeller bauten wir eine Burg aus Briketts, in der wir uns versteckten. In der großen, weißgekachelten Küche, die nur noch zur Einmachzeit benützt wurde, suchten wir uns aus ausgedienten Haushaltsgeräten heraus, was wir für unsere Spiele brauchten. Im Einmachkeller daneben stand einmal ein großer Glasballon mit Apfelsaft; jede von uns hatte hier ein Glas versteckt, und unsere arglose Mutter wunderte sich, wie schnell der Ballon leer wurde. Aufregend war der Aufzug, der von hier am dicken Tau ins darüberliegende Eßzimmer führte; immer wieder hievten wir uns nach oben und fuhren wieder hinunter, bis uns dieses Spiel als zu gefährlich verboten wurde. Ein beliebtes Versteck war der Apfelkeller mit dem eingelagerten Winterobst auf langen Borden. Die Waschküche mit dem eingemauerten Waschkessel und dem Holzbottich mit geriffeltem Waschbrett zog mich ihres seltsamen Geruchs wegen an; den alten Hühnerstall dagegen mied ich, denn obwohl wir keine Hühner mehr hielten, fand ich, daß er immer noch nach Hühnern roch. Öfters träumte ich, daß ein buckliges kleines Männchen darin hauste. Hier stand auch noch der alte eiserne Dreifuß, über dem Vater unsere Schuhe besohlt hatte.

Der geheimnisvollste Raum war der dämmrige Kartoffelkeller. Durch ein blindes kleines Fenster fiel spärliches Licht aus einem davorliegenden Raum, der nur von außen zugänglich war. Was dort verborgen sein mochte, war ein unlösbares Rätsel, das die abenteuerlichsten Vermutungen weckte. Aber eines Tages war der Raum draußen aufgeschlossen und damit war er entzaubert: es standen nur alte Kisten darin.

Der doppelte Dachboden aber behielt seinen Zauber. Der Hängeboden über dem geräumigen Trockenboden war nur über eine riesige Bettenkiste zu ersteigen. Von hier aus stiegen wir durch eine Dachluke auf eine kleine Plattform auf dem Dach; dort richteten wir uns mit Kisten ein und genossen die Aussicht. Eines Tages aber sahen wir den bärtigen Vorsteher des Kirchenbüros ganz außer Atem auf das Haus zulaufen; nie habe ich diesen sonst so behäbigen Mann so aufgeregt gesehen. Er kam, um meinen Vater aufzuklären, daß wir oben auf dem Dach säßen. Von da an war uns das Dach verboten.

Gelassen nahm meine Mutter dagegen hin, daß meine Kleider oft vom Bäumeklettern zerrissen waren. Als ich bei einem Familienausflug mit dem Klettern begann, rutschte ich vom Baum ab und schürfte mir die Beine. Das tat sehr weh, aber nun lag ich einige Tage in dem kleinen Zimmer gleich neben dem Arbeitsraum meines Vaters. Nie hatte ich ihn so besorgt um mich erlebt. Kein Wunder also, daß ich mir wünschte, noch öfter vom Baum zu fallen. Das geschah allerdings nicht.

In Garten und Keller fühlte ich mich nicht benachteiligt – sie waren unser Reich. Die eigentlichen Wohnräume meidet meine Erinnerung dagegen – bis auf die Festtage. Nirgendwo konnte Advent, Weihnachten, Ostern und Pfingsten, aber auch ein Sonntagmorgen – es gab selbstgebackenes Weißbrot und Apfelgelee – so festlich sein wie bei uns. Dabei spielte sich in diesen Räumen ab, was man heute »heile Welt« nennt. Jeden Sonntag – und so oft mein Vater Zeit fand, auch unter der Woche – versammelte sich die Familie nach dem Abendbrot um den großen runden Mahagonytisch im Wohnzimmer zum Spielen oder Vorlesen. Am liebsten las mein Vater Fritz Reuter vor. Auch Fontane, Wilhelm Raabe und Gustav Freitags »Soll und Haben« gehörten zur selbstverständlichen Familienlektüre. Daß ich alle diese Bücher nicht lesen wollte, erregte Vaters Mißfallen. Ich konnte sie mir nur als langweilig vorstellen. »Soll und Haben» – das klang zu sehr nach Schreibstube.

Entzückt war ich von meinem Vater, wenn er manchmal bei Tisch für uns »Schaf« spielte. Er strich sich das dünne, feine Haar ins Gesicht und sah hinreißend blöde aus mit den weitaufgerissenen erstaunten Augen und dem halb offenstehenden Mund. So lustig und locker hätte ich mir ihn immer gewünscht. Er war 45 Jahre älter als ich, und für gewöhnlich war er einfach die Autoritätsperson.

Meine Unternehmungslust durchbrach oft die Grenzen des Erlaubten. Meine Freundin der Grundschulzeit und ich liebten abenteuerliche Erkundungen, die meine Eltern zu gefährlich fanden und darum verboten. Einmal pilgerten wir, als meine Eltern verreist waren, zu einer alten Räuberhöhle weit vor der Stadt, von der die Lehrerin in Heimatkunde erzählt hatte; wir waren sehr enttäuscht, dort keine Räuber zu finden, sondern nur spielende Kinder. Einige Jahre später waren es dann statt der Räuber die Helden verbotener Krimihefte; wir legten die Hefte in unsere Schulbücher und verschlangen sie heimlich. Als wir zwölf waren und zum erstenmal in die Oper durften – es war der »Freischütz« –, hatte es uns der böse Kaspar besonders angetan. Tagelang spazierten meine Freundin der ersten Oberschuljahre und ich immer wieder unter den Fenstern des Sängers auf und ab. Endlich reckte sich ein hemdsärmeliger Männerarm heraus und zog ein am Fenstergriff trocknendes Handtuch herein. Sein Arm! Wir waren befriedigt, aber wohl auch ernüchtert, denn wir stellten unsere täglichen Gänge ein; die Stimmübungen und Arien des Bewunderten hatten ihren Reiz verloren. Die übrige Klasse hielt es mit dem guten Max.

Der ältere Bruder dieser Freundin war meine erste Liebe. Natürlich machte er sich aus der Zwölfjährigen nichts. Ich bewunderte seine Hilfsbereitschaft: zuhause schleppte er die Kohlen für die Kachelöfen. Bei einer langen Schlittschuhfahrt auf den zugefrorenen überschwemmten Wiesen schob er mich, als ich müde wurde, über die schon bedenklich krachenden Gräben in der Dunkelheit zurück. Hingerissen war ich, als meine Freundin mir ein Foto von ihm zeigte: er trug ein weißes Gewand und in den dunklen Locken einen Lorbeerkranz – seine Klasse führte ein griechisches Schauspiel auf. Einmal war ich unterwegs zu Verwandten; der Zug fuhr an seinem Haus vorbei, und plötzlich fühlte ich heftige Bauchschmerzen. So also äußerte sich unglückliche Liebe!

Jeden Morgen, wenn ich aufwachte, dachte ich mir gleich etwas aus, auf das ich mich freuen konnte. Aber als ich vierzehn war, half diese Methode nicht mehr. Das

Spiel hatte seinen Reiz verloren, und nichts Neues war an seine Stelle getreten. Eine unbestimmte Traurigkeit überfiel mich. Ich sprach darüber mit meiner Mutter. »Du darfst dich nicht so wichtig nehmen«, war ihre Antwort. Aber was sollte es mir helfen, etwas nicht zu tun? Etwas tun zu können, war ja immer das gewesen, was mich am Leben freute. Von klein auf hatte ich mich in Aktivitäten gestürzt, um das Gefühl der Benachteiligung zu vergessen und zu unterdrücken. Tat oder plante ich nichts, dann überkam mich Traurigkeit. In einem versteckten Winkel des Gartens blies ich die Traurigkeit in meine Mundharmonika. Dabei hätte ich am liebsten ganz unmittelbar ausgesprochen, was mich bewegte.

Wir Kinder hatten damals jeder einen eigenen Garten mit einem jungen Apfel- oder Birnbaum, mit selbst gesäten Blumen, Radieschen und Kresse; die drei älteren einen größeren, wir »beiden Kleinen« einen bescheideneren. Und in jedem Garten stand eine Laube aus Maschendraht, umrankt von Wicken oder Kapuzinerkresse. Einmal saßen wir Kinder und die Eltern auf die fünf Lauben verteilt beim Vespern, als mir plötzlich einfiel, daß ich etwas sehr Wichtiges noch gar nicht wußte. »Mutter, woher kommen eigentlich die kleinen Kinder?« rief ich hinüber. Mutter saß in einer anderen Laube, aber ich erwartete ganz selbstverständlich, daß sie mir die Antwort ebenso spontan und ungezwungen zurückrufen würde. Der Gedanke, daß meine Frage etwas Peinliches haben und Ort und Zeit unpassend sein könnten, ist mir gar nicht gekommen.

Nun war ich vierzehn, und ich begann die Welt mit anderen Augen anzuschauen. Manches ergriff mich nun, was ich vorher kaum beachtet hatte. Morgens auf dem noch dunklen Schulweg bezauberte mich ein junger Baum, auf dessen Zweigen zahllose Regentropfen im weißlichen Licht der Straßenlaterne schimmerten. Stifters

»Nachsommer« und die Worpsweder Maler Paula Modersohn-Becker und Heinrich Vogeler begannen an die Stelle des umschwärmten Sängers zu treten. Aber nur nachzuempfinden und zu bewundern genügte mir nicht. Ich mußte etwas tun, ich brauchte Ersatz für unsere Spiele. Seit ich zwölf war, wußte ich, daß ich Kindergärtnerin werden wollte. Und so kam ich auf die Idee zu einem Spiel- und Bastelkreis für Kinder. Das war ziemlich kühn, denn ich war ja selbst noch ein Kind. Aber meine Eltern stimmten dem Plan zu, und so fragte ich in einigen Familien eines Wohnlagers, ob die Kinder Sonnabendnachmittags zum Spielen und Basteln kommen wollten. Anfangs kamen dreizehn, später achtundzwanzig Kinder im Alter von vier bis vierzehn; vor Weihnachten machten sogar einige Eltern beim Basteln von Spielzeug mit. Eine Freundin, mit der ich noch heute befreundet bin, half mir in diesem improvisierten Kindergarten. Als wir nach einem Ausflug, zu dem wir für die Kleinsten unseren dickbauchigen alten Korbkinderwagen mitgenommen hatten, die Gruppe im Wohnlager wieder abgeliefert hatten, stieg meine Freundin arglos in den mit blühenden Jasminzweigen besteckten hochrädrigen Wagen, und ich galoppierte mit ihr davon durch die Stadt.

Dieser mächtige Kinderwagen – nie habe ich einen ähnlich großen gesehen –, der im Garten zum Schutz vor Katzen und anderen Tieren in einen Maschendrahtkäfig geschoben wurde, war wohl bezeichnend für die Erziehungsvorstellungen meiner Eltern: wir sollten schon im Babyalter möglichst viel Bewegungsfreiheit haben, aber sorgsam abgeschirmt sein gegen jede denkbare Gefahr.

Für mich aber blieb dies eine wiederkehrende Reaktionsweise: das Gefühl eines Mangels durch Aktivität ausgleichen zu wollen. Erst das intensive Spielen, später der Kinderspielkreis – beides sollte mir über die schmerzlich empfundene Benachteiligung hinweghelfen. Ganz ähnlich reagierte ich, als ich mit 18 Jahren dem ersten ernsthaften Konflikt meines Lebens gegenüberstand.

Wir waren inzwischen auf eine Insel gezogen. Das freie Leben dort fand ich herrlich. Zuvor hatte schon ein Internatsfrauenschuljahr mein Selbstbewußtsein gestärkt, denn ich war dort voll anerkannt worden. Auch die Beziehung zu meinem Vater war durch den wöchentlichen Briefwechsel mit den Eltern enger geworden. Das Gefühl der Benachteiligung hätte ich jetzt eigentlich nicht mehr zu haben brauchen, denn mein Vater schrieb einmal: »Meine geliebte Maus, wer solche Briefe schreiben kann wie Du, der ist wahrlich nicht langweilig! Der ist interessant und amüsant und klug und noch einiges mehr!« Von Vater für klug gehalten zu werden, muß mir sehr wohlgetan haben.

Es war ein vergnügtes Jahr im neuen Zuhause. Nur meine jüngere Schwester und ich waren jetzt noch im Haus und dazu eine Abiturientin als »Haustochter«, die uns zur Freundin wurde. Ein Jahr lang machten wir beide den Haushalt. Nach dem Mittagsabwasch gehörte uns der Nachmittag. Wir rannten mit dem Wind den breiten Strand entlang, der nach den Sommermonaten fast menschenleer war. Um noch schneller am Wasser entlang sausen zu können, dachte ich mir etwas aus: ich montierte die Räder meines alten Puppenwagens ab, um sie unter meine Füße zu schnallen und mich mit einem Segel vom Wind treiben zu lassen. Aber die Räder hätten Kugellager und breitere Gummireifen haben müssen. Ich zeichnete einen Entwurf für Rollschuhe mit Segelantrieb: unter jedem Fuß zwei Räder zwischen Metallschienen, auf die der Schuh geschnallt werden konnte. Ich schickte die Zeichnung an eine Firma und war sehr stolz, als die Antwort mit der Anrede »Sehr geehrter Herr . . .« begann. Ich empfand das als Anerkennung – einem Mädchen traute man eine solche Idee offenbar nicht zu.

Das war 1935. Im Herbst dieses Jahres lernte ich Molt

kennen, und damit begann der Konflikt, der meine Psychose wohl ausgelöst hat. Zusammen mit meiner Mutter, meiner Freundin Armgard und ihren Eltern erlebte ich die erste Singewoche auf der Insel. Molt war der Chorleiter. Ich sehe mich noch zusammen mit Armgard den Tagungsteilnehmern entgegengehen. In einer langen Reihe kamen sie vom Kutter zwischen den Geleisen einer kleinen Inselbahn: Diakonissen, freie Schwestern, Gemeindehelferinnen, auch zwei Pfarrer und ein Vikar, insgesamt waren wir fünfundzwanzig. Beladen mit Gepäck balancierten sie von einer Bohle zur nächsten, während wir barfuß und unbelastet durch das seichte Wasser streiften.

Molt, wie seine Frau in grauem Trenchcoat und Baskenmütze, schleppte einen schweren Koffer. Plötzlich traf mich sein Blick. Ich war betroffen. Ich wußte nicht, was ich von ihm denken sollte. Er war mir unsympathisch, und gleichzeitig beeindruckte er mich. Vorübergehen konnte man jedenfalls nicht an ihm. Im Laufe der Tagung schwand meine anfängliche Abneigung. Beim Dirigieren wirkte er zuweilen ganz nach innen gekehrt, wie ich es noch bei keinem Menschen gesehen hatte. Seine Bewegungen waren verhalten, aber er strahlte eine große innere Lebendigkeit aus und ließ eine sehr breite Spanne menschlicher Möglichkeiten ahnen. Zugleich wirkte er unkonventionell, und das fiel mir in diesem Kreis besonders auf. Einen hohen Wert maß er offenbar der Keuschheit zu; auf sie wies er immer hin, wenn er uns ein altes Volkslied nahebrachte, das er besonders liebte.

Wir waren erfüllt vom gemeinsamen Singen und Leben. Am vorletzten Tag aber – die ganze Singgemeinschaft war bei uns zu Hause – schloß Molt »Blutsbrüderschaft« mit unserem Dackel. Er tat das mit einem Stück Zucker und meinte es als Spaß. Ich aber konnte das gar nicht spaßig finden. Brüderschaft mit einem Hund – das hätte mir noch eingeleuchtet. Aber Blutsbrüderschaft?

Entwertete Molt damit nicht seine eigene Natur als Mensch? Gleich zu Anfang hatte mich der Eindruck betroffen gemacht, daß er sich so zeigte, wie er fühlte, zugleich aber auch eine Art Schuld zu empfinden schien, daß er so fühlte. Oder war gerade dieser Zwiespalt die Quelle seiner Lebendigkeit?

Ende Januar 1936 sollte Molt wiederkommen, diesmal nur für die Insulaner. Die Aussicht darauf machte mich glücklich. Ende Januar – bis dahin waren es nur wenige Monate. Begeistert warb ich bei unseren Bekannten für diese zweite Singetagung. Der junge Realschullehrer sah mich amüsiert an, als ich ihm von Molt und dem gemeinsamen Singen mit ihm vorschwärmte.

Glücklich holten Armgard und ich Molt vom Inselbahnhof ab. Vier Tage würde er bleiben; vormittags sollten Armgard und ich jede eine halbe Stunde Einzelunterricht bei ihm haben, nachmittags und abends sollte im Chor gesungen werden.

»Du strahlst ja wie die Sonne«, sagte Vater bei Tisch. Ich saß neben Molt. Bei der ersten Singewoche hatte ich mich ihm gegenüber befangen gefühlt und die Sitzordnung bei Tisch stillschweigend geändert, als ich die Karte mit meinem Namen neben seinem Platz fand. Ich reichte ihm eine Schüssel. Seine Hand zuckte zurück. »So heiß kann ich nicht anfassen«, sagte er. – »Wir können, wir sind geläutert«, erwiderte ich im Spaß. – »Ein großes Wort«, fand er. »Klug sind Sie nicht?« fragte er mich in einer Singstunde. »Nein.« Unbekümmert konnte ich es ihm zugeben, denn er war ein Mensch, bei dem sich die Klugheit nicht verselbständigt hatte; Denken, Fühlen und Phantasie hielten sich bei ihm für mein Gefühl die Waage. Diese erste Begegnung mit einem wirklichen Künstler hatte für mich etwas Befreiendes. Und auch sein Interesse an mir tat mir gut.

Am vorletzten Abend gingen wir nach dem Chorsingen an den Strand, Molt, Armgard und ich. Das Meer leuchtete von Glühtierchen. Meeresleuchten in einer Januarnacht! Ich kannte es nur aus Sommernächten. Über uns der Sternenhimmel und neben uns das schimmernde Meer. Wir waren beschwingt und glücklich und sehr jung. Ich war 18, Armgard zwei Jahre älter, Molt 33. »Mädchen, nehmt mich in die Mitte!« sagte er. Eingehakt gingen wir am Meer entlang, und er redete zu uns von der Weite des Christentums, das so viel weiter sei als die enge Pastorenkirche. Ich war tief beeindruckt, wie lebendig Jesus für ihn war.

Am nächsten Morgen aber war mir der Boden unter den Füßen wie weggezogen. Das Wichtigste schien mir zu fehlen. »Ich kann nicht mehr singen«, sagte ich in der Singstunde, »es ist alles kaputt.« – »Und daran bin ich nun schuld!« meinte er. – »Schuld?« fragte ich. – »Sie sind nun schon die vierte, der ich alles zusammengebrochen habe«, gab er zur Antwort. »Und dann fahre ich wieder ab und lasse Sie allein. Ich weiß nicht, ob ich das tun darf.« – »Sie müssen es wohl tun«, meinte ich. Denn es schien mir kaum in seiner Macht zu liegen, es zu lassen, da es nicht nur seine Worte waren, die mich ergriffen hatten, sondern der ganze Mensch. »Was ist aus den anderen geworden?« wollte ich wissen. Sie waren alle älter gewesen als ich, standen schon im Beruf. Eine Gemeindeschwester hatte ein halbes Jahr bei ihm und seiner Frau gewohnt und war zutiefst beeindruckt gewesen von der inneren Weite ihres Christentums. »Wie kommt's daß du so traurig bist/ und gar nicht einmal lachst./ Ich seh dir's an den Augen an,/ daß du geweinet hast . . .« – dieses Lied lernte ich dann doch noch.

Der letzte Singabend war vorüber. Wir hatten noch zusammengesessen. »Jetzt sind wir die Götter und steigen zum Olymp hinauf«, sagte Molt, als wir unsere steile Treppe hochstiegen, und nahm mich ermutigend in den Arm. Mir war überhaupt nicht olympisch zumute. Am nächsten Vormittag würde sein Schiff gehen.

»Was tun Sie da?« fragte er am anderen Morgen, als ich oben den Flur fegte. Ich ergriff diese letzte Chance zu einem Gespräch. »Was heißt das, Christ sein?« fragte ich. »Die Hand Gottes ergreifen«, antwortete er. Diese Hand glaubte ich seit meiner frühesten Kindheit ergriffen zu haben. Ich liebte Ihn, seit ich in der Schöpfungsgeschichte in unserer großen Bilderbibel entdeckt hatte, daß Er sich alles ausgedacht hatte, was dann geworden war, auch den frechen Spatzen und die komische Gans. Von kleinauf hatte Er mir immer geholfen, meine ständig verlorenen Haarklemmen und anderes wiederzufinden; wenn ich Ihn darum bat, fiel mir ein, wo ich suchen mußte. Jesus aber traute ich die Phantasie und den Humor Gottes nie recht zu; zu ihm fehlte mir die Beziehung. »Was kann ich dazu tun?« fragte ich Molt. »Wollen Sie nichts erzwingen, machen Sie sich einfach weit!« – Ich nahm mir vor, mich »weit« zu machen. – »Besuchen Sie uns Ostern auf der Fahrt ins Kindergärtnerinnenseminar!« – »Das ist noch sooo lange hin!« – »Dann schreiben Sie mir, wie es Ihnen weiter geht!« Ja, ich würde ihm schreiben.

Während wir oben auf dem Flur sprachen, hörte ich unten meinen Vater leise die Tür seines Arbeitszimmers öffnen. Für ihn mußte es ganz unverständlich sein, wie sehr ich mich seit den ersten beiden glücklichen Tagen verändert hatte.

Wir brachten Molt zur Inselbahn, Armgard und ich, und nun schien es mir sogar besser, daß er abfuhr. Ich brauchte Ruhe für die neue Entwicklung. »Schreiben Sie mir!« sagte er noch einmal, als der Zug sich in Bewegung setzte.

Ein Jahr später wurde ich aus Bethel entlassen – abgestempelt als »unheilbar Geisteskranke«. Oft habe ich mich in den folgenden Jahren gefragt, was der Grund dieses Zusammenbruchs war, nach dem – nur fünf Wochen später – meine Psychose aufbrach. War mir mit dem Zweifel an der »Pastorenkirche« der heimatliche Boden entzogen? Nicht nur mein Vater, auch beide Großväter und drei Onkel waren Pastoren. Wir lebten in dieser Tradition. Bei Molt aber schien mir der christliche Glaube nichts Überkommenes zu sein, sondern etwas unmittelbar Erfahrenes. Auch seine Bildung hatte er aus eigener Kraft erworben; bei uns war sie wie der Glaube Tradition. Früher war er Arbeiter gewesen, hatte er erzählt, und eigentlich hatte er Dichter werden wollen. Das imponierte mir ungemein. Hatte ich an Molt gespürt, daß »Christ sein« mehr verlangt als den Wurzelballen der Tradition und des kindlichen Geborgenseins in Gott, daß noch etwas hinzukommen muß wie ein spontaner Regen, um die Wurzeln zum Treiben zu bringen? Meinem Vater ging es weniger um Jesus als um Gott als »Vater«, der für ihn der »Vater voll heiliger, erziehender Liebe« war. Unter »heiliger« Liebe konnte ich mir nichts vorstellen, und die »erziehende« Liebe muß mich wohl daran erinnert haben, wie Vater seine Liebe zu mir verstand; beide Ausdrücke blieben mir fremd.

War mir in der Nacht am Meer bewußt geworden, wie gerne ich Molt hatte, wie notwendig er mir war und wie schmerzlich das Gefühl, ohne ihn leben zu müssen? Armgard schien viel weniger beeindruckt zu sein, obwohl sie doch die gleichen Worte gehört hatte. Mehr unglücklich als glücklich verliebt war ich später noch öfter, aber nie wieder war mir so der Boden unter den Füßen weggezogen.

Hätte er auch als ausgeglichener Mensch solche Zusammenbrüche bewirken können? Oder war es gerade dieser Konflikt mit sich selbst, die innere Spannung, die er ausstrahlte, das Sich-Selber-in-Frage-Stellen, was meine Selbstzufriedenheit erschütterte? Seit Paulus hatten wohl immer wieder solche Menschen, die ihre Natur nicht voll akzeptierten, bekehrende Wirkung auf andere gehabt.

Wahrscheinlich kam da vieles zusammen. Aber den Wunsch nach einer unmittelbareren Erfahrung muß ich schon vorher gehabt haben. Denn als Vater mir 1934 in die Frauenschule schrieb, er wolle sich auf die Insel versetzen lassen, antwortete ich ihm, am Meer müsse man Gott näher kommen. An Jesus habe ich dabei aber wohl kaum gedacht.

Als Molt abgefahren war, überlegte ich auch, ob nicht alles wieder werden könnte wie zuvor, ob ich nicht einfach sich wieder zusammenziehen lassen sollte, was jetzt so schmerzhaft aufgebrochen war. Aber das empfand ich als Rückzug in eine überlebte Form, die nicht mehr erfüllt sein konnte. Ein Gedicht von Rilke liebte ich damals besonders, »Der Schauende«, in dem es heißt:

»Da geht der Sturm, ein Umgestalter,
geht durch den Wald und durch die Zeit,
und alles ist wie ohne Alter:
die Landschaft, wie ein Vers im Psalter,
ist Ernst und Wucht und Ewigkeit.

Wie ist das klein, womit wir ringen,
was mit uns ringt, wie ist das groß;
ließen wir, ähnlicher den Dingen,
uns so vom großen Sturm bezwingen –
wir würden weit und namenlos.«

In meiner Schürzentasche trug ich ein kleines Neues Testament, in dem ich während der Hausarbeit las. Denn ich wollte Jesus näher kommen. Dann wieder tanzte ich draußen im Mondschein meine Phantasietänze. Jetzt erst fühlte ich die Pubertätszeit mit all ihrer Spannung richtig aufgebrochen. Zuvor hatte ich mich als Einheit erlebt; jetzt fühlte ich mich aufgespalten in ein stürmisches und in ein sanftes Wesen, ein mehr männliches und ein weibliches.

Vergeblich suchte ich eine Beziehung zu Jesus zu finden. Du hast eben kein Schuldgefühl, sagte ich mir, und darum kann dir Jesus als Erlöser von der Schuld nicht viel bedeuten. Alle meine Fehler und Schwächen zählte ich mir auf, um erdrückt von der Last meiner Schuld in die Erlöserarme stürzen zu können. Aber ich konnte keine drückende Last fühlen; wenn ich bei den letzten Fehlern angelangt war, hatte ich die ersten schon wieder vergessen. Nur dreimal in meinem Leben, so schien mir, hatte ich ein nachhaltiges Schuldgefühl erlebt. Das erste Mal, als ich als Kind eine Babypuppe mit Eau de Cologne statt mit Wasser gewaschen hatte und mit Bestürzung feststellte, daß ich sie nicht mehr so lieben konnte wie vorher, weil sie nun drei weiße Flecken auf den roten Backen hatte. Das zweite Mal hatte ich meine kleine Schwester furchtbar angeschrien, weil der Drachen, den wir mit Vater aus Packpapier gebastelt hatten, nicht aufsteigen wollte; zornig anbrüllend gegen den Wind, beschuldigte ich sie, sie lege den Schwanz immer wieder falsch. Mein älterer Bruder kam über die Dünen und fand mein Verhalten unerhört. Ich kann mich nicht erinnern, je wieder so maßlos zornig gewesen zu sein. Das dritte Mal war ich als Kind mit meiner kleinen Schwester in den Sommerferien bei Verwandten auf dem Land. »Sie wird zuhause vorgezogen«, sagte ich zu den jüngeren Halbcousinen, als wir im Gras hockend über unsere Familien sprachen. »Was ist das, ›vorgezogen‹?« wollten sie wissen; sie kannten den Ausdruck nicht. Ich erklärte ihnen das Wort, und nun fanden sie, daß ihre jüngere Schwester auch vorgezogen würde. Jahrelang habe ich mir schwere Vorwürfe gemacht wie seitdem nie wieder. Denn sicher hatte ich ihnen mit dem unbedachten Wort ihre eigene Benachteiligung bewußt gemacht, und was es heißt, sich benachteiligt zu fühlen, wußte ich. Wegen Lügen hatte ich dagegen kaum ein schlechtes Gewissen. Zum Lügen wurde man durch die Verbote der Erwachsenen gezwungen, fand ich; wenn man alles offen sagen dürfte, bräuchte man nicht zu lügen.

All das war nun lange her und half mir wenig. Das Tagebuch Friedrich Lienhards brachte mich schließlich auf die Idee, daß ich Jesus auch als Retter aus der Todesangst erleben könnte. Ich versuchte mir vorzustellen, aus einer dunklen Ecke im Flur oder Keller stürze ein versteckter Mörder auf mich zu. Aber auch das blieb vergeblich; die Gestalt des Mörders und das Gefühl der Todesangst konnte ich mir kaum vorstellen.

Aber auch wenn ich ein Schuldgefühl hätte empfinden können – im Grund verstand ich die ganze Lehre von der Erlösung von der Schuld nicht. Warum sollte Gott weniger liebevoll sein als menschliche Eltern, die ihren Kindern verzeihen können, ohne Opfer und Glauben zu verlangen? Noch heute ist mir das unverständlich.

Nach vier Wochen krampfhafter Bemühungen um eine Beziehung zu Jesus erlebte ich eine Veränderung. Eine Woche lang ging mir morgens gleich nach dem Aufwachen einiges an der christlichen Botschaft auf, das mir bis dahin verschlossen gewesen war. Ich empfand diese Morgengedanken als »Eingebungen«, und zum ersten Mal glaubte ich zu verstehen, was Jesus gemeint hatte mit der inneren Stimme, der Freiheit des Gewissens und dem Wort »Wenn ihr nicht werdet wie die Kinder . . .«. Es kam darauf an, sich führen zu lassen. Nie zuvor hatte ich Eingebungen erlebt. Mein Wille ist, nicht mehr zu wollen, sondern mich von Dir führen zu lassen, beschloß ich. Ich war glücklich über dieses unerwartete Geschenk, und aus dem Gefühl eines ganz neuen Anfangs schrieb ich an Molt.

Jesus als Erlöser von der Schuld zu erfahren, war mir nicht gelungen. Nun aber, wo ich seine Zuwendung zu erleben glaubte, setzte mir manches an mir wirklich zu, und ich hatte das Bedürfnis, mich davon zu befreien, indem ich Molt davon schrieb. Ein Beichtbrief würde es werden, begann ich, und ich sei ihm so dankbar, daß er diese Entwicklung bei mir in Gang gesetzt habe. Wahrscheinlich war ich sogar froh, nun doch auch Schuldgefühle zu haben wie er, mich zumindest über mich selbst ärgern zu können. »Ich könnte mich ohrfeigen über meine Oberflächlichkeit, Menschen in sympathisch und unsympathisch einzuteilen«, schrieb ich. »Als ich Sie zum ersten Mal sah, wußte ich überhaupt nicht, was ich von Ihnen denken sollte. Sie waren mir nur sehr unsympathisch.«

Eine Woche lang schrieb ich mit den morgendlichen »Eingebungen« weiter an diesem Brief. Daß ich schon am Anfang Hemmungen und Taktgefühl verloren hatte, ging mir erst viel später auf. Meine anfängliche kindische Antipathie ausgerechnet gegen Molt, zu dem ich längst eine so starke Zuneigung empfand, schien mir nun auch komisch. Ich suchte nach einem drastischen Ausdruck für diese Komik, sprach von einer Diakonisse, die ich hätte anspucken können, weil ich sie unnatürlich fand, und fügte hinzu: »Bei Ihnen hätte ich gewartet, bis ich mehr gehabt hätte, denn vorübergehen kann man an Ihnen nicht.« Und ich dachte allen Ernstes, daß er »auch darüber lachen« könnte; der Gedanke, daß meine Drastik ihn verletzen könnte, kam mir gar nicht. Schließlich sagte ich ja auch: »Wie konnte ich nur so blöde sein!« Auch Ratschläge erteilte ich ihm. Weil er manchmal plötzlich so ganz nach innen gekehrt aussehen konnte, schrieb ich: »Wir müssen fest auf dieser Erde stehen.« Ich dachte dabei an den »Wanderer zwischen beiden Welten« von Walter Flex, obwohl ich das Buch wohl gar nicht gelesen hatte. Ich glaubte nun ähnliches zu empfinden wie Molt.

Es wurde ein langer Brief. Ein paar Mal hatte ich dabei das Gefühl, mich mit diesem allzu gründlichen Hausputz selber zu vergewaltigen. Aber ich mußte diese Chance jetzt ergreifen, um sie nicht wieder entgleiten zu lassen. Denn ich hatte den Zusammenbruch als Notwendigkeit empfunden. Schon als Kind hatte das Gleichnis vom Sämann einen besonders starken Eindruck auf mich gemacht. Auf welchen Boden würde der Samen bei mir fallen? Ich war keineswegs sicher, daß er nicht wieder vom Unkraut erstickt werden würde.

Auch an meinem Berufswunsch begann ich zu zweifeln. War Kindergärtnerin wirklich das Richtige für mich? In der Frauenschule hatte ich einen sehr skeptischen Aufsatz über die Erziehung geschrieben: die Kinder waren das eigentlich Lebendige und Phantasievolle, während die Erwachsenen in ihren Grundsätzen von Ordnung und Sauberkeit zu erstarren drohten. Der Aufsatz war schlecht beurteilt worden; ich sähe die Erwachsenen wohl doch zu pessimistisch, hieß es. Nun schrieb ich an Molt: »Kinder erziehen sich viel besser selbst.«

An einem Morgen dieser Woche überfiel es mich, daß wir alle Masken tragen. Wir sind nicht so, wie wir sind, sondern so, wie wir glauben, sein zu müssen. »Warum reißen wir uns die Masken nicht vom Gesicht?« schrieb ich. »Warum sind wir verkrüppelt, wo wir natürlich und schön sein könnten?« Der Gedanke, daß Molt auch das auf sich beziehen könnte, kam mir nicht. Denn er hatte mich ja gerade dadurch betroffen gemacht, daß er sich so zeigte, wie er sich fühlte, während ich von klein auf mein Gefühl der Benachteiligung unterdrückt hatte.

Auch im Singen wollte ich jetzt mehr Ursprünglichkeit. »Die feststehenden Lieder können nicht mehr befriedigen«, schrieb ich. »Jeder müßte seine eigenen Lieder haben.« Die Singbewegung hatte die alten Volkslieder wieder ausgegraben. Das waren wunderschöne, naive Geschichten vom Goldringelein, das dem Mädchen auf den Fuß fällt, und vom Bauern, der im Märzen die Rößlein einspannt; die Melodien waren erzählend, zuweilen tänzerisch hüpfend. Aber einen Hymnus aus dem fünften Jahrhundert hatten wir auch gesungen, und der unterschied sich von allen anderen Liedern. Er berichtete nicht, sondern war ganz dem schwebenden Gefühl der inneren Bewegung hingegeben, ließ im Atmen und Singen eine große Weite erleben, die zusammenklang mit dem Meer.

So etwa dachte ich mir die eigenen Lieder. Später fielen mir Melodien zu Gedichten von Rilke und anderen Dichtern ein.

Am ersten Morgen der nächsten Woche – es war der 2. März 1936 – überfielen mich drei Sätze mit einer Wucht, die mich fast zu Boden drückte. Ich war in der Waschküche beim Vorbereiten der großen Wäsche und hatte mich gerade eben noch über die rosa Morgenwölkchen gefreut. Ich hörte keine Stimmen; es war ein Wissen, das über mich kam wie die Eingebungen der vergangenen Woche, nur viel stärker und zwingender: ein ungeheuerlicher Krieg wird kommen; ich bin die »Braut Christi«; ich werde einmal etwas zu sagen haben, und die Wort kommen ganz von selbst.

Ich war so erschrocken, daß ich laut aufheulte. Ganz erregt lief ich zu meinen Eltern und erzählte ihnen, was mir soeben zugestoßen war.

Wir saßen in Vaters Arbeitszimmer. Er suchte mich zu beruhigen: ein Krieg werde nicht kommen. Dann zog er die Konkordanz aus seinem Bücherschrank und erklärte mir, daß »Braut Christi« ein Ausdruck für die »Gemeinschaft der Heiligen« sei. Was aber den dritten Satz angehe, so hätten junge Mädchen noch nichts zu sagen. Ich stimmte ihm zu. Ich hätte auch gar nichts zu sagen gewußt, als daß der Krieg kommen werde. Aber »einmal« hatte es geheißen, nicht jetzt.

Meine Mutter fand, das Beste wäre jetzt, von ganzem Herzen die Hausarbeit zu tun. Das war keine Antwort auf meine bestürzende Erfahrung, aber ich konnte Mutters erschreckte Abwehr verstehen.

Die Worte meines Vaters beruhigten mich zwar, aber glauben konnte ich ihnen nicht. Denn nicht ich konnte diese Gedanken gedacht haben; sie unterschieden sich völlig von meiner sonstigen Art des Denkens und hatten mich gewaltsam als Eingebung überfallen. Wie hätte ich aus mir heraus auf den Gedanken an einen nahenden »ungeheuerlichen Krieg« kommen sollen, da ich mich doch für Politik und Geschichte fast überhaupt nicht interessierte?

Nur ein einziges Mal während meiner Schulzeit hatte mich ein geschichtliches Ereignis wirklich betroffen gemacht, obwohl es im Unterricht meiner Erinnerung nach gar nicht besprochen worden war. Das waren die Ereignisse vom April 1917, als Ludendorff den in der Schweiz lebenden Lenin im plombierten Zug hinter die russische Front bringen ließ, um durch Revolution die russische Kampfmoral zu brechen. In einem Gedicht – es war mein erstes – drückte ich die Sorge aus, daß wir den Kommunismus, den Ludendorff den Russen geschickt hatte, eines Tages wie einen Bumerang zurückbekommen würden.

Dieses Ereignis hatte mich sehr beschäftigt, und es hätte nahegelegen, mit Vater darüber zu sprechen, denn er war politisch und geschichtlich sehr interessiert. Aber es fiel mir schwer, aus mir herauszugehen. Ich kann mich an kein einziges wirkliches Gespräch mit meinem Vater erinnern – außer an das für seine Konfirmanden, zu denen auch ich gehörte, vor der Konfirmation. Ich fand damals mein Verhältnis zu Gott zu kindlich, aber er meinte, das sei ganz richtig so.

Warum haben mich meine Eltern nach den ersten erschrockenen Abwehrreaktionen nicht einfach gefragt, was vorausgegangen war? Das ist mir eigentlich immer unverständlich geblieben. Denn ganz ohne Vorbereitung brechen solche Erlebnisse wohl nicht auf. Daß jemand plötzlich von der Ahnung eines bevorstehenden Krieges überfallen wird, ist wohl nicht ganz ungewöhnlich, denn sogar Tiere können Katastrophen oder den Tod eines Menschen vorausspüren. Aber die Vorstellung, »Braut Christi« zu sein, war ohne Vorgeschichte überhaupt nicht denkbar. In meiner Bestürzung und Ratlosigkeit wäre es mir eine große Erleichterung gewesen, mit meinen Eltern über alles sprechen zu können.

Daß meiner Mutter die Hausarbeit, die damals meine Aufgabe war, wichtiger schien als das, was mich überwältigt hatte, entsprach wohl der allgemein üblichen Einstellung. Daran hat sich auch heute nichts geändert: die Arbeit des Menschen gilt als wichtiger als das, was ihn bewegt und was er fühlt. Vielleicht auch darum ist dem Christen der Kreuzestod Jesu wichtiger als das, was für Jesus selbst offenbar das Wichtigste war: die Wiedergeburt aus dem Geist. Die Erlösungstat am Kreuz, als die sein Tod ausgelegt wird, war Jesu Arbeit für uns; was aber der Geist ist, der nach Paulus »Gottes Kinder treibt«, wie dieser Geist erfahren wird und was Wiedergeburt aus dem Geist heißt, das kann uns kein Pfarrer erklären.

Nur Molt konnte mir jetzt noch helfen, denn er hatte diese Entwicklung in mir ausgelöst. Nur ihm allein würde ich glauben können, daß meine »Eingebungen« ein Irrtum waren, der aus mir selber kam. Meine Eltern fanden es gut, daß ich Molt fragen wollte. Schon Tags zuvor hatte Mutter mich über meinem Brief an ihn gefunden. »Du kannst ihm doch keinen so langen Brief schreiben!« sagte sie. »Setz dich wenigstens nach unten ins Warme!« Die Art, wie sie das sagte, reizte mich nur zum Widerstand. Ähnlich war es schon bei Vater gewesen. Als ich ihm sagte, daß ich die Fahrt ins Kindergärtnerinnenseminar unterbrechen wollte, um Molt und seine Frau zu besuchen, fand er das völlig unpassend. »Du kannst nicht bei einem verheirateten Mann wohnen!« – »Warum denn nicht?« fragte ich zurück. »Er hat mich eingeladen.« Die konventionellen moralischen Vorstellungen meiner Eltern paßten nicht auf meine Beziehung zu Molt, fand ich.

Jetzt aber mußte vor allem der »ungeheuerliche Krieg« verhindert werden. Ich glaubte, daß er ganz unmittelbar bevorstand. Es mußte eine Möglichkeit geben, ihn zu verhindern. Und ich fand auch eine.

»Heute ist mir etwas Schreckliches eingefallen«,

schrieb ich an den Schluß des Briefes. »Ich wage es Ihnen kaum zu schreiben, weil Sie nun von mir denken müssen, daß ich verrückt oder größenwahnsinnig geworden bin. Zuerst war es nur ein Wunsch, dann wurde er Gewißheit: daß wir alle Christen werden würden. Und das wäre ganz bald und plötzlich vor dem Ausbruch eines ungeheuerlichen Krieges, und der wäre dann gar nicht mehr nötig. Sie, Ihre Frau und ich müßten es den anderen sagen.«

Von der Wucht des Überfalls am frühen Morgen schrieb ich nichts. Wahrscheinlich dachte ich, daß er mich mit Sicherheit für verrückt halten mußte, wenn ich davon etwas sagte.

»Wenn Sie glauben, daß alles Unsinn ist, schreiben Sie mir bitte sofort. Wenn Sie aber nicht glauben, daß es Unsinn ist, kommen Sie bitte! Es wäre viel besser, es wäre Unsinn. Mein Vater will, daß ich Promonta esse für meine Nerven. Meine Mutter meint, daß ich von ganzem Herzen die Hausarbeit machen soll. – Ich freue mich so auf Ostern, wenn ich bei Ihnen bin. Ich darf erst Dienstag nach Ostern fahren, und am Mittwoch beginnt eigentlich das Seminar. Aber auf ein oder zwei Tage später wird es nicht ankommen.«

Ich gab den Brief per Eilboten auf. »Hast du auch draufgeschrieben: ›keine Nachtzustellung‹?« fragte Mutter besorgt. Das gab es damals noch. Natürlich hatte ich es vergessen.

Erschöpft legte ich mich ins Bett. Nicht nur der drohende Krieg erschreckte mich, ich war auch keineswegs glücklich, »Braut Christi« zu sein. Ich wollte einmal einen richtigen Mann haben. Im Bett konnte ich aber alles noch einmal in Ruhe überdenken. Und da ging mir auf, daß die Vorstellung, »Braut Christi« zu sein, kein Unsinn war. Sie hatte etwas mit der Entwicklung meiner eigenen Natur zu tun. Ganz konkret hatte ich mir vorgestellt, was für eine Braut ich für Jesus sein konnte. Ich würde ihn schrecklich langweilen, wenn ich ihm nachzueifern versuchte, durch die Überwindung meiner Natur erreichen wollte, was er ganz ursprünglich war. Und es fiel mir ein, daß bedeutende Männer wie Goethe sich unbedeutende, aber natürliche Frauen ausgesucht hatten.

Das war wie eine Erlösung. Ich brauchte nur ich selbst zu werden; all die anstrengenden Bemühungen der letzten Wochen, etwas anderes zu werden, als ich war, waren ganz unnötig. Ständig hätte ich mich mit Unzulänglichkeitsgefühlen herumgeschlagen, wie ich sie bei Molt zu spüren glaubte.

Als erste Reaktion auf diese Befreiung holte ich das Grammophon meiner ältesten Schwester und ihre Schlagerplatten hervor. Schlager waren bei uns verpönt. Ich stellte auf volle Lautstärke und öffnete beide Fenster. Erschrocken kam mein Vater herauf: »Schlager aus einem Pfarrhaus!« – »Schlager dürfen ruhig sein«, versicherte ich ihm. Die Fenster mußte ich schließen.

Dann überlegte ich, was ich als »Braut Christi« denn tun würde, und begann, ein Kinderparadies einzurichten. Ich saß in einer Bude des himmlischen Jahrmarkts und führte den staunenden Kindern meine phantastischen Spieluhren vor. Kinderspiele, sagte ich mir, würden mir mehr liegen als Jesus, der mehr Sinn für Freude gezeigt hatte als für Spaß. Auch die Heiligen waren an Spaß und Spiel offenbar wenig interessiert gewesen.

Dieses Spielen mit den psychotischen Vorstellungen, die aus dem Unbewußten aufgebrochen sind, könnte wichtig und hilfreich sein. Man läßt sich auf sie ein, tritt in Beziehung zu ihnen, lernt sie genauer kennen und widmet ihnen innere Aktivität. Sie verlieren so nicht nur etwas von ihrer Fremdheit; man kann sich auch leichter von ihnen lösen, wenn man sie nach allen Richtungen durchgespielt und in der Phantasie verwirklicht hat. Wenn eine psychotische Vorstellung sich verfestigt, dann hat es wahrscheinlich am Ausleben in der Phantasie gefehlt. Der Psychiater müßte zu solchen spielerischen Phantasien anregen, statt sie zu bekämpfen. Für mich war es aber auch eine wohltuende Entspannung, nach all den inneren Kämpfen um eine Beziehung zu Jesus und dem tiefen Schrecken am frühen Morgen nun einfach als himmlische Kindergärtnerin zu wirken.

Die Verlobung mit Jesus war wohl Ersatz für die erkenntnismäßige Beziehung zu ihm, die ich vergeblich gesucht hatte, nachdem es mir nicht gelungen war, ihn als Erlöser von der Schuld zu erfahren. Zugleich ersetzte sie mir die Verbindung zu Molt, die ich wünschte, die aber unmöglich war. Da die Vorstellung, »Braut Christi« zu sein, mich gewaltsam überfallen hatte, konnte ich diese Verlobung nur als die seine mit mir, nicht als meine mit ihm erkennen, und erst dadurch wurde sie mir glaubwürdig. Zugleich überwand sie meine innere Abhängigkeit von Molt. Daß ich nicht nur von ihm als Mensch fasziniert war, sondern in der Begegnung mit ihm auch religiös den Boden unter den Füßen verloren hatte, empfand ich als zu große Abhängigkeit. So stand hinter all den inneren Anstrengungen der letzten Wochen auch der Versuch, religiös wieder auf eigenen Füßen zu stehen. Als Kind war mir eine gewisse Frömmigkeit – so wie sie etwa in Bethel praktiziert wurde – eine Selbstverständlichkeit gewesen. »Unfrommes Biest!« hatte ich meinen älteren Bruder einmal beschimpft, als er bei der Einweihung unseres Kindergartenhauses ungeduldig wurde, weil ich den ganzen »Boten von Bethel« dabei vorlesen wollte. Diese naive Frömmigkeit reichte nun nicht mehr aus. Aber indem ich erkannte, daß ich nur ich selbst zu werden brauchte, konnte ich wieder auf die eigenen Füße kommen. Mich so von Gott geliebt zu fühlen, daß Er mir »Eingebungen« und Seine Führung zuteil werden ließ, löschte frühere Erfahrungen des Benachteiligtseins aus.

Mit meinen bewußten Bemühungen war ich gescheitert. Ich hatte meine Ohnmacht erlebt; mein Wille wußte nicht weiter. Darum wurde das Aufbrechen des sonst Unbewußten für mich zur entscheidenden Erfahrung. In der Sprache der Symbole wiesen die psychotischen Vorstellungen mir den Weg zu mir selbst. Das habe ich damals noch nicht klar sehen können. Ich erkannte noch nicht, daß meine »Eingebungen« aus meinem eigenen Unbewußten aufgebrochen waren. In Bethel wurde nach mir noch eine zweite »Braut Christi« eingeliefert. Wenn man ihr geholfen hätte, die aus dem Unbewußten aufgebrochene Vorstellung als Entfaltungssymbol ihrer eigenen, gottgegebenen Natur zu verstehen, dann hätte sie diese auch entwickeln können. Die Abstempelung als »unheilbare Geisteskranke« dagegen, deren Erlebnisse als nur körperlich bedingt und daher sinnlos gelten, verstärkt das Mißtrauen gegen die eigene Natur und lähmt damit die innere Entwicklung. Sie muß zwangsläufig zu immer neuen Schüben führen, denn wer so als Mensch entwertet und in die innere Isolierung getrieben wird, braucht die psychotischen Erlebnisse, in denen er sich wenigstens von Gott angenommen fühlt.

Noch etwas anderes hatte sich für mich verändert. Eine treibende Kraft, die ich vorher nicht gekannt hatte, war in mir aufgebrochen, und ich spürte sie bis in die alltäglichsten Dinge hinein. Beim Kochen zum Beispiel hatte ich früher immer ins Kochbuch gucken müssen, weil ich keine Rezepte behalten konnte. Jetzt überließ ich einfach meinen Händen, was sie an Zutaten griffen und wieviel, und es schmeckte besser als sonst. Mit jedem meiner Schübe brach dieser Instinkt auf, und die Gewißheit, mich auf diese Impulse verlassen zu können, hatte nach der tiefen Verunsicherung durch das Stigma als »Geisteskranke« jedesmal etwas Befeiendes für mich.

Ich wartete auf Molts Antwort. Meine Eltern auch. Wenn er erkannt hätte, wie dringend meine Bitte war, mir sofort zu antworten, wie notwendig ich eine Versicherung von ihm brauchte, daß alles nur Unsinn war, dann hätte er wohl eine kurze schnelle Karte geschrieben. Etwa so: die Angst vor einem kommenden Krieg scheine ihm wirklich unsinnig; er jedenfalls wolle bei der allgemeinen Christianisierung zur Kriegsverhinderung nicht mitmachen. Statt dessen kam nach zehn Tagen ein Brief aus der Heide. Wenn er an unsere Insel denke, habe er bald ein schlechtes Gewissen, schrieb Molt. »Denn ich nehme an, daß Sie schon sehr auf eine Antwort von mir warten. Sie wissen aber, daß alle guten Dinge Weile haben wollen, und ich möchte Ihnen auf Ihren ausführlichen Brief doch mit einem guten antworten.« Er ging erst auf meine Zweifel am Beruf der Kindergärtnerin ein und schrieb dann zu meinem Plan der Kriegsverhinderung: »Wir glauben so oft, zu etwas Großem berufen zu sein. Aber das Größte ist, im Kleinen treu zu sein. Was das heißt? Wir stehen doch alle in einem Zusammenhang mit anderen Menschen. Sie in Ihrer Familie, ich in meiner. Da ergeben sich Aufgaben, die zu erfüllen sind, wenn es auch Hausarbeit und ähnliches ist.«

Das sollte alles sein? Mit der Treue im Kleinen ließ sich der Krieg nicht verhindern, fand ich.

Wenn ich ihm geschrieben hätte, mit welcher Wucht mich die drei Sätze in der Waschküche überfallen hatten, dann wäre ihm wohl klar gewesen, daß ich nicht das Gefühl haben konnte, diese Ideen seien aus mir selber gekommen. Er hatte mir geraten, mich »weit zu machen«, und das konnte eigentlich nur heißen, mich weit zu machen für etwas Einströmendes. Mir schien es möglich, daß er Erfahrungen kannte, wie Rilke sie in seinem Gedicht »Der Schauende« ausgesprochen hat. Hatte ich jetzt etwas ähnliches erlebt? Der Gedanke, daß das »geisteskrank« sein könnte, ist mir wohl erst im Gespräch mit meinen Eltern gekommen. Sie dachten damals freilich mehr an eine jugendliche Überspanntheit. Mein Vater entschied, daß ich Promonta nehmen sollte, und holte es noch am gleichen Morgen in der Apotheke.

Vater kam zu mir herauf. »Was hat er geschrieben?« Ich lag im Bett. Die Gelöstheit, aus der heraus ich den Kinderhimmel einzurichten begonnen hatte, war nicht von Dauer gewesen. Immer tiefer beunruhigte mich der Gedanke an den kommenden Krieg. Und auch das lange Schweigen Molts setzte mir zu. Ich deutete es als Bestätigung meiner Eingebungen, denn wenn Molt sie als Unsinn empfunden hätte, dann hätte er mir sicher sofort geschrieben. Ich gab Vater den Brief.

»Wie anschaulich, ja dichterisch er das schildert!« Er las die Stelle laut, die auf den Anfang folgte: »Wir gehen miteinander in die Heide hinaus. Dabei erzählen Sie mir so vieles von sich und Ihren Gedanken. Der Nebel zieht in dichten Schwaden über das Heidekraut, und der Wacholder sieht aus wie ein kleiner, verkrüppelter Mann, der drohend seine Fäuste reckt . . .«

»Damit meint er doch sich«, sagte ich. »Er ist leidenschaftlich und leidet darunter!« Seinen »Blutsbruder Bello« ließ er grüßen. Ich wußte mit seiner Antwort nichts Rechtes anzufangen, aber in das Bild des fäusterekkenden Wacholders in der einsamen Heide verfing ich mich immer mehr. Es löste die wildesten Vermutungen in mir aus. Nur auf den naheliegenden Gedanken, daß ich ihn verletzt haben könnte und die drohenden Wacholderfäuste seine Reaktion darauf waren, kam ich nicht. Ich fühlte mich wie zerschlagen. Nachmittags kam Vater noch einmal herauf. Ich tat, als schliefe ich. Er strich mir übers Haar und ging wieder.

Als er das nächste Mal heraufkam, erklärte ich ihm unvermittelt, die Mutter des unehelichen Kindes in der Nachbarschaft, die so beharrlich den Namen des verheirateten Kindsvaters verschwieg, sei keineswegs »übel«, wie er gesagt habe. Sie sei ganz im Gegenteil zu bewundern, und ich wünschte, auch so handeln zu können wie sie. Aber so weit sei ich leider noch nicht. Ich hatte darüber nachgedacht, ob ich das wohl könnte: ein uneheches Kind haben, den Makel der Ehebrecherin auf mich nehmen und den Namen des Mannes verschweigen, um ihm Unannehmlichkeiten zu ersparen. War meine Liebe zu Molt dazu groß genug? So groß wie die Liebe dieser Frau aus der Nachbarschaft, die ich alles andere als »übel« fand? Ich war überzeugt: das könnte ich nicht.

Mutter kam herauf. »Haben Sie Kinder?« hatte Vater Molt gefragt. Nein, hatte er gesagt, noch nicht, aber er hoffe, daß das noch komme. Von seinen bisher drei Ehejahren sei er nur etwa ein Vierteljahr zu Hause gewesen. Ich hatte meine Lieblingspuppe ans Fußende auf die Bettdecke gelegt. »Molt wird eine Tochter haben, mein Patenkind«, sagte ich jetzt zu Mutter. »Sie kriegt einmal meine Puppe.« Kopfschüttelnd und besorgt hörte Mutter sich das an.

Später kam noch ein zweiter Brief. Ob ich seinen ersten bekommen hätte? Eine Antwort habe er noch nicht. Er berichtete von seinen Kirchenmusikfahrten. Sein Chor singe jetzt eine Passion von Heinrich Schütz, mit dem Choral »Jesu, Deine Passion will ich jetzt bedenken« zögen sie in die Kirche. Er schrieb von der tiefen Freude, die ihn erfülle, wenn er vor seinem Chor stehe. Ganz einfache Menschen seien das, die sich mit großer Liebe, mit Fleiß und Geduld so in die Musik eingearbeitet hätten, daß man seine Freude daran haben dürfe.

In den ersten Apriltagen brachte mich Mutter zu einem Arzt in ihrer Heimatstadt. Er war kein Psychiater; einen Psychiater aufzusuchen, wäre in der Nazi-Zeit viel zu riskant gewesen. Ich gab ihm das kleine Notizbuch, in das ich meine morgendlichen Eingebungen geschrieben hatte. »Ich kann es nicht lesen«, sagte er. »Sie müssen es mir vorlesen.« Schon ungeduldig gab er mir das Büchlein zurück. Vorlesen zu müssen, war mir gar nicht angenehm. Denn beim lauten Lesen wurde mir klar, daß die Ausdrucksweise ganz meine eigene war. Nur der Inhalt der Einsichten konnte also eingegeben sein.

Dann beschwor ich ihn, mit mir zu Hitler zu fahren, um ihn vor dem Krieg zu warnen. Denn immer tiefer beunruhigte mich der Gedanke an den kommenden Krieg, der dreieinhalb Jahre danach ja wirklich kam. »Ich kann meine Praxis nicht im Stich lassen«, antwortete er. Er stellte mich hinter einen Durchleuchtungsschirm, als könne er meinen Geist im Röntgenbild erkennen.

Wir gingen durch die Anlagen der Stadt, meine Mutter, meine älteste Schwester – sie stand hier in der Berufsausbildung – und ich. Ein blühender Forsythienstrauch – ich blieb davor stehen wie vor einem Wunder. Was war das für ein zauberhafter Geist, der sich die Blumen, die Büsche und Bäume und diesen blühenden Strauch ausgedacht hatte! Seit dem Morgen in der Waschküche schwankte mein Gemütszustand zwischen Angst und Glück, zwischen der tiefen Beunruhigung durch den drohenden Krieg und dem beseligenden Gefühl, mich von diesem Geist geliebt und geführt zu wissen.

Vom Hospiz aus rief ich abends Molt an. Mitten beim Schälen einer Apfelsine trieb es mich plötzlich dazu. »Wir sind hier in A.« – »Ja?« – »Wir waren heute beim Arzt. Ich habe ihm gesagt, was kommen wird. Aber er hat mir nicht geglaubt.« – »Haben Sie meine beiden Briefe bekommen?« – »Ja, aber sie haben mich überhaupt nicht beeindruckt.« – »Warum nicht?« – »Sie gehen von einer ganz falschen Voraussetzung aus. Das ist doch gar nicht so schlimm.« – »Was ist nicht so schlimm?«

Ja, wie hätte ich ihm das erklären sollen? Wie hätte ich ihm sagen können, daß er doch gar keinen Grund habe, an sich selber zu leiden? Daß doch Gefühl gar nichts Negatives sein konnte, sondern nur der Mangel an Gefühl schlimm war?

»Was haben Sie inzwischen gemacht?« fragte ich ihn. Er hatte mit seinem Chor weiter Passionen gesungen. Gesungen! Wo es den Krieg zu verhindern galt! »Sie müssen sofort kommen!« sagte ich.

»Ich komme natürlich nicht«, sagte er. »Ich weiß gar nicht, was Sie eigentlich von mir wollen. Kann ich Ihre Mutter sprechen?« – »Ja, aber Sie dürfen es nicht zu schlimm machen!« – »Ich werde es gar nicht schlimm machen.« – »Aber Sie kommen!« Das sagte ich wie einen Befehl.

Ich holte meine Mutter. Im Grunde fand ich es unmöglich von ihr, daß sie mich zum Arzt geschleppt hatte. Daß sie als krankhaft abwertete, was ich als Gottes Führung erlebte. Es trieb mich hinterher nicht, sie zu fragen, ob er kommen würde. Sie hatte ihm bestimmt nicht dazu geraten. Ihr war es sicher nur unangenehm, daß ich ihn angerufen hatte. Von meinem Zusammenbruch nach dem zweiten Singeabend ahnte sie nichts. Und wenn er nun gekommen wäre? Wahrscheinlich wäre ich auch für seine Einwände inzwischen unzugänglich gewesen und hätte darauf bestanden, daß nun er und ich Hitler vor dem »ungeheuerlichen« Krieg warnen mußten.

Noch aber konnte ich nicht glauben daß sein »Ich komme natürlich nicht; ich weiß gar nicht, was Sie von mir wollen« sein letztes Wort gewesen sein sollte. Wieder zurück auf unserer Insel, ging ich gleich am nächsten Tag zum Flugplatz – und fragte, ob ein Ehepaar angekommen sei. »Nein.« Ich beschrieb Molt und seine Frau. »Nein, sie sind nicht angekommen.«

Wie sollte nun der Krieg verhindert werden?

Und dann kam das Wunder im Watt, meine Wiedergeburt, kam das vergitterte Zimmer im Festlandkrankenhaus. Auf der Fahrt nach Bethel – denn dorthin wurde ich gebracht, aber das wußte ich nicht – habe ich Molt noch einmal gesehen. Schon benommen von der Spritze, las ich ein Ortsschild: Halle. Wo sind wir hier? durchfuhr es mich, Halle liegt doch an der Saale. Es war das westfälische Halle, kurz vor Bielefeld. An einer Kreuzung im Ort sah ich Molt in einem dunklen Auto sitzen. Er wirkte düster und verzweifelt – eine Projektion meiner eigenen

Verzweiflung, wie ich später erkannte. Neben ihm am Steuer saß ein Unbekannter, dessen steifer Hut aus der kahlen Stirn zurückgeschoben war. Er bog gerade den Kopf zurück und lachte.

Hölle unter Bibelworten

In Bethel wurde ich in ein Saalbett der »unruhigen Station« gelegt. Diese Station war in einem Haus »für Nerven- und Gemütsleiden«; so hieß das damals. Eine untersetzte Diakonisse trat an mein Bett. Sie brachte ein Gläschen mit einer bitter riechenden Flüssigkeit. Es war Paraldehyd, das ich noch so oft hier trinken mußte. Gift! dachte ich sofort. Voll Vertrauen war ich von der Insel mitgekommen, aber inzwischen hatte ich erfahren, daß man mir nicht wohlwollte. Man bekämpfte mich.

Ich stürzte aus dem Bett, ergriff die Vase mit den Osterblumen auf dem kleinen Stationstisch und trank sie aus, um das Gift mit Wasser zu verdünnen. Dann sprang ich auf eine Bank am Fenster und von dort auf das Fensterbrett, versuchte vergeblich, mich durch den schmalen Spalt des eine Hand breit geöffneten Fensters zu zwängen, und schrie laut um Hilfe.

Am nächsten Vormittag erlebte ich zum ersten Mal eine Arztvisite in diesem unheimlichen Haus. Zum zweiten Frühstück hatte ich eine Apfelsine bekommen, aus der ein faules Stück herausgeschnitten war. »Sind wir auch schon angeknabbert?« fragte der Chefarzt und blickte auf das Loch in der Frucht. Ich fragte zurück, ob die hier alle die Syphilis hätten. – »Woher weißt du das denn?« gab er zur Antwort. »Aus dem Hauswirtschaftslexikon.« Er schüttelte den Kopf. »Aus dem Hauswirtschaftslexikon!« Diese Begrüßung blieb das längste ärztliche Gespräch während der ganzen neun Monate meiner nun folgenden Anstaltszeit in Bethel.

Aus dem Hauswirtschaftslexikon hatte ich meine Aufklärung bezogen; entsprechend unvollkommen war sie geblieben. Mein Verdacht, hier der Syphilis zu begegnen, hatte aber Gründe. Am Abend zuvor hatte mir die leitende Stationsschwester eine »gute Nacht« gewünscht und hinzugesetzt: »Schlaf schön in deine Hochzeitsnacht!« Meine Vorstellung, »Braut Christi« zu sein, hatte sie wahrscheinlich zu diesem albernen Wunsch veranlaßt. Neckereien dieser Art sind bei den Pflegekräften sehr beliebt, aber sie sind alles andere als harmlos, denn uns Patienten ist die Anstalt, vor allem beim ersten Mal, viel zu unheimlich, als daß wir solche Späße verstehen könnten. Aus Gedats Buch »Ein Christ erlebt die Probleme der Welt«, das damals als sensationell galt, hatte ich einige Monate zuvor zum ersten Mal von der Existenz von Bordellen erfahren. Wenn ich hier in meine »Hochzeitsnacht« schlafen sollte, dann konnte dieses fremdartige Haus, in dem man mich wie eine Gefangene hielt und mit Gift betäubte, nur ein Bordell sein. Diese Folgerung war für mich absolut zwingend. Die Männergeschichten, die eine andere Patientin den Schwestern erzählte, bestärkten mich in dieser Annahme. Während der ersten Wochen auf dieser Station quälte mich dann auch der Verdacht, daß die Stationsschwester mich mit dem Teufel verkuppeln wollte.

Die halbe Nacht starrte ich angstvoll auf die Glastür, durch die die Männer hereinkommen würden. Wie konnte ich mich vor ihnen schützen? Schließlich aber übermannte mich die Müdigkeit. Lange kämpfte ich gegen das Verlangen nach Schlaf, denn wenn ich einschliefe, wäre ich den Männern hilflos ausgeliefert. Schließlich kam mir der rettende Gedanke: vor Gestank würden sie zurückweichen. Als die Schwester am Morgen mein Bett aufdeckte, fand sie die Bescherung.

Am nächsten Morgen fand sie wieder das gleiche in meinem Bett. Damit waren die Weichen für unsere Beziehung gestellt: Schwester Y. glaubte, daß ich sie ärgern wollte. Dabei hatte ich mich nur schützen wollen. Von da an merkte ich, daß ich nicht in einem Bordell war. Das Haus war etwas noch Fremdartigeres und Unverständlicheres. Meine Leidensgenossinnen hatten sich also nicht mit der Syphilis angesteckt; daß einige von ihnen so sonderbar aussahen, mußte andere Gründe haben.

Auch hier gab es kein Wort der Erklärung. Niemand sagte uns, wozu wir hier waren und warum man uns gefangen hielt. Meine ganze Aufmerksamkeit und all meinen Scharfsinn wandte ich nun daran, herauszufinden, was für ein Haus dies war. Ein Krankenhaus konnte es nicht sein, denn es gab keine ärztliche Untersuchung, kein Gespräch und keine Behandlung. Ich war in eine stillstehende Welt geraten; alles hier war steril. Wir waren zur Untätigkeit gezwungen und ins Bett verbannt, obwohl wir körperlich gesund waren. Das löste die wildesten Ängste und Phantasien in mir aus.

Alles war mir hier genommen, was mir zu Hause auch nach dem Ausbruch meiner Psychose selbstverständlich geblieben war: die Freiheit, mich zu bewegen und zu handeln, die Worte, die man dabei wechselt, und das Gefühl der Gleichberechtigung. Als ohnmächtige Bewachte standen wir hier den Bewachern gegenüber, die sich frei bewegen konnten. Zwar war ich seit dem verstörenden Erlebnis am Wäschemorgen auch für meine Eltern zum Objekt der Sorge geworden. Sorgenvoll hörte ich sie über mich sprechen, während meine Unruhe ganz dem großen Krieg galt, von dem ich glaubte, daß er unmittelbar bevorstand. Es schien mir auch unnatürlich, daß sie von den bewegten Wochen vor diesem dramatischen Ereignis und von meinem vorausgegangenen Zusammenbruch nichts wußten und von dem, was ich im Zusammenhang als sinnvolle Entwicklung erlebt hatte, nur die drei unverständlichen Sätze kannten. Trotzdem aber waren wir Partner geblieben.

Als meine Mutter an einem der Abende vor dem 9. April mit ihrem Plumeau im Arm zu mir heraufgekommen war, um im zweiten Bett bei mir zu schlafen, war ich unwillig geworden. Ich fand ihre Sorge völlig unnötig. »Das wollen wir lassen!« sagte ich und ließ sie gar nicht ein. Diese Ablehnung muß sie tief verletzt haben, denn ich hatte zu ihr immer eine enge Beziehung gehabt, wenn auch ohne Gespräch. Ich glaube, sie kam weinend zu meinem Vater herunter. Empört kam er herauf. »Ein Auge, das Vater und Mutter zu gehorchen verachtet, sollen die Raben am Bach aushacken und die jungen Adler fressen!« schleuderte er mir entgegen. Erschrocken starrte ich meinen alttestamentarisch zürnenden Vater an. Und er war offenbar selbst erschrocken, denn gleich darauf küßte er mich bewegt. Ich wußte, daß das alles aus der Sorge meiner Eltern um mich kam. Hier aber war ich nur noch ein beobachtetes Objekt, das man keiner Frage und keiner Erklärung für wert befand.

Tiefer kann ein Mensch kaum entwürdigt werden. Den Ärzten und Schwestern, die von der Vorgeschichte einer Psychose und ihrem Sinnzusammenhang nichts wissen und nichts wissen wollen und alles nur für sinnlose Begleiterscheinungen einer körperlichen Krankheit halten, kommt wahrscheinlich gar nie der Gedanke, wie sehr sie uns damit demütigen und entwerten. Solange sie nicht mit uns reden, können sie nichts über uns wissen.

Sollte ich dem absagen, was ich erlebt hatte? War es das, was sie wollten? Hatte der alte Autoritätsanspruch der Kirche, nur das als Gottes Weg mit dem Menschen anzuerkennen, was ihren Vorstellungen entsprach und ihre Vermittlerrolle nicht antastete, hier eine neue Form der Bekämpfung gefunden, zeitgemäßer als die mittelalterlichen Methoden? Niemals, so schwor ich mir, würde ich das, was ich als Gottes Führung erlebte, gegen die »wahre Christlichkeit« eintauschen, die man uns hier vorlebte. Nach jeder Betäubungsspritze, nach jedem Gläschen Paraldehyd, das man mir eingab, beteuerte ich Schwester Y., daß alles das mich niemals umstimmen werde, und das wiederholte ich immer wieder, bis ich das Bewußtsein verlor.

Auf der grünen Wand mir gegenüber war in großer Schrift das Jesus-Wort gemalt: »Kommet her zu mir, Alle, die ihr mühselig und beladen seid! Ich will Euch erquicken.« Erquicken – mit Dauerbädern und nassen Packungen, mit Kaltwassergüssen auf den Kopf, mit Betäubungsspritzen und Paraldehyd. Das war absurd und unfaßbar. Ich mußte daran denken, daß Jesus den Teufel »Vater der Lüge« genannt hat. Und dann geschah etwas, das einen unauslöschlichen Eindruck auf mich gemacht hat. Frau Pastor H. putzte im blaugestreiften Anstaltskleid den Saal und sprach dabei vor sich hin. Vielleicht war der Ton aggressiv, und vielleicht hat sie Schwester Y. dabei angeschaut. Jedenfalls packte diese stämmige Diakonisse sie plötzlich an ihrem langen Haar, riß sie zu Boden und schleifte sie am Haarschopf über den Fußboden, vorbei an dem Bibelspruch an der Wand, ins Bad. Wie ein derbes Ackerpferd vor dem Pflug sah sie dabei aus – ein unvergeßliches Bild von brutaler Gewalt und schutzloser Ohnmacht. Jahrzehnte sind seitdem vergangen, und noch immer steht mir dieses Bild vor Augen, als wäre es erst gestern gewesen. Und so wird es wohl jedem von uns Betroffenen gehen, der in unseren Anstalten die beklemmendsten Erfahrungen seines Lebens machen mußte – womöglich in christlichen Anstalten mit Bibelsprüchen an der Wand. Wenn das geistige Gesundheit sein sollte – uns konnte sie nicht überzeugen. Wir lernten, diese Art von »geistiger Gesundheit« zu fürchten.

Schwester G., die zweite Stationsschwester, kam Schwester Y. zu Hilfe. Sie hat mir immer einen unbefriedigten, fast unglücklichen Eindruck gemacht, und als einzige freie Schwester außer den beiden freundlichen jungen Nachtschwestern Margarete und Charlotte hatte sie wohl auch keinen ganz leichten Stand unter den Diakonissen. Gemeinsam drückten beide den Kopf der Patientin unter den Kaltwasserhahn. Dann warf Schwester Y. ihr ein Handtuch zu: »Da, trockne dich wieder ab!«

Tiefe Ängste und steigende Verwirrung erfüllten mich. Warum hatten meine Eltern mir dies alles verschwiegen? Sie hatten mich hierher geschickt, also mußten sie mit dem Haus im Bunde sein. Nach der Visite kam ich ins Dauerbad. Über die Wanne wurde eine Segeltuchplane gespannt, nur der Kopf schaute heraus; um den Hals schloß sich ein steifer Stehkragen. Nun packte mich die Angst, sie wollten mir ein Teufelskind anhexen. Halt alle Löcher zu, damit das Wasser nicht in dich eindringen kann, sagte ich mir. Sogar den Nabel hielt ich vorsichtshalber zu, obwohl es gar nicht einfach war, mit zwei Händen drei Körperöffnungen gleichzeitig zu bedecken – und das 23 Stunden lang, bis zum nächsten Morgen. Denn so lange mußte ich im Dauerbad bleiben. In der Nacht füllte die freundliche junge Nachtschwester hin und wieder durch einen außerhalb der Wanne angebrachten Hahn warmes Wasser nach, und sie tat das so selbstverständlich, als wäre es die natürlichste Sache der Welt, daß ich nachts in der Wanne lag statt im Bett. Völlig erschöpft und zerschlagen, zermürbt vom fehlenden Schlaf und der Unbeweglichkeit des eingschlossenen Halses, stieg ich am nächsten Morgen aus der Wanne. Und aus Angst vor einer Wiederholung dieser quälenden Prozedur blieb ich eine ganze Weile still.

Je weniger ich den Sinn dieser Gefangenschaft begriff, umso größer wurde meine Angst. Schließlich verlangte ich, in das kleine Separatzimmer gelegt zu werden. Denn ich wollte nicht mehr ständig vor Augen haben, was an »Beruhigungsmaßnahmen« im Saal geschah. Hier erlebte ich nun die »nasse Packung«: ich wurde in nasse, kalte Tücher so fest eingebunden, daß ich mich nicht mehr bewegen konnte. Durch die Körperwärme wurden die Tücher erst warm und schließlich heiß. Ich schrie vor Empörung über diese unsinnige Tortur. In Berichten aus sowjetischen Spezialanstalten für Dissidenten wird das Fesseln mit nassen Tüchern, die den Körper beim Trocknen immer enger zusammenpressen, als die schlimmste Folter bezeichnet. Das war dort sicher noch grausamer, aber was ich erlebte, war schon schlimm genug. Ich empfand es als Quälerei und Bestrafung, und daß das unter Bibelworten geschah, steigerte meine Angst und Verwirrung noch mehr. Als »Beruhigungsmethode« hätte das auch auf einen Gesunden nicht wirken können.

Immer unheimlicher wurde mir dieses Haus, und so wenig wie möglich davon wollte ich um mich haben. Ich verlangte, daß die anderen Betten und auch meine eigene Bettstelle hinausgeschoben würden. Ich ließ die Bilder und den gerahmten Bibelspruch von den Wänden nehmen. Die Hausmutter tat es eigenhändig. Nur meine Matratze behielt ich. Aber auch sie machte mir Angst, denn sie gehörte ja zum Haus. Darum bemalte ich sie und die innere Tür – jetzt die einzigen beweglichen Gegenstände im Zimmer – mit einem Kreuz aus Kot. Die ganze Fläche bedeckte ich damit; nur so konnte ich mich schützen vor dem, was ich als Hölle unter Bibelworten empfand.

Etwa zehn Tage verbrachte ich in tiefen Ängsten, wie ich sie nie zuvor erlebt hatte und später nie wieder erlebte. Um meiner Angst Herr zu werden, sang ich stundenlang »Ein feste Burg ist unser Gott« mit dem dritten Vers »Und wenn die Welt voll Teufel wär' und wollt' uns gar verschlingen . . .« Ich aß und trank nicht mehr, denn nichts von diesem unheimlichen Haus sollte in mich eindringen. Mit einem Schlauch wurde ich durch die Nase ernährt.

Besondere Qual verursachte mir der derbe graue Kittel, den man mir angezogen hatte. Er wurde am Halsbund hinten verschlossen. Daß ich von diesem Haus etwas auf dem Leib tragen mußte, verstärkte meine Angst des Ausgeliefertseins. Da der Stoff zu fest war, um den Kittel zu zerreißen, schlüpfte ich innen aus den Ärmeln und drehte ihn ständig langsam um mich herum, damit er nie lange an mir haften konnte. Am Abend, wenn ich eine Betäubungsspritze erhalten hatte und mein Bewußtsein schwinden fühlte, riß ich mir eine Haarsträhne aus und legte sie zwischen mich und den Verschluß am Halsbund, um auch im Schlaf vor der Berührung des Kittels und damit vor der Macht des Hauses geschützt zu sein. Da wirkte eine alte magische Vorstellung nach, die wir in Märchen und Sagen finden und die sich in dem Sprichwort »Wes Kleid man trägt, des Knecht man ist« bis in unsere Zeit erhalten hat.

Der Chefarzt kam zur Visite. Er setzte sich zu mir auf die Matratze am Boden und nahm mich in den Arm. »Du bist doch meine Freundin!« Wie konnte hier von Freundschaft die Rede sein! Wollte er meine Reaktion prüfen? Heftig wehrte ich ab: »Ich bin deine Freundin nicht! Du sollst mich nicht anfassen! Ich gehöre dir nicht!« Der Kittel, den ich tragen mußte, die zudringliche Umarmung, die Nährlösung, die durch die Nase in mich eindrang – alles das erregte tiefe Ängste in mir, in die Macht dieses unheimlichen Hauses, in die Macht des Teufels zu geraten.

Nach etwa zehn Tagen klopfte ich an die Tür, die ein Guckloch hatte, und verlangte neun Apfelsinen. Ich bekam aber nur zwei – die erste Speise, die ich wieder zu mir nahm. Warum es gerade neun sein mußten, weiß ich nicht mehr. Als ich wieder in meinem Saalbett lag, war der Buchenwald hinter der hohen Mauer des Stationsgartens inzwischen grün geworden; vorher war er noch kahl gewesen.

Diese kaum noch menschlichen Ängste, ausgelöst durch eine unsinnige Behandlung, die bekämpft, anstatt zu helfen, waren für mich eine einschneidende Erfahrung, die mir bis heute wichtig geblieben ist. Durch sie erfuhr ich leibhaftig, daß nicht der Glaube entscheidend ist, dessen Zeugnis von den Wänden und aus den täglich verlesenen Losungen sprach, sondern Verständnisbereitschaft und Phantasie. Nur wenn man den Geisteskranken als Mitmenschen erkennt, seine Situation wahrnimmt und seine Gefühle respektiert, kann man ihm helfen.

Schwester Y. kam an mein Bett: Was ich zu Mittag essen wolle. Ich wußte es nicht. »Vielleicht ein Täubchen?« Sie wollten mich wohl wieder zu Kräften bringen. Aber doch kein Täubchen, nein! Das würde ich nicht essen! Wie konnten sie mir eine Taube als Speise anbieten – das Symbol des Heiligen Geistes!

Vergeblich suchte ich zu ergründen, zu welchem Zweck wir hier waren. Kein Gespräch, keine Beschäftigung, keine Untersuchung und Behandlung – es mußte völlig unverständlich bleiben. Jeden Morgen kam die Visite. Im Gänsemarsch kamen sie in den Saal, voran der Chefarzt, der mir von allen noch den natürlichsten und daher vertrauenswürdigsten Eindruck machte, hintendrein die drei Assistenzärzte und zum Schluß die Hausmutter. Eines Morgens steuerten der Chefarzt und die Assistenzärztin auf mich zu. Es wirkte wie verabredet. Beide stellten sich neben dem Kopfende meines Bettes auf, er rechts, sie links, aber nicht mir, sondern der Saalmitte zugewandt. Wie Wachsoldaten oder Schutzengel, dachte ich. Am Fußende stand die Hausmutter. Ich lag auf die Ellenbogen gestützt im flachen Bett, schüttelte den Kopf und lachte vor mich hin. Was sollte das nun wieder? Wollten sie wieder meine Reaktion prüfen? »Es ist alles viel ernster, als Sie denken«, sagte die Assistenzärztin. Warum sagte sie mir nicht, was viel ernster war?

Der Saal war hellgrün gestrichen, je fünf oder sechs weiße Stahlrohrbetten standen an den beiden Längsseiten. Die breite Glastür zum Bad mit Klo und zwei Wannen stand immer offen. Die Wasserhähne der Waschbecken wurden nur morgens mit dem Drücker aufgeschlossen; sie auch abends zum Waschen und Zähneputzen zu öffnen, machte offenbar zuviel Arbeit. Rechts neben dem Bad war das kleine Separatzimmer mit einem Guckloch in der Tür. Diese drei Räume – eigentlich waren Saal und Bad nur einer – waren unser ganzer Lebensbereich. Erst als ich nach vielen Wochen endlich aufstehen durfte – manche lagen während der elf Wochen, die ich auf dieser Station blieb, fast immer im Bett –, erweiterte er sich um einen Vorbau neben dem Separatzimmer mit Tisch und Bank. Von hier aus führte eine breite Betonrampe in den hochummauerten kleinen Stationsgarten hinab.

Der Saal war hell. An beiden Längsseiten hinter den Betten hatte er hohe Fenster, die sich nur einen Spalt breit öffnen ließen. Von meinem Bett aus sah ich durch das Fenster hinter mir auf einen fast quadratischen kleinen Rasen mit einem runden Rosenbeet in der Mitte. Ein über zwei Meter hoher Maschendrahtzaun trennte ihn vom Stationsgarten ab. Still und wie ohne Leben lag dieser kleine Rosengarten in einer Nische zwischen unserer »unruhigen« und der sich anschließenden »stillen« Station, umgeben von Drahtwand und Mauern. Einmal sah ich eine Schwester darin Rosen pflücken.

Durch das schräg gegenüberliegende Fenster zwischen der Wand mit dem Jesuswort und einer hölzernen Eckbank mit Tisch blickte ich auf einen graugelben Felsen. Massig und breit lagerte er neben einem Höhenweg, einer Allee. Ebenso wie der stille Rosengarten machte dieser Felsen auf mich einen verzauberten Eindruck.

Außer mir waren noch zwei andere junge Mädchen da, R. . .lein und P. . .chen – wir wurden alle mit dem Familiennamen angeredet, an den ein -lein oder -chen angehängt wurde. R. . .lein, Tochter eines Frankfurtes Arztes, war ein dunkellockiges schönes Mädchen. Offenbar hatte sie ebenso wie ich etwas erlebt, das sie im Kern erschüttert hatte. Ihre erste Liebe, schien mir. Sie begriff ebenso wenig wie ich, was das alles hier sollte. P. . .chen, etwa 25 bis 28 Jahre alt, lag mir schräg gegenüber neben der Sitzecke. Offenbar schon lange, sie hatte sich eingefügt. Wie fühlt man sich mit diesen treuherzig kindlichen

Arm- und Handbewegungen, die sie im Bett sitzend machte? Ich probierte diese Bewegungen aus. Es war eine schematische, keine natürliche Bewegung, fand ich. War sie ein Schutz? Oder ein Ventil, um nicht spontan aus dem Bett aufspringen zu müssen und dann ebenso wie wir Unruhigen mit »Beruhigungsmaßnahmen« bestraft zu werden? Aber auch ich ließ ja fast ständig meinen rechten Fuß im Gelenk kreisen. Das erregte die Aufmerksamkeit der Assistenzärztin. Alle stereotypen Bewegungen eingesperrter Anstaltspatienten sind die letzte Bewegungsmöglichkeit von Menschen, die zu völliger Untätigkeit gezwungen sind. Auch die kindlichen Arm- und Handbewegungen P. . .chens waren wohl so zu erklären. Und eigentlich lag es näher, die zur Untätigkeit verurteilten Arme und Hände zu bewegen, als ständig den Fuß kreisen zu lassen, den ich lieber zum Aufstehen und Gehen benutzt hätte.

Später kam noch eine junge Adlige dazu, Fräulein von W. Sie war frisch operiert. Immer wieder stand sie aus dem Bett auf. Was waren das für eigenartige Narben, die sie und R. . .lein und P. . .chen über der Scheide trugen? Ich fragte Schwester Y. »Blinddarmnarben«, erklärte sie mir. Früher hatte ich gelernt, daß der Blinddarm seitlich säße. Hatte man uns auch darin belogen? Dann wurde irgendwann die zweite »Braut Christi« eingeliefert, eine etwa dreißigjährige Frau.

Unsere beiden Pastorenfrauen hatten sich nicht eingefügt, obwohl sie offenbar schon lange hier waren. Beide schienen in den vierziger Jahren zu sein. Frau H., die so brutal ins Bad geschleift wurde, habe ich schon erwähnt. Unvergeßlich ist mir das Schicksal der anderen. Es wurde erzählt, sie habe fünf oder sechs Kinder. Vor dem letzten Kind sei der Mann vom Arzt gewarnt worden: seine Frau dürfe kein Kind mehr haben. Aber das Kind kam, und seither saß sie in der Anstalt. Der Mann hatte sich von ihr scheiden lassen und wieder geheiratet, denn die kleinen

Kinder brauchten ja eine Mutter. Sie war voll stummer Erbitterung und stieß zuweilen ihren Kopf mit dem kurzgeschnittenen Haar gegen die Saalwand.

Frau Pastor H. sprach ihren Protest mit erhobenem Kopf nach oben. Anfangs dachte ich, sie spiele »Huhn« – so wie ich einmal im Bett »galoppierendes Pferd« gespielt hatte, weil wir uns mit irgend etwas die Zeit vertreiben mußten. Aber dann ging mir auf, daß sie den Kopf so hochrecken mußte, um ihrem Herzen ungestraft Luft machen zu können; es war ihre einzige Möglichkeit. Wenn sie zur Decke sprach, fühlte niemand sich angesprochen; bei normaler Kopfhaltung mußte sie damit rechnen, daß die Schwestern ihren Protest auf sich bezogen und ihr wieder den Kopf unter den Kaltwasserhahn drückten.

Unsere beiden Pastorenfrauen waren die einzigen in der Station, die arbeiteten. Sie wischten und bohnerten den Saal und wurden fast täglich zum Gemüseputzen in die Küche gebracht. Der Saal war blitzblank. Ein Flecken wäre sofort aufgefallen. Die fehlende Menschlichkeit fiel niemandem auf – außer uns Betroffenen.

Ich lag zwischen zwei Mariechen. Mariechen G. zur Rechten lag während der ganzen Zeit, die ich hier war, im Bett, fast immer angeschnallt im Leibgurt aus weißem Zeug. Sie hatte eine seltsam gelbe Hautfarbe und war schon ganz ergraut, obwohl sie nach meiner Schätzung erst in den Dreißigern sein konnte, denn ihre grünen Augen funkelten lebendig. Daß sie von Schwester Y. gelegentlich verprügelt wurde, kam erst später heraus – durch ihre Verletzungen. Jahre danach hat mir das die damalige Assistenzärztin erzählt, die inzwischen Oberärztin geworden war.

Mariechen zu meiner Linken wirkte völlig apathisch und hat mir nur einen schwachen Eindruck hinterlassen. Unvergeßlich blieb mir aber, daß sie einmal aus dem After blutete. Der Blinddarm in der Mitte, die Regelblutung aus dem After – alles schien hier wider die Natur.

Dann waren noch vier alte Frauen da. Frau von B. war fast zum Skelett abgemagert und war völlig durchgelegen, obwohl sie auf einem Gummiring lag; sie hatte eitrige Wunden. Zuweilen kam sie im kurzen Nachthemd aus dem Separatzimmer gewankt. »Mein Gott! Mein Gott!« Diesen hohen Klageruf wiederholte sie häufig. Die Schwestern echoten ihn manchmal nach. Sie und noch eine andere Frau starben während dieser Zeit, und ich fühlte mich an ihrem Tod beteiligt. Zweimal hatte ich von zu Hause ein Päckchen mit Strandnelken und anderen Dünenblumen bekommen. Warum schickten sie mir diese wilden Blumen der Freiheit in meine Gefangenschaft? Etwas zur Beschäftigung wäre mir viel notwendiger gewesen. Ich legte die Blumen auf das Bett der alten Frau mir gegenüber. Sie hatte mir ihren hohen Filzpantoffel mit Urin ans Bett gebracht. Wollte auch sie sich nicht aufs Klo setzen wie ich? Ich solle mich richtig aufs Klo draufsetzen, wie es sich gehört, hatte Schwester Y. mich ermahnt. »Ich soll mich nicht auf fremde Klos setzen, hat mein Vater gesagt.« – Die alte Frau nahm die Blumen in die Hand, ich glaube, sie hat sich gefreut. Drei Tage später war sie tot. Als ich das zweite Mal Dünenblumen bekam, legte ich sie auf das Bett der Durchgelegenen im Separatzimmer. Drei Tage später war auch sie tot. Du darfst keine wilden Blumen mehr auf andere Betten legen, sagte ich mir, denn hier sind sie Todesboten – wo nur im Tod die Befreiung aus unerträglicher Gefangenschaft zu finden ist.

Ein altes Fräulein war noch da, das niemals ein Wort sprach, und eine alte Frau, die immerzu redete. Nicht einmal das Dauerbad konnte sie zum Schweigen bringen. »Die kleinen und die großen Geister machen es einem am schwersten«, sagte der Chefarzt beim Hinausgehen. Schwester Y. stülpte ihr ein Kopfkissen über den Kopf, der aus dem Stehkragen der Segeltuchplane über der Wanne herausragte. Als sie das Kissen endlich wieder wegnahm, war die alte Frau schon blau im Gesicht.

Und das sollte Bethel sein? Das Bethel, für das wir als Kinder Schwarzbrot aßen, um die dadurch ersparten Pfennige an Pastor Fritz von Bodelschwingh zu schicken? Mit einem reizenden Brief hatte er uns gedankt. War alles ganz anders, als wir es gelernt hatten?

Und wie konnten meine Eltern mich dieser Hölle hier aussetzen? Noch dazu wegen der wichtigsten Erfahrung meines Lebens, meiner Wiedergeburt! Bis auf das Jahr in der Frauenschule hatte ich nun neunzehn Jahre in meiner Familie gelebt. Aber sie kümmerten sich nicht um mich, besuchten mich nicht, schickten mir nur Dünenblumen.

Von Mutter kamen Ansichtskarten, sie schrieb kurz von Verwandten- und Freundesbesuchen. Meine Geschwister schrieben gar nicht. Ich ahnte nicht, daß nur gelegentlich kurze Karten erlaubt waren, und mein Vater mich nicht sehen durfte, als er im Haus war; er hatte meine Schwester in die Frauenschule begleitet und auf dem Rückweg versucht, mich zu besuchen. Auch mein Onkel, der auf einer Tagung in Bethel gewesen war, hatte nicht zu mir gedurft.

Vielleicht, dachte ich, spielt sich überhaupt die sogenannte Hölle hier auf der Erde ab. Denn Gottes Wirken wird auf dieser Erde nur geduldet, soweit es der Vergangenheit angehört; diejenigen, die es heute erleben, werden von ihren Angehörigen nach Bethel geschickt, damit es ihnen ausgetrieben wird. Ich aber würde es mir nicht wieder austreiben lassen; dazu war ich fest entschlossen.

Bethel als »Stadt der Barmherzigkeit« konnte jedenfalls nur eine Lüge sein. Was mochte sonst noch alles ganz anders sein, als wir es gelernt hatten? Bethels Antwort auf die für mich so wesentlichen Erfahrungen erschütterte mein Weltbild ebenso tief, wie es das Watterlebnis getan hatte. Wenn heute noch Wunder geschehen, sagte ich mir, dann wird auch die Austrocknung des Roten Meeres, durch das Moses sein Volk führte, wahr gewesen sein. Konnten dann womöglich auch die Märchen wahr sein? Bei der Nachmittagsvisite fragte ich den Chefarzt, der mir einen vertrauenswürdigen Eindruck machte, ob er sich wohl in Molt verwandeln könne. Gleich zu Anfang hatte ich der Hausmutter erklärt, daß Molt und seine Frau kommen und mich hier herausholen würden. Diese Hoffnung hatte ich inzwischen aufgegeben, aber auf dem Weg der Verwandlung blieb vielleicht noch eine Chance.

Der Chefarzt wich etwas zurück, zögerte einen Augenblick und sagte dann: »Ja, das kann ich wohl.« Wahrscheinlich hoffte er, daß ich mein Vertrauen zu Molt auf ihn übertragen würde. Da ich ihm sein Unbehagen bei dieser Antwort anmerkte, traute ich seinen Verwandlungskünsten nicht allzu viel zu. Aber immerhin hatte er zugegeben, daß Verwandlungen, wie sie in den Märchen berichtet werden, überhaupt möglich sind. Also könnte ich versuchen, meine Freiheit wiederzugewinnen durch ein Wort, das den Zauberbann löst, so wie es in den Märchen geschieht; einen anderen Weg schien es nicht zu geben. Und so abwegig war der Gedanke ja auch gar nicht, daß ich in einer verzauberten Welt sein mußte, deren Bann nur zu brechen war, wenn wir das rechte Wort erraten, den zugeworfenen Ball richtig zurückwerfen konnten. Denn diese Station war unheimlich und unnatürlich; statt Gesprächen, menschlicher Zuwendung und Beschäftigung gab es nur Strafen und »Beruhigungsmaßnahmen«. Und das alles unter einem Jesus-Wort, das überhaupt nicht dazu paßte.

Als die morgendliche Visite den Saal verließ, voran der Chefarzt, dann die Assistenzärzte und die Hausmutter und als letzte unsere füllige Schwester Y., rief ich hinterher: »Das dicke Ende kommt nach!« Ein andermal umfaßte ich sie mit den Worten »Du bist mein, ich bin dein«, während sie den am langen Lederriemen befestigten eisernen Türdrücker so lange auf meinen Rücken niedersausen ließ, bis mir die Luft ausging und ich sie loslassen mußte. »Ihr Armen, daß ihr das tun müßt!« sagte ich voll ehrlichen Mitgefühls, denn sie schien mir wie unter einem Bann zu stehen und wirklich verzaubert zu sein. Beim Abschiedsfest eines Jugendferienlagers an der Ostsee war ich einmal im Märchenspiel die Jorinde gewesen, die mit der blauen Blume ihren Joringel und all die anderen in Vögel Verhexten, in Käfigen Eingesperrten wieder in Menschen zurückverwandelt. Wenn man seine menschliche Gestalt behält, sagte ich mir, dann merkt man vielleicht gar nicht, daß man verzaubert ist. Wahrscheinlich hätte Schwester Y. nicht Diakonisse werden dürfen; das Zölibat tat ihr für mein Gefühl nicht gut.

Ein andermal war ich aus dem Bett aufgestanden, hatte mich zu P. . .chen auf den Bettrand gesetzt und erzählte ihr einen Traum. Sie hörte aufmerksam zu und nahm meine Handgelenke in ihre Hände, so wie es in meinem Traum jemand getan hatte, der zuerst sehr böse auf mich gewesen war. »Aber dann war er nicht mehr böse.« – »Nein«, sagte sie lächelnd, »er war dir nicht mehr böse.« Schwester Y. unterbrach uns, brachte mich in mein Bett zurück und schnallte mich fest mit einem Gurt aus weißem Zeug. Das hatte ich bisher nur bei sehr kleinen Kindern gekannt; also spielte ich mit den Händen vor dem Gesicht, wie Babies es tun und rief: »Mama! Papa!« Und ich war allen Ernstes erstaunt, daß ich wieder nicht das Richtige getroffen hatte. Schwester Y. schimpfte nur, ich solle endlich vernünftig werden. »Vernünftig werden« – das konnte nur heißen, unmenschlich zu werden; was man uns hier als Vernunft vorlebte, wollte ich mir auf keinen Fall zu eigen machen.

Es war eine wahrhaft verzauberte Welt: Niemand führte ein Gespräch mit uns, miteinander durften wir nicht sprechen, kein Spiel und keine Handarbeit, jede Initiative unterbunden, statt dessen immer nur Zwangsmaßnahmen zur »Beruhigung«. Dafür war natürlich nicht Schwester Y. verantwortlich, sondern die Leitung des Hauses. Pastor Fritz von Bodelschwingh und die Betheler Hauspfarrer hätten eigentlich wissen müssen, daß eingesperrte Patienten, die den ganzen Tag lang nur verwahrt und an jeder Betätigung gehindert werden, einfach unruhig werden müssen; sie selber wären es bei dieser Behandlung sicher auch geworden. Und dann wird die künstlich erzeugte Unruhe mit Zwangsmaßnahmen bekämpft! Heute geschieht das durch Medikamente, die die natürliche Initiative lähmen.

Jedes Anzeichen von Veränderung bei den Schwestern registrierte ich aufmerksam und besorgt. Etwas anderes hatte ich ja auch nicht zu tun. Waren sie stiller als sonst, so konnte das womöglich die Stille vor dem Sturm bedeuten. Kam Schwester Y. aufgeregter als üblich in den Saal, war auch das beunruhigend. Manchmal war die Atmosphäre in der Station so unerträglich gespannt, daß erst ein Gewitter draußen mit Platzregen die wohltuende Entspannung brachte. Die ständige Gegenwart dieses unbefriedigten Menschen, der die unbeschränkte Macht hatte, uns mit Beruhigungsmaßnahmen für die geringste Lebensäußerung zu strafen, mußte uns in dauernder Spannung und angstvoller Unruhe halten. Nur Mariechen zu meiner Linken u. P. . .chen regte diese sinnlose Gefangenschaft offenbar kaum auf. Sie waren wohl schon zu lange daran gewöhnt.

Viele Jahre später sprach ich mit der Oberärztin über Schwester Y. Ein »Besen« sei sie gewesen, sagte sie, und wegen der Mißhandlungen an Mariechen G. sei sie schließlich in ein Allgemeines Krankenhaus versetzt worden. Aber auch für die Schwestern war es sicher bedrükkend, uns nur verwahren zu dürfen. Nicht sie hatten sich die Dauerbäder und die »nassen Packungen« ausgedacht, und sicher hätten sie es nie gewagt, sich über die Ansicht der Ärzte hinwegzusetzen. Sie trauten sich wohl nicht, mit uns zu sprechen, denn die Ärzte hatten jedes Gespräch mit uns für sinnlos erklärt. Und nie erlebten sie eine Heilung mit, denn sobald sich eine Patientin als nur vorübergehend gestört erwies, wurde sie auf eine andere Station verlegt. Auch die Pflegekräfte waren Opfer und Leidtragende des psychiatrischen Dogmas von der körperlich verursachten und darum sinnlosen »endogenen Psychose«. Und das sind sie noch heute überall dort, wo man nicht mit den Patienten über ihre Psychose-Erfahrungen spricht und ihnen hilft, den positiven Sinn darin zu verstehen, sondern nur jeden Widerstand mit stumpfmachenden Psychopharmaka zu brechen versucht.

In den folgenden Wochen hatte ich eine Halluzination, die mir unvergeßlich blieb, auch wenn ich sie mir lange nicht erklären konnte. Während der Mittagsruhe hatte ich mich aus einem inneren Impuls heraus ganz – auch mit dem Kopf – unter die Bettdecke gelegt und wartete nun, was kommen würde. Schwester Y. trat an mein Bett und strich über die Decke. Unter ihrer Berührung entstand ein kleiner glühend roter Fleck in der Bettdecke, der sich rasch ausbreitete, bis die ganze Decke über mir glühend rot und heiß geworden war. Ich wußte zwar, daß ich die Decke nur zurückzuwerfen brauchte, um den Spuk verschwinden zu lassen, aber irgendwie »durfte« ich das noch nicht. Ich schwitzte und betete unter der unerträglich rotglühenden und heißen Decke, bis der erlösende Augenblick gekommen war und ich sie zurückwerfen durfte. Krebsrot und mit Pickeln übersät kam ich unter der Decke hervor. Ich zog mein Hemd aus, rieb mich mit Spucke ab und setzte mich in die Sonne, die in mein Bett schien. Rötung und Pickel verschwanden wieder; nur in den Achselhöhlen blieben sie und entwickelten sich zu regelrechten Geschwüren, die schließlich mit Röntgenstrahlen behandelt wurden. Mein Haar ging in Strähnen aus.

Wie sollte ich das verstehen? Ich hatte die rotglühende Bettdecke erlebt, die Hitze körperlich gespürt; mein Hautausschlag, die Geschwüre und der Haarausfall waren unbestreitbar real. Erst Jahre nach meinem letzten Schub fand ich in Ernst Kretschmers »Medizinischer Psychologie« eine Erklärung: »Die sämtlichen Bildsynthesen, die sich im Denken des gesunden Kulturmenschen in der Sphäre, d. h. an der dunklen Peripherie des Bewußtseins hinter dem Abstraktum vollziehen, rücken beim schizophrenen Denken an Stelle des Abstraktums in den hellen Mittelpunkt des geistigen Blickfeldes.« Im schizophrenen Zustand verwandelt sich das abstrakte Denken also in ein symbolisches Denken. Kretschmer fährt fort: »Ein Schizophrener sieht wirklich Feuer und wird leibhaftig gebrannt, wo ein Gesunder sagen würde: Ich habe Liebesgefühle und Liebesgedanken.« Oder in meinem Fall eben: ich habe das Gefühl, in einer Hölle unter Bibelworten zu sein.

Wird ein solch leibhaftiges Erleben von Gedanken einfach als »krankhaft« abgetan, dann können wir unsere Erfahrungen nicht verstehen lernen. Unter »krankhaft« stellt man sich etwas Eingebildetes vor, das in Wahrheit gar nicht existiert. Das erlebte Symbol aber ist etwas Reales; bei mir war es so leibhaftig real, daß die Folgen erst der Röntgenbestrahlung wichen.

Warum sollte die leibhaftige Erfahrung einer inneren Vorstellung krankhaft sein? Sie beweist doch nur, daß geistige Vorstellungen den Körper verändern können, und widerlegt damit die Auffassung, Geist und Materie seien wesenmäßig getrennt. Auch den Glauben an das Fegefeuer, der wahrscheinlich auf ähnliche Erfahrungen zurückgeht, hält man ja nicht für geisteskrank. Und auch die Stigmata Heiliger gelten nicht als krankhaft, obwohl die Wundmale nur durch innere Vorstellung aufgebrochen sein können. Deshalb treten sie in der Handfläche und nicht an der Handwurzel auf. In Wirklichkeit war eine

Kreuzigung nur an den Handwurzeln möglich, wie auch aus den Untersuchungen am Turiner Leichentuch gefolgert werden muß; der traditionellen Vorstellung nach aber haben die Nägel die Handflächen durchbohrt, und so ist die Kreuzigung auch in der Kunst immer dargestellt worden.

Ich fand Kretschmers Erklärung hilfreich, auch wenn sie nur Vermutungen bieten kann. Denn sie ist wenigstens ein Versuch, zu verstehen, wie ein leibhaftiges Erleben innerer Vorstellungen im schizophrenen Zustand möglich wird. Und außerdem sah ich daraus, daß andere Schizophrene Ähnliches erleben wie ich; damit fühlte ich mich weniger allein.

Auf dieser Station, die von der Außenwelt so hermetisch abgeschlossen war, daß kein Besucher sie betreten durfte, waren Symbolsprache und Symbolhandlungen regelrecht ins Kraut geschossen. Ich gebe ein Beispiel einer Auseinandersetzung auf der Symbolebene, die den Schizophrenen gemeinsam ist. Ich erwähnte schon das alte Fräulein, das niemals ein Wort sprach. Im Gegensatz zu der ebenfalls schweigsamen Pastorenfrau mit den fünf oder sechs Kindern hatte ihre Haltung uns Jüngeren gegenüber etwas Feindseliges. Sie und ich mochten einander nicht. Eines Abends – die Stationsuhr zeigte zehn Minuten vor sieben – trat ich auf dem Weg vom Bad zum Bett an den Tisch, an dem sie saß, stützte beide Hände auf die Tischplatte, sah sie an und dachte: In zehn Minuten, um sieben Uhr! Ich sagte aber nichts. Sie nahm meine Aufforderung an. Um punkt sieben stand sie auf, ging an der Glastür des Bades vorbei und stellte sich mit dem Rücken zum Saal an den rechten Pfosten des Türrahmens. Dann wandte sie sich widerstrebend dreimal zu mir um – ich saß in meinem Bett – und ging zurück an ihren Platz. Das war alles, aber fortan hatte sich unsere Beziehung verändert, wenn auch nicht verbessert. Bisher war sie mir unheimlich gewesen; jetzt war ich es offenbar ihr, denn von nun an machte sie einen Bogen um mein Bett. Den Zeitpunkt »um sieben Uhr« hatte ich ihr durch Gedankenübertragung übermittelt, nicht aber die Art des »Duells«; darüber hätte ich mir gar keine Gedanken gemacht. Daß ein Sich-Zurückwenden als Ausdruck der Niederlage gilt, findet man wohl nur noch in alten Märchen und Sagen. Bei Orpheus in der Unterwelt klingt es an und auch in den Engelsvisionen Hesekiels; Lots Weib erstarrte zur Salzsäule, als sie sich umwandte. Auch ich wende mich jetzt zurück, aber in der Hoffnung, daß mein Bericht zu einem besseren Verständnis des schizophrenen Patienten beitragen kann.

Diese enge Verbindung Schizophrener auf einer gemeinsamen Symbolebene löst sich wieder, wenn wir das normale »dicke Fell« wiedergewonnen haben. Sie läßt vermuten, daß die Veränderungen gegenüber dem normalen Sein, die wir erleben, im Grunde ähnlich sind.

Dr. G., einer der jungen Assistenzärzte, verabschiedete sich von uns im Saal; er wollte in die Ferien fahren. In der Tür zum Anbau wandte er sich noch einmal um und sah mich im Bett sitzend beide Zeigefinger über Kreuz hochhalten. Ernst und vorwurfsvoll blickte er mich an und verschwand dann durch die Tür zum Stationsgarten. In der Gartenmauer war eine Stahltür eingelassen, die ins Freie führte. Was hatte ich da nur getan? Zum Schutz hatte ich im Keller des Krankenhauses ein Kreuz aus Mörtelleisten auf mich gelegt, und zum Schutz hatte ich hier das Kreuz auf die Tür und die Matratze gemalt. Aber vor Dr. G. brauchte ich mich nicht zu schützen, und doch hatte ich das Kreuz gegen ihn gehalten. Warum hatte er mich so ernst und vorwurfsvoll angesehen? Wenn das nun hieße, daß ich ihm das Kreuz wünschte, daß er gekreuzigt würde! Tiefe Angst erfüllte mich. Wenn er doch noch einmal zurückkäme, daß ich ihm abbitten könnte, rückgängig machen könnte, was ich unbedacht getan hatte!

Er kam zurück. Ich sprang aus dem Bett, streifte mein

Nachthemd ab und kniete vor ihm hin: »Vergib mir bitte!« Lachend kamen die Schwestern, darunter eine jüngere Diakonisse aus der angrenzenden »Stillen Station«, rissen mich hoch, zogen mir ein Nachthemd vom Haus über und brachten mich in mein Bett zurück. Ich hätte mir das sparen können. Dabei hatte es mich die größte Überwindung gekostet. Und nun hatte ich auch noch das Nachthemd vom Haus auf dem Leib! Und ich war niedergekniet, hatte mich ihm gleichsam unterworfen!

Pastor H., ein Mann von etwa vierzig Jahren, ging von Bett zu Bett. Außer dem alten Pastor K. mit der Schüttellähmung war er der einzige Besuch, der hier zugelassen war. An jedem Bett ergriff er die Hand der Patientin und sagte mit unnatürlich sanfter Stimme einen Bibelvers. Als ob er nicht mit seiner natürlichen Stimme reden und kein persönliches Wort an uns richten dürfte. Als er auch bei mir seinen Vers aufsagte, konnte ich ein Lachen nicht unterdrücken. Jetzt glaubte ich zu wissen, was es mit der Stadt der Barmherzigkeit auf sich hatte. Seine dunklen Augen weiteten sich, Pupille und Iris standen wie Inseln im Weiß des Augapfels. Mit erhobener Stimme sprach er beschwörend weiter, und ich lachte nun lauthals heraus. Daß Gottes Wort an diesem Ort, noch dazu mit so unnatürlicher Stimme gesprochen, auf uns wie Hohn wirken mußte, verstand er wohl nicht.

Diese Überschwemmung mit Bibelworten kannte ich von zu Hause nicht: Biblische Häusernamen, Bibelsprüche an den Wänden, Bibelsprüche im Mund der beiden Pfarrer. Bei uns wurden »Wursters Andachten« und später die »Losungen« gelesen, und an Festtagen wurde viel gesungen und musiziert; meine Eltern suchten nach reellen Hilfen in ihrer Gemeinde, aber diese verbale Frömmigkeit war mir fremd. 1977 bekam ich aus Bethel einen Kalender *Hundert Jahre Diakonenanstalt in Nazareth in Bethel*, und darin fand ich einen Satz von Vater Bodelschwingh: »Oh, achtet die euch anvertrauten Seelen teuer und sehet nicht sie selbst an, sondern den hohen Preis, der an sie gewendet ist!« Als ich das las, fragte ich mich, ob diese Einstellung nicht zwangsläufig dazu führen mußte, die natürliche menschliche Zuwendung durch das Aufsagen von Bibelworten zu ersetzen. Mit dem »hohen Preis« konnte nur der Tod Jesu gemeint sein, und aus diesem Tod wurde der ganze Wert des Menschen abgeleitet, statt daß man ihn selbst ansah und um seiner selbst willen achtete. Und das Heil der Seele wurde in der Bekehrung zu Jesus gesehen und nicht in der Entwicklung der von Gott gegebenen Natur des Menschen, die sich nur entfalten kann, wenn sie geachtet wird. Wenn aber die Seelsorger sich mit der unwürdigen Verwahrung abfanden und ihre Aufgabe nur noch in Bibelzitaten sahen – was für verkümmerte Seelen mußten dann die Langzeitpatienten nach Jahren der Untätigkeit in geschlossenen Häusern werden!

Ein entsetzlicher Verdacht stieg in mir auf. Wie, wenn Jesus selbst der Betrüger wäre – Jesus, unter dessen Wort an der Wand wir hier nicht »erquickt«, sondern bekämpft wurden? Konnte das alles nur ein Mißverständnis seiner Lehre sein? Seit fast zweitausend Jahren so viele Gebete, so viele Glaubensbekundungen und Gottesdienste und so wenig Menschlichkeit! Mußte das nicht auch an ihm selber liegen?

Später dachte ich, daß wohl auch Jesus eine Entwicklung erlebt hat. Am Ende, kurz vor seinem Tod, hat er den Glauben mit keinem Wort mehr erwähnt, sondern nur noch die Solidarität mit seinen »geringsten Brüdern« zum Maßstab gesetzt.

Einmal brachte die Hausmutter denen, die aufstehen durften, Garn zum Stricken. Das war das einzige Mal während der elf Wochen, die ich auf dieser Station lag, daß wir uns betätigen durften. Wie Besessene saßen wir nach der langen, qualvollen Untätigkeit über unseren weißen Baumwollsöckchen mit rosa Rand. Stille war auf der »Unruhigen Station« eingekehrt. Dann war das Garn zu Ende, die Söckchen waren abgeliefert, und wir wurden wieder laut. Spiele gab es hier nicht. Und unsere Angehörigen, die uns so leicht etwas zur Beschäftigung hätten schicken können, ahnten wohl gar nicht, daß wir hier nur verwahrt wurden.

Als ich endlich nicht nur aufstehen, sondern in den hochummauerten Stationsgarten hinaus durfte, war ich mir immer noch nicht sicher, daß Verwandlungen wirklich nicht möglich sind. Schwester Y. hatte mir einen Bildband zum Ansehen gegeben, darin war eine Frau gemalt, die mit erhobenen Armen vor Jesus kniete, und aus ihren Fingern sprossen Zweige. »Noli me tangere!« hatte darunter gestanden – offenbar hatte die Frau Angst, Jesus könnte sie durch seine Berührung in einen Baum verwandeln. Tritt lieber nicht auf das Gras, sagte ich mir. Wer weiß, wen dieses unheimliche Haus in Gras verwandelt hat.

Wie war ich auf die aus den Fingern sprießenden Zweige gekommen? fragte ich mich später und ließ mir in einer Kunst-Bibliothek einen Bildband über Fritz von Uhde zeigen, denn sein Bild »Noli me tangere« konnte es nur gewesen sein. Die Zweige sind dünne Bäumchen im Mittelgrund des Bildes, die genau über den gespreizt erhobenen Händen der knienden Frau ansetzen. Es geht um die Begegnung Marias von Magdala mit dem auferstandenen Jesus, und nicht sie will von ihm nicht berührt werden, wie ich aus ihren flehend erhobenen Händen geschlossen hatte, sondern er nicht von ihr.

Allmählich ging mir doch auf, daß das Haus nicht zu Verwandlungen imstande war. Nun wagte ich den kleinen Rasen zu betreten und legte mich an heißen Tagen in den runden Schatten des jungen Lindenbaumes. Wenn ich mich ganz zusammenrollte, paßte ich genau hinein.

Einmal, als ich den Rasenplatz umkreiste, sah ich den Chefarzt mit einem großen, kräftigen Mann – vermutlich einem Kollegen – auf der oberen Rampe stehen; offenbar zeigte er ihm den Stationsgarten. Der Fremde schaute mich unverwandt an. Ich hielt inne und faßte ihn ebenso fest ins Auge wie er mich. Er sah nicht uninteressant aus. Aber wie unwürdig, dachte ich, uns wie Tiere im Zoo zu beobachten, statt mit uns zu sprechen! Und wenn ich mir nun die beiden auch ebenso schweigend besah wie sie mich, so blieb doch ich die Gefangene, und sie blieben die Freien, die von der Rampe aus in das teils ummauerte, teils umgitterte Zoogehege hinabsahen.

Inzwischen wußte ich, daß wir hier verwahrt wurden, weil wir »Geisteskranke« waren. Und ich hatte mir geschworen, lieber geisteskrank zu bleiben, als jemals mir die »geistige Gesundheit« zu eigen zu machen, die uns hier vorgelebt wurde; sie schien mir wenig erstrebenswert. Auch wenn Schwester Y. mich gelegentlich in den Arm nahm, traute ich dem Frieden nicht, denn sie war nur dann lieb zu uns, wenn wir still und gehorsam in den Betten lagen.

Am letzten Junitag sagte mir Schwester Y., meine Mutter sei da. Zum ersten Mal Besuch – endlich war jemand von zu Hause gekommen! Schwester Y. schob mich in das kleine Besuchszimmer vor der Station. Dort fand ich aber nicht meine Mutter. Zwei fremde Herren saßen über Akten gebeugt.

Warum ich ins Watt gegangen sei, wollten sie wissen. Zum ersten Mal fragte jemand nach dem Grund meiner Handlungen! Aber diesen mir ganz unbekannten Herren konnte ich darüber nichts sagen. Ausweichend antwortete ich, das hätte ich einfach ganz schön gefunden. Ich hatte nur den einen Gedanken im Kopf, so schnell wie möglich zu meiner Mutter zu kommen. Ich ahnte nicht, daß diese beiden fremden Herren ein »Erbgesundheitsgericht« darstellten und daß es um meine Sterilisation ging.

Warum ich zum Flugplatz unserer Insel gegangen sei, fragten sie weiter. Oder: was ich auf dem Flugplatz gewollt hätte. Ich weiß nicht mehr, was ich darauf geantwortet habe. Ich war auch viel zu verblüfft. Wie konnte das alles in den Akten stehen? Nur die Männer auf dem Flugplatz, die ich gefragt hatte, ob Molt und seine Frau angekommen waren, wußten doch davon. Wahrscheinlich hatten sie es meinen Eltern erzählt. Angehörige machen sich kaum klar, daß ihre Ausssagen in den Krankenbericht aufgenommen werden und dann gegen den Patienten verwendet werden können. Ich erinnere mich nicht mehr, was die Herren sonst noch fragten. Ich saß ohnehin wie auf Kohlen. Und das sollte eine Gerichtsverhandlung sein! Ich war nicht informiert worden, worum es überhaupt ging, und hatte keine Möglichkeit, mich zu verteidigen. Es war eine reine Farce.

Als ich Mutter dann von den Zuständen auf der »unruhigen Station« und von den »Beruhigungsmaßnahmen« erzählte, schien ihr das alles ganz unglaubwürdig. »Du hast Schwester Y. auch gesagt, daß sie dir eine Hexenlampe aufs Bett gestellt hätte.« Das stimmte, das hatte ich gesagt. Ich hatte mir den rotglühenden Fleck auf der Bettdecke, der durch ihre Berührung entstanden war und sich so rasch ausgebreitet hatte, nicht anders erklären können als durch etwas so Unwirkliches wie eine Hexenlampe. Ich wußte ja noch nichts über die Symbolbedeutung von Halluzinationen. Und deshalb sollte ich nun überhaupt unglaubwürdig sein, so daß Mutter alles für Erfindung oder Hirngespinste hielt, was ich ihr über die Wirklichkeit der Anstalt erzählte! Dabei hätte sie in psychiatrischen Lehrbüchern nachlesen können, daß es die Dauerbäder und »nassen Packungen« tatsächlich gab!

Ich merkte an ihrer Reaktion, daß es sinnlos war, mit ihr über meine Erfahrungen auf dieser Station sprechen zu wollen. Das war hart für mich, denn diese Erfahrungen waren die beklemmendsten meines Lebens, viel schlimmer, als später die Verschüttung bei einem Bombenangriff im Jahr 1944. Eine feindliche Bombe bedroht das Leben und macht Angst, aber sie diskriminiert nicht. In der Anstalt aber wurde uns die Menschenwürde genommen; wir waren nur noch Objekte der Verwahrung und Beobachtung, mit denen zu reden sich nicht lohnt und die keiner Beschäftigung wert oder fähig schienen. Und darüber mit niemandem sprechen zu können, bedeutet totale innere Isolierung.

Mutter erzählte mir, Molt habe ihnen nach meiner Einlieferung in Bethel geschrieben, wie leid es ihm tue, für meine Erkrankung mitverantwortlich zu sein. Sie hätte ihn beruhigt, daß das nicht so sei. Ich gab ihr recht. Schuldgefühle hätten weder ihm noch mir geholfen. Und ich konnte auch nicht glauben, daß die Entwicklung, die in mir ausgelöst worden war, nur krankhaft und wertlos sein sollte. So sehr Bethel auch meine Erfahrungen als Ausdruck einer »Geisteskrankheit« bekämpfte – für mich blieben sie etwas ganz Wesentliches.

Der Eingriff

Nach Mutters Besuch wurde ich auf die benachbarte »stille Station« verlegt. Auch das war eine geschlossene Station. Sie war älter und dunkler, hatte aber einen größeren Garten, der von einer hohen Backsteinmauer umgeben war, und vor dem ebenerdigen Tagesraum war ein Blumenbeet. Blumen hatte es in dem viel kleineren Garten der »unruhigen Station« nicht gegeben, sondern nur Büsche auf einer seitlichen Rabatte, und nur durch einen hohen Maschendrahtzaun hatten wir auf das runde Rosenbeet in der abgeteilten Nische blicken können.

Mit der Assistenzärztin stand ich vor den bienenumsummten blauen Gartenkornblumen des Beetes. »Wissen Sie noch, daß Sie gesagt haben, Sie seien Braut Christi?« fragte sie mich. Wie hätte ich das vergessen können, wie könnte ich den Überfall am Wäschemorgen jemals vergessen! Wenn sie nach der Vorgeschichte gefragt hätte, dann hätte ich ihr von meinem vorangegangenen wochenlangen ungeduldigen Bemühen erzählen können, und vielleicht hätte sie dann verstanden, was die Identifikation mit dem Brautsymbol bedeutet.

Viele Jahre später habe ich sie einmal gefragt, warum sie und die anderen Ärzte und die Schwestern nicht mit uns gesprochen hätten. Da meinte sie: »Die Patienten mögen das nicht.« Fragen, in denen von vornherein eine abwertende Tendenz und kein Bemühen um Verständnis zu spüren ist, mögen wir allerdings wirklich nicht. Wenn diese junge Ärztin damals aber gesagt hätte: solche Vorstellungen brechen aus dem normalerweise Unbewußten auf; lassen Sie uns herauszufinden versuchen, was es für Sie bedeutet, Braut Christi zu sein, dann wäre ich sicher dankbar gewesen. So ähnlich hätte es C. G. Jung mit seinen Patienten gemacht. Wenn wir Betroffenen Verständnis spüren und uns ernstgenommen fühlen, den Sinn unserer Erfahrungen also nicht von vornherein abgewertet sehen, haben wir die uns nachgesagte Scheu durchaus nicht. Das haben mir später die Gespräche mit anderen Patienten gezeigt, in denen wir unsere Psychoseerfahrungen frei und offen besprechen konnten.

Mutter hatte mir bei ihrem Besuch zwei Deckchen zum Besticken besorgt. Nun hatte ich wenigstens eine Handarbeit. Gern ging ich mit geschlossenen Augen unter den alten Bäumen des Gartens am Rasen entlang und versuchte, sie am Geräusch ihrer Blätter zu erkennen. Das dunkle Rauschen der großen, sanften Kastanienblätter hob sich deutlich ab von dem helleren Klang der übrigen Bäume mit ihren schmäleren und kleineren Blättern.

Nach einer Woche wurde ich wieder verlegt, und jetzt kam ich zum ersten Mal in eine Station, die Vertrauen erweckte. Sie war völlig anders als die beiden anderen. Die Atmosphäre im Saal mit etwa zehn Betten und den drei kleineren Zimmern war liebevoll. Auf den Nachttischen standen Blumenvasen, und die Betten waren tagsüber mit Bettspreiten bedeckt, die eine alte Patientin mit kunstvollen Mustern gehäkelt hatte. Dem Saal war ein Pavillon vorgelagert, dessen Tür zum kleinen Stationsgarten offenstand, und dieser Stationsgarten war nur durch einen niedrigen Zaun mit offenem Tor vom Hauptgarten abgeteilt. Wir hatten also immer freien Auslauf in den schön angelegten großen Garten am aufsteigenden Hang mit seinem von Rosen überwucherten Laubengang. Am liebsten saß ich verborgen unter den tief herabhängenden Zweigen einer Trauerbuche.

Die etwa fünfzigjährige Stationsschwester M. strahlte Güte aus und bewies gelegentlich auch Humor. Auch die zweite, noch junge Schwester war freundlich. In dieser Station lagen die Depressiven; im Unterschied zu den

Schizophrenen machten sie nur einen unglücklichen Eindruck. Schwester M. suchte sie zu trösten und zu beruhigen. Dauerbäder und nasse Packungen, Kaltwassergüsse auf den Kopf und Betäubungsspritzen gab es hier nicht.

Von den Mitpatientinnen dieser Station stehen mir nicht mehr so viele vor Augen wie aus der »unruhigen Station«. Mir gegenüber lag Fräulein von B., eine etwa vierzigjährige Frau, die sich zu Hause die Pulsadern aufgeschnitten hatte; die Narben an ihren Handgelenken waren noch frisch. Immer noch saß sie verzweifelt im Bett; später stand sie auf und wurde ruhiger. Noch unglücklicher wirkte das grauhaarige Fräulein H. Niemals habe ich diese Frau lachen sehen, wie es Fräulein von B. doch schließlich hin und wieder tat. Von innerer Unruhe getrieben, stieß sie immer wieder flüsternde Worte der Selbstanklage hervor. Eine ältere Baltin brachte mit ihrem sympathischen breiten Tonfall ein wenig Normalität in die Stationsatmosphäre. Meistens saß sie auf dem Sofa des kleinen Tagesraumes – auf der »unruhigen Station« hatte es nur Holzbänke gegeben. In einem der beiden an den Saal grenzenden Zweibettzimmer saß die alte Dame über ihrer kunstvollen Häkelarbeit. Die bewegendste Gestalt war für mich aber ein Mädchen unbestimmbaren Alters von einer stillen, verhaltenen Anmut. Sie kam von einem Bauernhof und war nicht zum ersten Mal hier. Wir sprachen nie laut miteinander.

Hier erlebte ich zum ersten Mal, daß die Patienten dieser Anstalt nicht nur bekämpft wurden. Mit den Depressiven gab es auch ärztliche Gespräche, ihnen wurde geholfen. Als wir uns zu dritt bei der Hausmutter über die schlechte Behandlung auf der »unruhigen Station« beschwerten, wollte sie uns gar nicht glauben. Sie hat wohl nicht einmal erkennen können, daß die »Beruhigungsmaßnahmen« und die Verweigerung von Gespräch und Beschäftigung eine Mißhandlung waren, denn sicher war das alles ärztlich verordnet. Die gelegentlichen Prügel mit dem eisernen Türdrücker am Lederriemen wurden erst später durch die Verletzungen Mariechen G.s bemerkt, und ohne solche sichtbaren Folgen glaubt man Patientenbeschwerden in der Regel nicht.

Nun setzte ein lebhafter Briefwechsel mit meinen Eltern und meinen Geschwistern ein. Sechzehn Briefe erhielt ich allein im Juli.

Meine Mutter schrieb am 12. Juli: »Du weißt ja jetzt, daß Du krank gewesen bist. Wir haben Dich zu Hause behalten, solange es irgend ging. Aber dann mußten wir einsehen, daß Du, um gesund zu werden, in sachgemäße Pflege kommen mußtest, und da haben wir das Beste für Dich ausgesucht, was wir wußten. Und nun bitten wir Dich von Herzen: Verliere nicht die Geduld und sperre Dich nicht gegen die große Liebe, die Dich umgibt und die Du fühlst. Du kannst Dich ganz fest darauf verlassen: Du bleibst keinen Tag länger in Bethel als nötig ist . . . Du schreibst, Du wärest kerngesund, und körperlich bist Du es ja auch. Und weil Du keine Schmerzen hast und Dich nicht schwach fühlst, verstehst Du es nicht, daß man Dich noch fest hält. Krank war Deine Gedankenwelt. Und nun ist uns immer wieder gesagt worden: Bei solchen Dingen nur nicht zu früh entlassen, damit es keine Rückfälle gibt. Und wenn Du nun ungeduldig wirst und anfängst, Deiner Umgebung zu zürnen, dann hinderst Du das Gesundwerden. Du mußt innerlich darüber zur Ruhe kommen und darfst das Vertrauen nicht verlieren. Ärzte und Schwestern können viel besser helfen, wenn die Kranken sich helfen lassen wollen . . .«

Mutter hatte recht: diese Station war liebevoll. Ich spürte die Liebe. Aber die Erfahrungen auf der »unruhigen Station« waren dadurch nicht wieder auszulöschen. Sie hatten sich tief eingeprägt: so ging man mit Menschen um, die sich nicht wehren können.

Am 7. August schrieb Mutter: »Ja die Geduld. Die paßt der Jugend nicht, und sie hält sie leicht für Schwäche und

Mangel an Temperament, und ist doch in vielen Fällen starke gesammelte Kraft, und Du mußt sie nun schon so jung lernen. Wir fühlen es so ganz mit Dir, daß Dein Leben jetzt nicht leicht ist, und verstehen es, wenn es Dir manchmal grau vorkommt, und Du Dich nach der Zeit zurücksehnst, in der Du ein so erhöhtes Lebensgefühl gehabt hast. Aber Herzenskind, wir wollen vertrauen, daß gerade durch das Schwere etwas Besseres werden will. Mir schrieb kürzlich eine Frau, die durch viel Dunkelheit gegangen ist, gerade auch auf seelischem Gebiet: ›Dem Schwersten verdanke ich mein Bestes‹ . . .«

Und eine Woche später: »Was für Vorwürfe machst Du uns denn? Vielleicht wäre es ja doch ganz gut, wenn Du das mal aussprichst. Wir wollen Dir doch so gerne helfen. – Wenn ich Dir von einer guten Bekannten geschrieben habe, die dem Schwersten im Leben das Beste verdankt, so hab ich natürlich nicht gemeint, daß Du das jetzt schon so ansehen könntest. Das ist wohl ganz unmöglich. Es ist aber eine Erfahrung, die unzählige Menschen im Laufe ihres Lebens machen. Und es ist nicht so, daß die das reichste Leben haben, denen es äußerlich gesehen gut und leicht geht.«

Ich konnte gar nicht verstehen, daß meine Mutter in meinem Gang ins Watt eine »Dunkelheit auf seelischem Gebiet« sah. Schon in der Karte, die sie mir ins Festlandkrankenhaus mitgegeben hatte (»Und ob ich schon wanderte im finsteren Tal . . .«), war das zum Ausdruck gekommen. Daß sie an einen Selbstmordversuch gedacht haben könnte, hielt ich für unwahrscheinlich, denn ich hatte ihr doch von den beiden Sternen, die in den Himmel aufstiegen, als von einem Wunder erzählt. Nach einem Selbstmordversuch hätte ich sicher auch nicht als erstes um ein Stück Torte gebeten. Nein, das Schwere und Quälende war für mich nicht, was ich innerlich erlebt hatte, sondern wie ich dafür behandelt worden war.

Ich wurde in ein kleines Einzelzimmer in der Offenen

Station verlegt, hatte aber noch keine Ausgeherlaubnis. Vater schrieb mir am 22. August: »Was gewesen ist, ist schwer für Dich gewesen, Du Liebes. Aber es ist nichts, dessentwegen Du Dich zu genieren brauchst. Nur das müssen wir erstreben, daß Du in eine Umgebung kommst, wo Du nicht meinen wirst, man sähe Dich darauf an; wo Du vielmehr zu einer gesunden Harmlosigkeit Dich innerlich frei entfalten kannst. Deshalb habe ich schon im Juni Schritte getan . . .« – er meinte: zu seiner Versetzung in eine neue Pfarrstelle.

Meine ältere Schwester schrieb: »Daß Du es jetzt so nett hast, freut mich sehr. Besonders hat mich gefreut, daß Du wieder Lust zu Kindern hast . . . Daß Du krank warst, hat uns sehr leid getan. Aber vor uns wirst Du Dich ja wohl hoffentlich nicht genieren. Daß wir umziehen, tut uns natürlich leid. Andererseits ist für uns alle das Elternhaus ja nicht mehr der eigentliche Wohnort.«

Eines Abends – es war der 17. September – rasierte die freundliche Stationsschwester M. nach dem Bad meine Schamhaare ab. Wozu? wollte ich wissen. »Für einen notwendigen kleinen Eingriff.« Offensichtlich wollte sie keine nähere Erklärung geben, und ich fragte nicht weiter. Von Sterilisationen ahnte ich nichts. Darum waren mir auch keine Zweifel gekommen, als Schwester Y. die Narben meiner Mitpatientinnen als »Blinddarmnarben« erklärte; am Blinddarm wurden schließlich viele operiert. Und nie hätte ich für möglich gehalten, daß ein so folgenschwerer Eingriff vorgenommen werden könnte, ohne daß mit dem Betroffenen vorher darüber gesprochen wird.

Zu Hause war es für mich ganz selbstverständlich gewesen, über alles, was mich betraf, informiert zu werden. Als meine Eltern mich ins Festlandkrankenhaus und dann nach Bethel bringen ließen, ohne mir zu sagen, wohin ich kommen würde, war das zum ersten Mal anders gewesen, und das hatte ich als Vertrauensbruch empfunden. Hier aber, in der Anstalt, hatte ich offenbar grundsätzlich keinen Anspruch auf Auskunft. Man konnte mit mir machen, was man wollte, ohne ein Wort darüber zu verlieren.

Frühmorgens ging Schwester M. mit mir in das Gilead-Krankenhaus. Ich empfand keinerlei Angst, als ich in weißen Baumwollstrümpfen und kurzem Hemd allein im Vorzimmer des Operationssaales stand. Zum ersten Mal seit über fünf Monaten konnte ich wieder ein Fenster weit öffnen, und ich empfand nur Glück über dieses weit offene Fenster in den hellen Morgen hinaus mit der aufgehenden Sonne. Noch immer hatte ich keine Ahnung, was man mit mir vorhatte.

Schwester M. kam herein und erschrak sichtlich, als sie mich am offenen Fenster stehen sah. Der Gedanke, hinauszuspringen, war mir aber nicht einmal gekommen. Rasch schloß sie das Fenster wieder, und ich bestieg die Liege, die in den Nebenraum gerollt wurde. Die Narkoseschwester – ich sehe ihr Gesicht noch heute vor mir – gab mir eine Spritze in den Arm, und ich versank in die mir nun schon so wohlvertraute Bewußtlosigkeit, allerdings rascher als gewohnt. Diese Injektion wirkte viel schneller als die Spritzen, die Schwester Y. mir in den Oberschenkel hieb – einmal mit solcher Wucht, daß mir eine Hautverfärbung bis heute geblieben ist.

Im kleinen Viererzimmer der Station für Depressive wachte ich aus der Narkose wieder auf. Auch jetzt klärte mich niemand über die Art des Eingriffes auf.

Am 23. September, wenige Tage nach der Operation, schrieb meine Mutter: »Mein liebes Herzenskind, wir haben heute morgen von Schwester R. Nachricht bekommen und wissen nun, daß Du die Operation hinter Dir hast und es Dir gutgeht. Wir haben es nicht gewußt, daß es schon gemacht wurde, sonst hätten wir Dir natürlich eher geschrieben. Du weißt es ja, wie unsere Gedanken viel, viel bei Dir sind. Wie dankbar und glücklich es uns gemacht hat, daß Du so tapfer im Leben stehst, das muß ich Dir heute einmal sagen. Es ist das, was uns in den letzten Monaten am meisten getröstet hat, daß wir sahen, daß Du fröhlich bist und glaubst, daß Gottes Vaterhand Dich führt, auch wenn der Weg dunkel scheint. Wir haben uns vor bald 26 Jahren zum Trautext das Wort gewählt: Meine Gedanken sind nicht Eure Gedanken und meine Wege sind nicht Eure Wege. Und nun kommt das ›sondern‹, das alles Dunkel in Licht verwandelt: Sondern soviel der Himmel höher ist denn die Erde, so sind auch meine Wege höher denn Eure Wege und meine Gedanken denn Eure Gedanken. – Mein Sophiekind, es ist uns bitter schwer, daß Du in so jungen Jahren dies erleben mußt. Der neue Staat fordert manches, was für den Einzelnen ein großes Opfer ist. Da stehen wir einfach unter der Forderung: Jedermann sei untertan der Obrigkeit. Aber nun spricht Gott sein Wort zu der Menschenforderung: Denen, die Gott lieben, müssen alle Dinge zum besten dienen. – Es soll uns Eltern ein Hauptanliegen sein, Dir zu helfen, daß aus Deinem Leben etwas rechtes wird. – Weißt Du, ich habe so manchmal gedacht, wie sehr das deutsche Volk Frauen nötig hat, die keine leiblichen Mütter sind und doch ein mütterliches Herz haben. Es ist mir oft entgegengetreten, wie viel mehr Liebe unverheiratete Frauen für Kinder haben. Bei den Müttern erschöpft sich die Liebe so leicht in den eigenen Kindern. Es gibt gerade auf dem Gebiet so wichtige Aufgaben – Und nun wollen wir uns freuen, daß dieser Berg überstanden ist. Es mußte ja erst gemacht werden, ehe über die weitere Zukunft Entschlüsse gefaßt werden konnten.«

Daß die Operation eine Sterilisation war, erklärte mir eine Mitpatientin, eine Diakonisse, die nach einem schweren Autounfall schon lange hier lebte. Sie hatte mir selbstgewundene Blumenkränze ans Krankenbett gebracht. Ohne sie hätte ich in diesem Haus wohl überhaupt nichts erfahren.

Ich war verzweifelt. Ich ließ mir die Haare abschneiden, denn wenigstens die Haare wollte ich noch wachsen sehen, wenn sonst meine Entwicklung nun stillstand. Ich fühlte mich nicht mehr als volle Frau. Unfruchtbar gemacht wegen geistiger Minderwertigkeit! Keine Kinder haben können! Nicht heiraten dürfen! Nicht Kindergärtnerin werden dürfen! Überhaupt keinen sozialen Beruf erlernen und ausüben dürfen! Was blieb mir da noch?

Alles war nun vergeblich gewesen. Mein Widerstand gegen die unmenschliche »Vernunft« der »unruhigen Station«, zu der sie uns hatten bekehren wollen – umsonst. Meine Auflehnung gegen alles, womit sie uns gefügig machen wollten und nur immer tiefer verwirrten – umsonst. Als einen »notwendigen kleinen Eingriff« hatte Schwester M. die Operation verharmlost. Es war kein »kleiner Eingriff«, es war ein furchtbar schwerer Eingriff in mein ganzes zukünftiges Leben. Überrumpelt hatten sie mich, als sie mich in das kleine Besuchszimmer schoben, ohne mir zu sagen, daß die beiden fremden Herren über meine Sterilisation entscheiden würden.

»Kann durch chirurgischen Eingriff unfruchtbar gemacht werden«, hieß es im Sterilisationsgesetz vom 25. Juli 1933. Dem Ermessen der Ärzte war damit Raum gegeben.

Mutter hatte dem Chefarzt gesagt, daß meine Psychose wahrscheinlich seelische Ursachen habe; das hat sie mir später so erzählt. Der Chefarzt hatte ihr geantwortet, daß die Psychose auf jeden Fall ausgebrochen wäre, auch ohne besondere seelische Erschütterung. Mutter vertraute ganz den Ärzten. Woher hätte sie wissen sollen, daß die Ärzte mit den Psychotischen nicht sprachen und darum gar keine Ahnung haben konnten, was in ihnen vorging und warum sie psychotisch geworden waren?

Bald nach der Operation besuchte mich Mutter, und danach schrieb sie: »Gott hat es zugelassen, daß Du krank geworden bist. Damit hat er Dir und uns einen großen Schmerz geschickt. Ich glaube, Du denkst immer, Du wärest diejenige, die uns Kummer gemacht hätte. Das ist ein ganz verkehrter Gedanke. Nein, dieses Leid kommt von Gott, und er wird es wohl gewußt haben, daß wir schwere Zeiten brauchten. Und nun wollen wir ganz einfach versuchen, stille zu halten und wollen das lernen, was wir daraus lernen sollen, Du und wir . . . Wenn wir versuchen es hinzunehmen als das, was Gott uns geschickt hat, und wenn wir ernstlich gebeten haben, daß unsere Schuld von uns genommen wird und vergeben (denn natürlich sieht man nun viel deutlicher, was man verkehrt gemacht hat), dann kommt gewiß aus all dem Schweren ein großer Segen.«

Zehn Tage später schrieb sie: »Es ist uns eine große Freude zu sehen, wie Du gegen die trüben Gedanken kämpfst. Die Hauptsache ist das Kämpfen, wenn es dann noch nicht gelingen will, dann wollen wir es aus Gottes Hand hinnehmen. Er will uns vielleicht unsere ganze Ohnmacht zeigen, damit wir uns ganz zu ihm wenden und alles von ihm erwarten . . . Wenn Du mit der Sache der Bestrahlung nicht fertig werden kannst, dann sag es doch mal der Hausmutter und frage sie, ob es sein kann, daß Du so etwas erlebt hast.«

Und dann wieder: »Wir bitten so von Herzen mit Dir und für Dich, daß es Dir gelingt, nun mal die Gedanken an die Vergangenheit ruhen zu lassen. Das ist eben die Krankheit, daß Du die Dinge nicht richtig sehen kannst, manche Dinge; in vielem bist Du ja ganz wie sonst, aber es sind so einige Reste geblieben, die müssen noch fort. Und je schneller Du das abschütteln kannst, um so eher kannst Du auch wieder auf Station 1, und dann können wir auch wieder an die weitere Zukunft denken. Ob es nicht vielleicht nützt, wenn Du, wenn die traurigen Gedanken kommen, singst oder auch mal ein Lied lernst? Ich lerne jetzt: ›Oh komm, Du Geist der Wahrheit‹. Es ist von Spitta, den liebte meine Großmutter besonders . . .«

Als ich kürzlich die Briefe meiner Eltern in meinem alten Puppenkoffer wiederfand, war ich bewegt von ihrer Liebe und ihrer Frömmigkeit. Damals überwog wohl mehr der Zweifel, ob sich der »Geist der Wahrheit« durch das Lernen eines Chorals einstellt. Waren denn das Feuer, das ich unter der Bettdecke erlebt hatte und dessen Folgen mir immer noch zu schaffen machten, und das verschwundene Prielwasser nicht auch Wahrheiten, die ich nicht einfach »abschütteln« konnte? Sahen *sie* denn die Dinge richtig? Sie wußten ja gar nicht, was ich erlebt hatte und welchen Sinn diese Erlebnisse für mich hatten. Sie vertrauten einfach den Beteuerungen des Chefarztes, meine Psychose habe mit der vorausgegangenen seelischen Erschütterung nichts zu tun und wäre auch ohne sie ausgebrochen. Ebenso selbstverständlich hätten sie sich wohl auch die Ansicht eines Psychotherapeuten zu eigen gemacht, der meine Psychose so verstanden hätte, wie ich sie erlebt habe. Und dann hätten wir auch über die Hintergründe und Sinnzusammenhänge sprechen und zu einem echten Verständnis kommen können, statt sie zu verdrängen und damit eine Heilung erst einmal zu verhindern.

Mutter konnte auch nicht wissen, wie schwer es für mich war, die Sterilisation aus Gottes Hand hinzunehmen. Seiner Führung glaubte ich ja gerade gefolgt zu sein. Über die Hintergründe meiner Psychose wußte sie nichts. Nun sollte also alles ein Irrtum gewesen sein, nur eine Geisteskrankheit! Ich mußte mir eingestehen, daß der »ungeheuerliche Krieg«, den ich in unmittelbarer Zukunft erwartet hatte, nicht ausgebrochen war. Auch die »Braut Christi« sollte also nur eine Wahnvorstellung gewesen sein, obwohl die Identifikation mit dem Symbol mir erst die Einsicht möglich gemacht hatte, daß ich meine eigene Natur entwickeln mußte, und mein Gefühl mir sagte, daß ich das richtig verstanden hatte. Und unnormal war auch, daß ich dem Morgenstern ins Watt gefolgt war; im normalen Zustand hätte ich dazu gar keinen

Impuls gespürt. Warum hast Du mich in die Irre gehen lassen? haderte ich. Du wußtest doch, daß ich der inneren Stimme als Deiner Stimme vertraute!

Ein leiser Zweifel aber blieb: das verschwundene Prielwasser. Armgards Vater, Pastor Th., ein Kenner des Watts, hatte eine Skizze gemacht, und er schrieb dazu: »Etwa eineinhalb bis zwei km südlich der Insel zieht sich der erste Priel hin, der von den kleinen Schiffen bei Hochwasser zur Durchfahrt zwischen Insel und Festland in der Richtung Westen-Osten benutzt wird. Dieser Priel ist daher mit Stangen abgesteckt, deren buschige Spitzen bei Hochwasser noch aus dem Wasser ragen. An der höchsten (d. h. seichtesten) Stelle, wo ihn der Wattwanderer zum Festland durchschreitet, liegt am Nordufer des Priels eine Boje. Hier kreuzt auch das Kabel vom Festland den Priel. Die Boje dient den Schiffen zur Warnung, daß sie hier nicht ankern dürfen, da ein schleppender Anker das Kabel beschädigen oder ganz abreißen könnte.«

Das Nordufer, wo die Boje lag, ist die Inselseite. Wie hätte ich sie kriechend erreichen können, nachdem ich den Priel kurz zuvor noch, dem Morgenstern in Richtung Süden folgend, durchschwommen hatte? Auch die seichteste Stelle war niemals trocken. Ich konnte keine natürliche Erklärung für das Verschwinden des Wassers finden. Wenn es nur um meine Rettung aus einer lebensgefährlichen Situation gegangen wäre, als ich im Schlick einsank, dann hätte auch ein kleines Mehr an Kraft genügt, um sicher zurückzuschwimmen. Warum also war das Wasser verschwunden? Und warum lehrten die Pfarrer noch immer Geschichten wie die von Abrahams Gehorsamsprobe, wenn Gottes Führung heute nicht mehr in einer Weise erlebt werden durfte, die wider alle Vernunft war? Warum lehrten sie noch die Wundertaten Jesu, wenn solche Wunder nur in längst vergangener Zeit möglich sein durften? Wenn Er heute keine Kraft mehr dazu hatte, dann war sein Wort vom Glauben, der Berge versetzt, doch nur eine Redensart.

Aber selbst wenn es wahr wäre, daß ich der Führung Gottes gefolgt war, so wäre ich trotzdem nun als »minderwertige Geisteskranke« abgestempelt und würde bei der Langlebigkeit unserer Familie womöglich noch über sechzig Jahre mit diesem Makel zu leben haben. Das ist eine unvorstellbar lange Zeit für eine Neunzehnjährige. Aber der leise Zweifel an der Gültigkeit des psychiatrischen Urteils hat mir wohl doch mehr geholfen, als ich in meiner Verzweiflung damals sah. Er war es wohl, der mich vor dem »Zerfall der Persönlichkeit« bewahrt hat, den der Schizophrene angeblich unausweichlich erleidet, wie man in jedem Lexikon nachlesen kann. Dieser »Zerfall« ist ja ein Zerfallensein mit sich selbst, und dazu kommt es, weil die psychiatrische Entwertung der Psychoseerfahrungen als »sinnlos« und »geisteskrank« das Selbstvertrauen zerstört – wenn wir diesem Urteil glauben. Und wer könnte sich diesem Urteil entziehen, wenn er nicht Erfahrungen macht, die zum Zweifel ermutigen?

Die Ärzte bemerkten meine Verzweiflung und verlegten mich von der offenen in die geschlossene Station für Depressive, also wieder zurück zu Schwester M. Dort blieb ich bis zu meiner Entlassung. Obwohl meine Depression nach der Operation nur natürlich und verständlich war, führten sie auch jetzt kein Gespräch mit mir, und das kann ich mir nur so erklären, daß sie es waren, die die Sterilisation beantragt hatten, und daher ein Gespräch mit mir scheuten.

Eine Schauspielschülerin wurde von ihrer Mutter gebracht. Sie wirkte völlig abwesend. Schwester M. geleitete sie durch den Saal in eines der beiden angrenzenden kleinen Zimmer, brachte sie zu Bett und stellte einen Wandschirm vor das Bett, um ihr den Anblick des Saales mit all den Depressiven zu ersparen. Neid erfüllte mich über diese Fürsorglichkeit. Was wäre gewesen, wenn Mutter mich auch hierher begleitet hätte? Wenn die Eltern mich nicht über Ostern dem düsteren Festlandkrankenhaus mit dem vergitterten Zimmer und den Neckereien der Pfleger überlassen hätten? Wenn ich hier ebenso vertrauensvoll angekommen wäre, wie ich von zu Hause weggefahren war? Vielleicht wäre ich dann auch gleich auf diese freundliche Station gekommen und hätte all die unsinnigen Beruhigungsmaßnahmen, die es hier nicht gab, nicht über mich ergehen lassen müssen. Ich wäre nicht mit einem Gläschen Paraldehyd empfangen worden, und niemand hätte mir gewünscht, »schön in meine Hochzeitsnacht zu schlafen«. All die schrecklichen Ängste hätten nicht ausbrechen müssen, daß die »Stadt der Barmherzigkeit« eine Lüge war und alles, was wir gelernt hatten, vielleicht gar nicht stimmte. Wäre ich dann auch sterilisiert worden?

Und lag es nicht nahe, mit Patienten, die ohne Begleitung von Angehörigen in der Anstalt abgeliefert werden, achtloser zu verfahren als mit jenen, deren Familie Interesse an ihnen zeigt, so daß man sie nicht so einfach als wertlos behandeln kann? Später erzählte mir die Schauspielschülerin, daß der Chefarzt mit ihr gesprochen und ihr gesagt hatte, er kenne Depressionen; sie seien schlimmer, als wenn einem der Bauch aufgeschnitten würde. Mit Depressiven dieser Station gab es ärztliche Gespräche.

Über Weihnachten war ich bei Mutters Freundin eingeladen, die mit einem Betheler Theologen verheiratet war. Sie waren sehr lieb zu mir, aber ich blieb deprimiert, denn meine Lage schien mir aussichtslos.

Auf dieser Station fiel mir ein Buch in die Hände, in dem eine Frau im Winterwald beinahe erfroren wäre – entweder aus Mißgeschick oder weil sie den Tod suchte. Der Gedanke an Selbstmord war mir bisher noch nie gekommen, obwohl ich täglich die Narben an den Handgelenken von Fräulein von B. gesehen hatte; ihr mißglückter Versuch konnte auch nur abschreckend wirken. Nach der Lektüre dieses Buches fühlte ich wieder Boden unter den Füßen. Es gab also einen Weg, das mir sinnlos scheinende

Leben einer minderwertigen Geisteskranken zu beenden, und es war möglich, das so zu tun, daß es wie ein Unfall aussah. Denn ein eindeutiger Selbstmord wäre für meine Eltern ein zu großer Kummer gewesen, den ich ihnen nicht antun wollte. Wenn ich statt sechzig Jahren, die wie eine Unendlichkeit wirkten, nur noch ein oder zwei oder auch fünf Jahre vor mir sah, wurde meine Verzweiflung schon etwas geringer. Denn die Ausweglosigkeit lag in der Unabsehbarkeit der vor mir liegenden Zeitspanne. Mit dem Gedanken an Selbstmord sah ich ein Ende ab. Ohne ein Ziel vor sich kann der Mensch nicht leben; nun hatte ich wieder ein Ziel vor mir, nachdem mir das Lebensziel genommen worden war. Ich konnte wieder planen, wenn auch auf die Freiheit zum Selbstmord hin.

In einem Jahr, nahm ich mir vor. Oder in zwei Jahren. So viel Zeit würde ich auch mit dieser schweren Belastung, als »minderwertig« abgestempelt zu sein, ausfüllen können. Meine in der Verzweiflung gebundene Kraft konnte wieder dem Leben zufließen. Ohne diese selbstgesetzte Frist von zuerst einem und später mehr Jahren hätte ich kaum noch Kraft zum Leben gehabt; der Gedanke an die unendlich lange Zeit vor mir, die ich unter Verzicht auf so Vieles, was zu einem wirklichen Leben gehört, hätte hinter mich bringen müssen, hätte mich gelähmt. Viele Zwangssterilisierte sollen ihrem Leben ein Ende gemacht haben.

Nach einem Jahr sah die Situation schon etwas anders für mich aus, obwohl ich noch immer tief verunsichert war. Ich setzte mir eine neue Frist, aber schon nicht mehr mit der gleichen Entschiedenheit, daß ich dann auch wirklich Schluß machen würde. Ein paar Mal verlängerte ich die Fristen, bis ich sie sehr viel später nicht mehr nötig hatte.

Immer wieder aber habe ich mich gefragt, warum Bethel bei einer so tief in das Lebensschicksal einschneidenden Maßnahme nicht mehr Sorgfalt und Verantwortung gegenüber den Betroffenen gezeigt hat, nicht zumindest ein Gespräch mit uns führte, bevor der Sterilisationsantrag gestellt wurde. Jeder Rechtsbrecher hatte selbst damals einen Anspruch auf Verteidigung; wir aber konnten uns nicht verteidigen, konnten nicht die seelischen Ursachen unserer Psychosen vor dem Erbgesundheitsgericht geltend machen, weil wir gar nicht informiert wurden, worum es überhaupt ging. Das war sogar nach dem Sterilisationsgesetz vom 25. Juli 1933 unzulässig, denn dieses Gesetz sah immerhin das Recht des Betroffenen auf vorherige Aufklärung vor. Es bestimmte in § 2.2: »Dem Antrag ist eine Bescheinigung eines für das deutsche Reich approbierten Arztes beizufügen, daß der Unfruchtbarzumachende über das Wesen und die Folgen der Unfruchtbarmachung aufgeklärt worden ist.« Auch für die Sterilisationsanträge der Anstaltsleiter wird diese Aufklärungspflicht in keinem Paragraphen aufgehoben.

Wieviel leichter wäre die Sterilisation für uns zu ertragen gewesen, wenn wir erfahren hätten, daß Ärzte und Schwestern sich in Gesprächen um uns bemühten, uns vor der Operation aber nicht bewahren konnten!

Eine Teilantwort auf alle diese Fragen fand ich 1964 in dem Buch *Evangelische Dokumente zur Ermordung der ›unheilbar Kranken‹ unter der nationalsozialistischen Herrschaft in den Jahren 1939-1945*, das im gleichen Jahr erschienen war. In Auszügen ist dort das Protokoll einer Tagung der vom Central-Ausschuß für Innere Mission gebildeten Fachkonferenz für Eugenik zitiert, die im Mai 1931 in Treysa bei Kassel stattfand; das ungekürzte Protokoll hat Bethel 1983 in seinen »Lesetexten zum Problemkreis ›Eugenik, Sterilisation, Euthanasie‹« veröffentlicht. Unter den 23 Teilnehmern der Tagung waren sieben leitende Ärzte sowie neun Direktoren evangelischer Anstalten für Epileptiker, Schwachsinnige und Geisteskranke. Die Tagung befaßte sich u. a. mit »Forderungen zur Vereinfachung und Verbilligung der fürsorgerischen Maßnahmen für Minderwertige und Asoziale«. Über die Ergebnisse heißt es in dem Protokoll:

»Die Strukturwandlungen innerhalb unseres Bevölkerungsaufbaues und die quantitative wie qualitative Änderung der Bevölkerungsvermehrung, die vor allem in der Schrumpfung der durchschnittlichen Familiengröße bei den Gruppen der erbbiologisch und sozial Tüchtigen und Leistungsfähigen zum Ausdruck kommt, lassen . . . eine *eugenetische Neuorientierung unserer öffentlichen und freien Wohlfahrtspflege* dringend erforderlich erscheinen. An die Stelle einer unterschiedslosen Wohlfahrtspflege hat eine *differenzierte Fürsorge* zu treten. Erhebliche Aufwendungen sollten nur für solche Gruppen Fürsorgebedürftiger gemacht werden, die voraussichtlich ihre volle Leistungsfähigkeit wieder erlangen. Für alle übrigen sind dagegen die wohlfahrtspflegerischen Leistungen auf menschenwürdige Versorgung und Bewahrung zu begrenzen. Träger erblicher Anlagen, die Ursache sozialer Minderwertigkeit und Fürsorgebedürftigkeit sind, sollten tunlichst von der Fortpflanzung ausgeschlossen werden . . .

Gott gab dem Menschen Seele wie Leib, er gab ihm die Verantwortung für beides – nicht aber ein Recht, nach freiem Belieben damit zu schalten . . . Führen seine von Gott gegebenen Funktionen zum Bösen oder zur Zerstörung seines Reiches in diesem oder jenem Glied der Gemeinschaft, so besteht nicht nur ein Recht, sondern eine sittliche Pflicht zur Sterilisierung aus Nächstenliebe und der Verantwortung, die uns nicht nur für die gewordene, sondern auch für die kommende Generation auferlegt ist . . . Um den auf diesem Gebiet herrschenden Mißbräuchen nachdrücklichst begegnen zu können, erscheint es der Konferenz dringend wünschenswert, daß die ohne Einspruch des Betreffenden vorgenommene Sterilisierung nicht als Körperverletzung im strafrechtlichen Sinne anzusehen ist, sofern sie aus eugenetisch-sozialer Indikation vorgenommen und nach den Regeln der ärztlichen Kunst durchgeführt wird . . .« (S. 69/72).

Diese Forderungen wurden zwei Jahre vor Hitlers Machtergreifung erhoben.

Warum sahen die theologischen Anstaltsleiter und die leitenden Ärzte evangelischer Anstalten ihre Aufgabe in der Bevölkerungspolitik? Sie waren doch für die Hilfe für ihre Patienten zuständig. Sie beriefen sich auf christliche Maßstäbe, um sie durch bevölkerungspolitische Gesichtspunkte zu ersetzen. Die »Nächstenliebe«, mit der sie die »sittliche Pflicht« zur Sterilisation begründen wollten, galt jedenfalls nicht den Betroffenen, sondern eher den Anstaltsleitern und Ärzten.

Als »Minderwertige und Asoziale« wurden hier die Patienten bezeichnet. Die neun Anstaltsleiter und sieben leitenden Ärzte haben sich wohl nicht gefragt, welchen Wert sie selber für Menschen hatten, denen sie nur noch »menschenwürdige Versorgung und Bewahrung« zugestehen wollten – als ob bloße Bewahrung jemals menschenwürdig sein könnte. Schlimmeres als die bloße Verwahrung konnten sie ihren Patienten kaum antun. Keinem Zuchthäusler wurde diese jahrelange Monotonie und Beschäftigungslosigkeit zugemutet. Aus der damit verbundenen allmählichen Verkümmerung konnte schließlich sogar die Todesspritze eine Erlösung sein. Auf der »unruhigen Station« galt die ganze Aufmerksamkeit der Schwestern der Verhinderung von Selbstmorden, und das ist wohl auch überall dort notwendig, wo Patienten nur verwahrt werden und darum keinen Sinn mehr in ihrem Leben sehen können. Aber daran ist die Anstalt schuld und nicht der Patient. Ein Mensch, dem außer der Freiheit auch noch jede Möglichkeit der Betätigung genommen wird, verliert sein Selbstvertrauen. Die Pflegekräfte halten ihn dann für unfähig und wenig achtenswert, weil er so apathisch wirkt. Aber es ist umgekehrt: er wird apathisch, weil er als unfähig und wenig achtenswert behandelt wird. Und dabei waren die Beruhigungsmaßnahmen für die untätig Verwahrten viel aufwendiger, als es die Beschäftigung gewesen wäre, wie sie in der nahen Gütersloher Anstalt seit 1923 für alle Patienten eingeführt worden war.

Als im Herbst 1939 die Patientenmorde der »Euthanasie« einsetzten, war die Arbeitsleistung ein entscheidendes Kriterium für Tod oder Überleben. Patienten, die nur verwahrt wurden, konnten aber gar keine Arbeitsleistung erbringen. Bethel hat immerhin die Meldebögen für die Euthanasie-Aktion nicht ausgefüllt. Die Folge dieser Weigerung war, wie unsere damalige Assistenzärztin in einem Leserbrief an den *SPIEGEL* schrieb /(17. Mai 1961), »das Erscheinen einer SS-Kommission in Bethel, der unter anderen die Professoren Kihn/Jena und Carl Schneider/Heidelberg angehörten. Wir waren gezwungen, unsere Kranken vorzuführen, während von den SS-Ärzten die Fragebögen ausgefüllt wurden, wobei wir uns intensiv bemühten, die Kranken als sozial und arbeitsfähig darzustellen.«

Wieviel leichter wäre das gewesen, wenn die Patienten wirklich Beschäftigungsmöglichkeiten gehabt hätten! Und bis auf die beiden sterbenskranken alten Frauen und das apathische Mariechen wären wir 1936 in Bethel alle froh gewesen, wenn wir etwas zu tun gehabt hätten. Aber die Bedürfnisse der Patienten zählten nicht. Niemand kam auf den Gedanken, ob es denn uns gegenüber sozial war, uns nur als Objekte der Beobachtung und Verwahrung zu behandeln, uns keines Gesprächs zu würdigen, aber Sterilisationsanträge für oder vielmehr gegen uns zu stellen. Die Ärzte und auch die Pfarrer, die nur Bibelworte zitierten, waren für uns keine Helfer, denn sie überließen uns ungerührt einem unwürdigen Zustand. Sie sahen nur *ihre* Wirklichkeit: das psychiatrische Dogma von den sinnlosen Symptomen einer körperlichen Krankheit aufgrund erblicher Belastung. Unsere Wirklichkeit sahen sie überhaupt nicht: unser Erleben in der Psychose, die Vorgeschichte, die dazu geführt hatte, und den Sinn, den es für uns hatte. Sie wußten nichts davon und wollten nichts davon wissen, denn dazu hätten sie verständnisbereite Gespräche mit uns führen müssen. Wir Patienten waren da untereinander viel »gemeinschaftsfähiger« (wie ein Kriterium der »Euthanasie« damals lautete).

Auch Pastor Fritz von Bodelschwingh wird die Beschlüsse von Treysa wohl gebilligt haben. In der Bodelschwingh-Biographie von Wilhelm Brandt heißt es, er sei »in allen entscheidenen Gremien des Central-Ausschusses für Innere Mission . . . bald sehr bekannt und sehr verehrt« gewesen, »so daß sein Rat in vielen Entscheidungen personeller und sachlicher Art den Ausschlag gab«. Daß er zu derart entscheidenden Beschlüssen nicht gehört wurde, ist kaum anzunehmen, selbst wenn er an der Tagung nicht teilgenommen haben sollte.

In der *ZEIT* vom 18. April 1986 berichtete Ernst Klee: »Pastor v. Bodelschwingh meinte 1965, das Gesetz sei eine Hilfe gewesen, für die Regelung habe vor allem bei den Schwachsinnigen ein Bedürfnis bestanden. Eine Entschädigung lehnte er ab, weil Wiedergutmachungsansprüche neues Leid über die Sterilisierten brächte: ›Gäbe man den Sterilisierten selbst einen Entschädigungsanspruch‹, hat das Protokoll des Wiedergutmachungsausschusses des Bundestages festgehalten, ›so werde nur Unruhe und neues schweres Leid über diese Menschen gebracht, die diese Dinge nicht übersehen können‹.« (Die Ablehnung einer Wiedergutmachung vor dem Bundestagsausschuß muß der Neffe Fritz v. Bodelschwinghs geäußert haben, denn Fritz starb 1946).

Daß eine Wiedergutmachung »neues schweres Leid« verursachen würde, finde ich eine seltsame Begründung. Denn um unser damaliges Leid, das kein bloß vermutetes, sondern ein ganz reales war, haben sich Bethels Pfarrer und Ärzte mit keinem Wort gekümmert. Hätten sie die

Betroffenen angehört, dann hätte man in Bethel gewußt, daß eine Wiedergutmachung die Lebenslast für jeden Zwangssterilisierten ganz entscheidend erleichtert hätte, denn damit wäre das Urteil der »Minderwertigkeit« aufgehoben worden. Schwieriger wäre es allerdings für die Leiter und Ärzte der Anstalten der Inneren Mission geworden, wenn zum Unrecht erklärt worden wäre, was sie angeblich »aus Nächstenliebe« gefordert hatten.

Heute versucht Bethel, »sich der eigenen Vergangenheit bewußt zu werden, um dadurch zugleich Erkenntnisse zu gewinnen für den Weg in die Zukunft«, wie Pastor Johannes Busch, der heutige Leiter Bethels, 1983 im Vorwort zu den *Lese-Texten zum Problemkreis ›Eugenik, Sterilisation, Euthanasie‹* schrieb. Dazu gehören aber auch die Erfahrungen von uns Betroffenen und die lebenslangen Folgen, die die Zwangssterilisation für uns hatten und haben. Sie wären vielleicht nicht ganz sinnlos gewesen, wenn sie zu diesem »Weg in die Zukunft« beitragen könnten.

Meine späteren vier Schübe habe ich ganz klar als Folge meiner Abstempelung als »minderwertige Geisteskranke« erlebt; ich brauchte für diese menschliche Entwertung einen Ausgleich. Sie entwickelten sich daher zwangsläufiger als der erste Schub. Diesen habe ich als eine für mich sehr wichtige Entwicklungsphase erlebt, bei der ich noch Möglichkeiten freier Entscheidung hatte. Nachdem Molt abgefahren war, hätte ich alles sich wieder zusammenziehen lassen können, und ich wußte, daß ich vor einer Wahl stand. Ich hatte aber das Gefühl, daß der Zusammenbruch sinnvoll war und etwas Neues bewirken würde, die Wiederherstellung des alten Zustandes dagegen ein Zurückweichen wäre.

Als ich nach meinen vergeblichen Anstrengungen, eine Beziehung zu Jesus zu gewinnen, in der fünften Woche die zunächst noch leisen Eingebungen und inneren Impulse erlebte, beschloß ich bewußt, meinen Willen aufzugeben und dieser inneren Stimme zu folgen, in der ich Gottes Führung sah. Nach dem Aufgang der beiden Sterne achtete ich genau auf den inneren Impuls zum Aufbruch, der mich der leuchtenden Spur des Morgensterns im feuchten Watt folgen ließ. Diesen Gang ins Watt empfand ich beim Aufbruch als das vorausgeworfene Zeichen einer Entwicklung, die ich einholen mußte. Nach dem ersten Gang am Meer war die Musik genau in dem Augenblick abgebrochen, wo mein Lebensweg am schnurgeraden Deich eingefahrener Gewohnheiten entlang zu verlaufen drohte. Nun führte mich der neue Weg in die Wiedergeburt aus dem Schlick, und ich erlebte den Aufgang der Sonne, die beim ersten Meerweg und in der Musik, in die er sich verwandelt hatte, noch hinter Nebeln verborgen geblieben war.

Nur durch eine Veränderung gegenüber dem normalen Sein aber konnte das Symbol diese dominierende Bedeutung für mich gewinnen und konnte ich den Aufgang der beiden Sterne als ein Wunder erleben, ohne zu denken, daß es vielleicht immer so sein könnte. Diese veränderte Welterfahrung ist mir in meinen späteren Schüben bewußter geworden. In meinem vierten oder fünften Schub nannte ich sie »Zentralerleben«, denn alle Bereiche des menschlichen Lebens, die in der »normalen« Welterfahrung beziehungslos zersplittert sind, erlebte ich in diesem Zustand als sinnvoll verbunden und vereinigt wie bei einem Fächer, dessen auseinanderstrebende Stäbe alle aus einer gemeinsamen Mitte kommen.

Befreiung im Schub

Die Ärzte ahnten nicht, was mir neuen Auftrieb gegeben hatte; sie konnten es auch gar nicht ahnen, denn sie sprachen nicht mit mir. Anfang oder Mitte Januar 1937 entließen sie mich. Verwirrt, aber unbeschädigt am Gemüt war ich vor dreiviertel Jahren von zu Hause weggebracht worden. Tief verunsichert, mit dem Selbstmordplan als einziger Zukunftsperspektive, verließ ich Bethel. Meine Mutter holte mich ab. Wir fuhren zu meiner Großmutter und meiner Tante. Auf die Insel sollte ich nicht zurück.

Was sollte nun aus mir werden? Nur noch einen freien Beruf durfte ich erlernen und ausüben; alle anderen Wege waren mir verschlossen. So schnell wie möglich strebte ich jetzt in eine Ausbildung. Nur so würde ich die Freiheit zum Selbstmord haben, die mir die Kraft zum Leben gab.

Meine Großmutter lebte in einem kleinen Rheinort. Meine Mutter blieb bis Mitte April; wahrscheinlich wollte sie meiner Großmutter und meiner Tante die Verantwortung für mich nicht überlassen. Denn ich war als ein »besonders schwerer Fall einer Schizophrenie« diagnostiziert worden. Das erfuhr ich später von Vater, der mir auch sagte, der Chefarzt hätte sich für meinen »Fall« besonders interessiert. Gezeigt hat er dieses Interesse allerdings nicht, denn er hat kein einziges Mal ein Gespräch mit mir gesucht.

Im Kino sah ich im Vorprogramm einen Film über das Töpfern. Das schien mir eine Arbeit auch für mich zu sein. An meinem zwanzigsten Geburtstag fuhr der Pfarrer des Ortes meine Mutter und mich nach Höhr-Grenzhausen im Westerwald. Wir sahen uns zwei Töpfereien und die keramische Fachschule an. Die Berge des Westerwaldes, das rauhe Klima, Frost und Schnee im Winter – das war es, was ich brauchte. Ich könnte im Winter Ski laufen, könnte mich im Wald verirren, einschlafen und im Schlaf erfrieren, und niemand würde diesen Tod als Selbstmord erkennen.

Als ich in der Fachschule die Tonplastiken der Schüler sah, verspürte ich Lust, das auch zu machen. Ich hatte noch nie modelliert; meine einzigen Versuche plastischer Arbeit waren ein Kasperlekopf aus Pappmaché und ein Esel zu einer Krippe aus grauem Stoff gewesen, gefüllt mit Sägemehl. Vorausssetzung zur Aufnahme in die Schule war eine abgeschlossene Töpferlehre oder ein einjähriges keramisches Volontariat. Auch das Drehen auf der Scheibe wollte ich lernen, aber das machten in den beiden Werkstätten, die wir besuchten, nur Männer. Wir entschieden uns daher für eine primitive Bauerntöpferei in der Nähe der Stadt, in der ich aufgewachsen war.

In diesen Monaten des ständigen Zusammenseins mit meiner Mutter hätte es so nahegelegen, auch über meine Psychose zu sprechen. Auch darüber, wie tief verunsichert ich war, weil all die für mich so wichtigen neuen Erfahrungen nur Symptome einer Geisteskrankheit und völlig sinnlos gewesen sein sollten. Mutter erkannte, wie dringend ich ein Gespräch brauchte. Aber sie konnte mit mir über diese Dinge nicht reden. Denn der Chefarzt hatte ihr ja gesagt, meine Psychose habe mit vorausgegangenen seelischen Erschütterungen nichts zu tun und wäre unabhängig davon auf jeden Fall ausgebrochen, und obwohl Mutter ursprünglich überzeugt gewesen war, meine »Krankheit« habe seelische Ursachen, verließ sie sich auf die ärztliche Autorität. Also meldete sie mich bei einer psychiatrisch arbeitenden Ärztin in Düsseldorf an, die als christlich orientiert und besonders sympathisch galt. Im April 1937 fuhr ich zu ihr.

Ich sehe diese Ärztin noch vor mir, wie sie mir gegenüber an ihrem Schreibtisch saß: eine Frau um die fünfzig, schmal, kurzhaarig, blauäugig, lebendig. Um mir helfen zu können, hätte sie die Vorgeschichte meiner Psychose und ihre Inhalte kennen müssen. In einem einzigen Gespräch, das etwa eine Stunde dauerte, konnte ich einer Fremden, die ich zum ersten Mal sah, nichts darüber sagen. Sie hat mich aber auch gar nicht danach gefragt. Sicher hat sie die damals übliche Auffassung geteilt, daß Psychosen »endogen« sind, also körperlichen Ursprungs, und daß es gar keinen Sinn hat, sich auf Inhalte einzulassen. Ich kann mich kaum an ein Wort unseres Gesprächs erinnern und weiß nur noch, daß ich stockend meine tiefe Verunsicherung vorbrachte.

Am 4. Mai 1937 begann ich das Volontärjahr in der Bauerntöpferei. Der fast 80jährige Meister grub seinen Ton noch selbst. Das Kneten und das Drehen auf der Scheibe brachte er mir nach der gleichen Methode bei, nach der er es selbst einmal als Lehrling gelernt hatte: tausend Blumentöpfe nach Maß. Auch das Brennen geschah noch in traditioneller Weise in einem großen, selbstgebauten Brennofen. Tag und Nacht schleuderten wir die in der Nähe gegrabenen Torfsoden in die beiden langen Feuergänge.

Während der ersten Wochen blieb meine älteste Schwester bei mir im Dorf. Wir wohnten in der großen Stube eines alten Bauernhauses. Dann aber mußte sie zu ihrer Arbeit zurück, und damit schwand auch die gute Ordnung im Zimmer. Ich gewann Freude am Töpfern und begann auch zu modellieren, aber an meiner tiefen Verunsicherung änderte das nichts. »Es ist alles dunkel in mir geworden«, schrieb ich an Molt. »Wie soll ich unterscheiden, was von Gott und was aus mir selber kommt?«

Nach mehr als einem Jahr war dies der erste Brief an ihn. Hoffnungsvoll und sehr lang war mein damaliger Brief gewesen, der jetzige war kurz und bedrückt.

Sehr unangenehm war es mir jetzt, daß ich damals so ausführlich geschrieben, »so viel von mir selbst und meinen Gedanken« erzählt hatte. Es wäre einfach so aus mir herausgekommen, schrieb ich ihm nun, und ich hätte dabei gar nicht immer daran gedacht, daß er das auch lesen würde, denn »belehren wollte ich Sie gewiß nicht«. Für mich war dieser lange Brief auch Ausdruck meines großen Vertrauens zu ihm gewesen, und nun war es mir peinlich, ihm vielleicht lästig gefallen zu sein. Trotzdem spürte ich immer noch eine starke Beziehung zu ihm und war überzeugt, daß er mir aus der tiefen Verunsicherung heraushelfen könnte. Er am ehesten würde mir sagen können, ob das, was ich als Gottes Führung erlebt hatte, wirklich nur Wahnvorstellungen einer Geisteskranken waren. Ich konnte das immer noch nicht glauben. Die Verwandlung des Weges am Meer entlang in Musik war etwas so überwältigendes gewesen – wie konnte so etwas krankhaft sein?

Ich war mir nicht einmal sicher, ob er nach meinem dringenden Anruf aus dem Hospiz nicht vielleicht doch noch am Abend gekommen war, als wir schon im Bett lagen; da wir sehr früh am Morgen aufgebrochen waren, konnten wir uns verfehlt haben. Für alle Fälle legte ich so viel an Briefmarken in meinen Brief ein, wie die Reise gekostet hätte. Ich malte mir aus, wie Molts Frau auf das Telefongespräch reagiert haben mochte. »Sophie Zerchin hat eben aus A. angerufen«, konnte Molt gesagt haben. »Sie war mit ihrer Mutter beim Arzt und verlangte, daß ich sofort kommen solle.« – »Und was hast du gesagt?« – »Natürlich, daß ich nicht komme.« Wie sollte es nun weitergehen? Vielleicht hatte sie sich diese Frage eher gestellt als er und ihn umgestimmt, doch lieber zu fahren. »Ich bin mir nicht sicher«, schrieb ich, »ob Sie damals wirklich nicht gekommen sind. Nachdem Sie mir aber sagten, daß Sie nicht kommen würden, konnte ich im Hospiz nicht mehr nach Ihnen fragen, sondern wartete nun, daß Sie den Anfang machten.« Eine phantastische Annahme: daß er gekommen sein könnte, ohne sich zu melden! Dahinter stand wohl mein Wunsch, daß er mich nach dem Besuch beim Arzt nicht einfach meinem Geschick überlassen hätte.

Molt schickte die Marken zurück – es waren andere, nicht dieselben. Daß er meine Marken erst einmal verbraucht hatte, befriedigte mich. Er hoffe, schrieb er, daß ich nicht böse sei, wenn jetzt ein Brief von ihm komme. Es dränge ihn aber, mir zu antworten. In A. sei er damals nicht gewesen. Einen Brief könne man nur dann richtig verstehen, wenn man sich den Schreiber so lebhaft vorstelle, als stünde er persönlich vor einem. Da ging mir erst auf, wie tief ich ihn verletzt haben mußte, als ich ihm von dem ersten Eindruck schrieb, den er auf mich gemacht hatte. Daß er auf mich darum zwiespältig wirkte, weil er seine eigene Natur ablehnte ober abwertete, hatte er offensichtlich nicht verstanden und wohl auch nicht verstehen können.

Auf meine zentrale Frage ging er gar nicht ein: woran ich erkennen könne, was von Gott komme und was aus mir selber. Was er sonst noch schrieb, habe ich nicht im Gedächtnis behalten. Ich war viel zu bedrückt und wohl auch enttäuscht, daß er meine Zuneigung zu ihm nicht wahrnahm; ohne diese Zuneigung hätte ich ihm gar nicht schreiben können, wie unsympathisch er zuerst auf mich gewirkt hatte.

Mutter schrieb mir: »Wenn Du nun mal über irgend etwas gern Rat haben willst, kannst Du immer mal an Fräulein Dr. W. schreiben, weil sie ein so liebenswerter Mensch ist.« Fräulein Dr. W. – das war die Ärztin aus Düsseldorf. Aber wie sollte sie mir helfen können? Sie hatte ja nach meinen Erfahrungen in der Psychose überhaupt nicht gefragt, sah in ihnen offenbar auch nur sinnlose Begleiterscheinungen einer körperlichen Krankheit.

Bis Mitte Oktober blieb ich bei meinem alten Meister; danach lernte ich bis Ende April 1938 in einer keramischen Fabrik das Glasieren und das Vervielfältigen in

Gußformen. Sonntags modellierte ich. Zu Weihnachten schickte ich eine Plastik aus gebranntem Ton nach Hause. Mutter schrieb: »An Deinem Weihnachtsgeschenk freuen wir uns immer wieder. Ich frage mich, wie Du es eigentlich gemacht hast. Ist es in Deiner Phantasie entstanden, oder hat Dir jemand dazu gesessen? Ich wünschte wirklich, Du kämst jetzt ans Modellieren. Das scheint mir neben dem Drehen doch eigentlich das Schönste an Deiner Arbeit.«

Ende Februar zogen meine Eltern in die neue Pfarrstelle. Nun konnte ich sie also wieder besuchen, denn dort kannte mich niemand, wußte niemand von meiner Krankheit. Nach Abschluß des Volontärjahres blieb ich den Mai über bei ihnen.

Wieviel Geld würde nötig sein für eine eigene Töpferei? Vater fragte bei einem Töpfermeister an. Mit einem Anfangskapital von 10 000 Reichsmark für Tonzubereitungsmaschine, Drehscheibe, Brennofen und sonstiges Arbeitsgerät würden wir rechnen müssen. Diese 10 000 Reichsmark hatten wir nicht. Als Plastikerin dagegen brauchte ich nur einen Modellierbock. War ich zum Bildhauern aber begabt genug? Erste Modellierversuche hatte ich in der Bauerntöpferei gemacht; auch eines der beiden Zicklein, die mir durch die Heckenwege zur Töpferei nachliefen, hatte ich geknetet. Es kam gerade aus dem Brennofen, als ein Herr aus Leipzig vorfuhr. »Das süße Kälbchen!« Er wollte es sofort haben. Für 2,50 RM ging es noch warm an ihn. Das war für mich ein gutes Omen. Auch erste Porträtversuche hatte ich gemacht. Die Aussicht, mich in Ton ausdrücken zu können, erfüllte mich mit neuer Zuversicht.

Eine Bildhauerin sollte meine Begabung prüfen. Nach der ersten Juniwoche fuhr ich für einen Monat zu ihr. Sie lebte in der gleichen Stadt, in der auch Molt wohnte und in der die Freundin, die mit mir den Kinderspielkreis gehabt hatte, ihre Ausbildung machte. Der alte Herr, in dessen Haus sie mit einer Studienfreundin wohnte, hatte auch für mich ein Zimmer.

Nun hätte ich Molt einfach um ein Gespräch bitten können. Aber nach all den Mißverständnissen in unserer Beziehung und der Belastung durch meine Psychose schien mir das nicht mehr möglich. Ich war immer noch viel zu tief verunsichert. Aber seinen ehemaligen Gesangslehrer rief ich an; Molt hatte ihn empfohlen, falls wir einmal an die weitere Ausbildung meiner Stimme denken sollten. Irgendwie habe ich wohl gehofft, der Gesangslehrer könnte zwischen Molt und mir vermitteln. Es meldete sich niemand am Telefon.

Die Bildhauerin überließ mir für einen Monat ihr Kelleratelier mit Werkzeug und Material. Mit Feuereifer stürzte ich mich aufs Modellieren im größeren Format, als ich es bisher probiert hatte. An einem Vormittag radelte ich in die Straße, in der der Sänger wohnte; sie war ganz in der Nähe. An der Wohnungstür öffnete niemand. Als ich wieder auf die Straße trat, stand ein helles, offenbar noch ganz neues Auto vor dem Haus; ein Herr mit steifem Hut schloß es gerade ab. Das ist der Herr, der neben Molt im Wagen saß, durchfuhr es mich – damals auf der Fahrt nach Bethel, an der Kreuzung in Halle! Der Wagen damals war aber dunkel gewesen. Aufmerksam und schweigend sahen wir einander an. Dann nahm ich mein Rad, das ich am Vorgartengitter abgestellt hatte, und fuhr zurück ins Atelier.

Später rief ich ihn an, und wir verabredeten eine erste Singstunde. Geld für den Unterricht hatte ich zwar keins, aber ich würde eben eine Plastik verkaufen; das schien mir nicht so schwierig, nachdem die erste Terrakotta noch warm weggegangen war. Er schlug mir einen »Kuhhandel« vor: Singstunden gegen eine Plastik. Ein guter Vorschlag, fand ich.

Er schlug das Lied vom Lindenbaum am Brunnen vor dem Tore vor; ich sang es, und er begleitete mich am Flügel.

»Ihre Stimme ist schön, aber klein«, sagte er. »Wie sind Sie gerade zu mir gekommen?« – »Durch eine Singewoche.« – »Wer hielt sie?« – »Molt.« – »War eine Schwester von Ihnen dabei?« Mit gesenktem Kopf saß er über den Tasten und spielte leise vor sich hin. Ich war betroffen und stotterte: Ja, meine Schwester sei bei der zweiten Tagung dabei gewesen. Nur Molt konnte das wissen, denn bei den zweiten Singetagen waren nur die Insulaner dabei gewesen, von denen keiner den Sänger kannte. Warum hatte Molt ihm von mir erzählt? Und was hatte er noch erzählt? Da kam ich zu einem mir unbekannten Sänger in eine mir fremde Stadt, und er wußte, daß ich geisteskrank war. Denn ganz sicher hatte Molt ihm auch das erzählt, das nahm ich als selbstverständlich an. Denn sonst hätte der Sänger noch irgend etwas dazu gesagt. Dieses Schweigen kannte ich nun schon von Zuhause. Man sprach nicht mit mir, sondern über mich, und wenn es auch nur hieß: »Sie macht doch jetzt einen ganz gesunden Eindruck.«

Vielleicht hatte Molt nur darum von mir gesprochen, weil ihn der Gedanke belastete, am Ausbruch meiner Psychose beteiligt zu sein; der Sänger war sein Freund. Aber dieser Gedanke kam mir damals wohl gar nicht. Nach der menschlichen Entwertung, die ich in Bethel erfahren hatte, und gezeichnet mit dem Makel der Geisteskranken, konnte ich mir kaum mehr vorstellen, daß man nicht abwertend oder mitleidig von mir sprach. Unter normalen Umständen hätte ich wohl einfach zurückgefragt: »Woher wissen Sie das?« Aber so unbefangen kann ein als »geisteskrank« Abgestempelter nicht mehr sein. In welche Verlegenheit würde ihn meine Frage bringen? Was wußte er sonst noch über mich? So nahe war die Chance einer Vermittlung zwischen Molt und mir gewesen, aber nun war sie dahin. Sein unausgesprochenes Wissen und meine Unsicherheit verhinderten von vornherein ein Gespräch.

Viel später erst fiel mir ein, daß gar nicht Molt von mir gesprochen haben mußte. Der Sänger kam zur ersten Unterrichtsstunde etwas verspätet; eine Schülerin hatte mir aufgemacht. Wahrscheinlich hatte er ihr gesagt, daß ich kommen würde, und auch meinen Namen genannt. Und sie hatte vielleicht gesagt: »Sophie Zerchin – die kenne ich. Wir gingen in dieselbe Schule. Ich dachte, sie ist krank und in Bethel. Aber das kann auch eine ihrer Schwestern sein.« Daß sie von meiner Krankheit gewußt haben muß, ging mir erst auf, als ich viel später auf einen Stapel Briefe von Freunden und Bekannten meiner Eltern aus dem Jahre 1936 stieß. Alle drückten ihre Anteilnahme an dem Schicksalsschlag aus, der meine Eltern durch meine Psychose getroffen hatte. Auch ein Brief des Vaters dieser ehemaligen Mitschülerin, eines früheren Kollegen meines Vaters, war dabei. Eine alte Freundin meiner Mutter schrieb, um sie zu trösten, von einem geistesschwachen Jungen, der in der Anstalt lebte, aber fehlerlos und bewegend das Vaterunser sprechen konnte. Als was hatte Mutter mich dieser Freundin dargestellt, von der ich gar nicht wußte, daß sie noch mit ihr in Verbindung stand? Und warum bewahrte sie diese Briefe immer noch auf? Schade, daß du keine geisteskranke Tochter hast, sagte ich damals beim Lesen der Briefe zu mir selbst; wie hättest du ihr mit deinen Erfahrungen beistehen können!

Eigentlich hätte das Verhalten des Sängers mir zeigen müssen, daß kaum in abwertender Weise von mir die Rede gewesen sein konnte. Er war voll menschlicher Wärme und zeigte echtes Interesse für meine Arbeit. Trotzdem wuchs meine Verunsicherung. Was mochte Molt über mich gesagt haben? In einer Singpause erzählte der Sänger mir von einer Dame, die ihm in einem langen Brief erstaunlich Zutreffendes über ihn geschrieben hatte, das sie allein aus der Gestalt und den Bewegungen seiner Hände abgelesen hatte, als er in der Matthäuspassion den Christus sang. Da sprach er die angehende Bildhauerin in mir an; trotzdem kam mir der Verdacht, Molt könnte ihm auch erzählt haben, daß ich mich für die »Braut Christi« gehalten hatte. Und als er mir die Resonanz der Stimme im Kopf erklärte, davon sprach, daß die ganze Schädeldecke mitschwingen und manchmal sogar dröhnen müsse, und hinzufügte: »Das wissen Sie ja«, überlegte ich, ob Molt auch erzählt haben konnte, daß ich dem Krankenpfleger das Becken an den Kopf geschlagen hatte – seine Schädeldecke hatte sicher auch gedröhnt.

Was mochte Armgards Vater von mir erzählt haben, der mich aus dem Festlandkrankenhaus nach Bethel gefahren hatte? Ganz bestimmt hatte man ihm im Krankenhaus erklärt, warum ich im Keller saß. Nur durch ihn konnte Molt von meiner Einlieferung nach Bethel erfahren haben, so daß er gleich danach meinen Eltern schreiben konnte, wie leid es ihm tue, an meiner Erkrankung beteiligt zu sein. Armgards Vater hatte nach der ersten Singwoche die Verbindung zu Molt gehalten, hatte ihn mit seinen Kindern besucht und sogar bei ihm gewohnt. Und was hatte Molt dem Sänger weitererzählt? So absurd alle diese Spekulationen sein mögen – aus der völligen Isolation des ehemaligen Anstaltspatienten, mit dem niemand offen zu reden wagt, sind sie mir noch heute verständlich. Die Verunsicherung, die durch die scheinbar so harmlose Frage nach meiner Schwester ausgelöst wurde, kann ich noch gut nachempfinden. Auf jeden Fall war es unter diesen Umständen nur belastend für mich, in der gleichen Stadt zu leben wie Molt.

Jede Woche machten wir eine halbe Stunde Stimm- und Atemübungen. Wir blieben bei dem Lied vom Lindenbaum. »Ich träumt' in seinem Schatten so manchen süßen Traum«, heißt es darin. »Sie müssen sich auch etwas dabei denken!« sagte der Sänger. Ich hätte nur an den jungen Lindenbaum in dem hochummauerten kleinen Stationsgarten denken können, in dessen Schatten ich zusammengerollt lag. Süße Träume hatten mich dabei nicht erfüllt, sondern die bedrohliche Wirklichkeit einer »Vernunft«, die rigoros bekämpfte, was ihr nicht entsprach.

Ganz erfüllt war ich, als eine Schülerin des Sängers ihre Gesangslehrerprüfung machte und ich ihre Schülerin sein durfte. »Wunderbar hat sie gesungen«, fand ich in der nächsten Stunde. Einen so starken und vollen, so gut im Zwerchfell abgestützten Ton hervorbringen zu können, wünschte ich mir auch. »Fünfzig Sekunden kann ich den Ton jetzt halten, ohne neu einzuatmen«, sagte ich. Er war überrascht, daß ich dabei auf die Uhr sah. Es war wie bei ersten Schwimmversuchen – statt vom Wasser ließ ich mich von dem eigenen Ton tragen. Forcieren solle ich es aber nicht, meinte er. Meine Mutter schrieb: »Ein bißchen leichtsinnig war das aber doch mit dem Konzertsänger. Du kanntest den Mann doch gar nicht.«

Intensiv arbeitete ich im Kelleratelier. Ein Relief hatte ich modelliert und zwei größere Plastiken »Mutter und Kind« – ein Thema, das mich noch Jahrzehnte beschäftigte. Wie von selbst war eine Plastik entstanden, die ich »Schmerz« nannte. Sie war aus grobkörnigem Schamotteton, einem Material, das zu großen und einfachen Formen zwingt. Es war die Figur einer knienden, sich im Schmerz aufbäumenden Frau mit zurückgebogenem Kopf und auf die Oberschenkel aufgestützten Fäusten; die gestreckten Arme lagen eng am Körper an und bildeten mit dem Rumpf einen geschlossenen Block oder eher Stamm. Ich war selbst betroffen von dem starken Ausdruck dieser Figur; er war mir unangenehm. Denn es war mein eigener Schmerz, den ich da ganz unbeabsichtigt ausgedrückt hatte, aber diesen Schmerz mußte ich verbergen, und jetzt, wo ich ihn so ummittelbar vor mir sah, mochte ich mich nicht einmal zu ihm bekennen. Denn die Ursache dieses Schmerzes war ein Makel, den ich geheim halten mußte; man durfte mir nichts anmerken. Wie könnten wir es wagen, unseren Schmerz über die in der Anstalt erlittene Entwertung zu zeigen und unseren Zorn auszusprechen! Das wäre das Eingeständnis, als Geisteskranke in einer Anstalt gewesen zu sein; es würde uns nur demütigendes Mitleid und neue Entwertung eintragen und damit unsere Isolierung vergrößern.

Als ich 26 Jahre später zum erstenmal versuchte, meine Krankheitsgeschichte aufzuschreiben, mußte ich bald wieder aufgeben, weil der Zorn, der in mir aufstieg, der Zorn über die erlittende Entwertung und die verweigerte Hilfe, einfach zu groß war; er war mir in dieser Heftigkeit bis dahin gar nicht bewußt gewesen. Die Unterdrückung unserer Gefühle scheint mir neben dem Zwang, unsere Psychose-Erfahrungen als sinnlos von uns abzuspalten, das Schlimmste zu sein, was uns die Psychiatrie antut. In Bethel durfte ich mir nach der Sterilisation meine Verzweiflung nicht anmerken lassen, um meine Entlassung nicht zu gefährden. Denn alle starken Emotionen galten als krankhaft und wurden als Widerstand bekämpft. Alle Emotionen, so berechtigt sie auch sein mochten, wurden so ins Unbewußte verdrängt. Auch heute noch bekämpft die Psychiatrie die Emotionalität der Patienten mit einem ganzen Arsenal von gefühlsunterdrückenden Maßnahmen: Betäubung, Dauerschlaf, gefühlsreduzierende Psychopharmaka. Und nach der Entlassung zwingt uns der Makel, der uns als »Geisteskranken« anhaftet, uns so angepaßt und unauffällig zu geben, wie es als normal gilt, also unsere wahren Gefühle weitgehend zu verleugnen.

Wahrscheinlich ist aber gerade die Unterdrückung von Gefühlen eine entscheidende Voraussetzung für die Entstehung von Psychosen; zumindest wird die Psychose dadurch begünstigt. Bei mir war es in der Kindheit das unterdrückte Gefühl der Benachteiligung, für das ich einen Ausgleich brauchte. Die Entwertung als »Geisteskranke« verstärkt den Gefühlsstau und macht damit immer wieder neue Schübe notwendig. Die Psychiatrie müßte diesen Gefühlsstau lösen helfen; stattdessen fördert sie ihn durch ihre unterdrückenden Maßnahmen. Und dann wundert sie sich, wenn Schizophrene nicht adäquat von ihren Gefühlen sprechen – sie werden ja gezwungen, sie in sich zu verschließen.

Die Probezeit von einem Monat ging ihrem Ende zu. Die Bildhauerin bescheinigte mir »große Begabung und außerordentlichen Fleiß«. An einem der letzten Tage überfiel mich während der Arbeit plötzlich eine unerklärliche Angst um Molt. Etwas Ungreifbares schien ihm zu drohen. War es der kommende Krieg? Molt geriet in russische Gefangenschaft und wurde erst sehr spät entlassen, wie ich viele Jahre danach von einem gemeinsamen Freund erfuhr. Aber der Krieg hatte ja noch gar nicht begonnen. »Bewahre ihn! Hilf ihm!« betete ich in meiner Angst. In diesem Augenblick klingelte es an der Kellertür. Noch nie hatte es hier unten an der Tür geklingelt. Erleichtert stand ich auf. Ein Zeichen der Erhörung? Eine Zigeunerin stand vor der Tür. Sie nahm meine Hand und betrachtete ihre Linien. »Es wird Ihnen alles gelingen.« Sie bot mir Haarwaschpulver an. Dankbar nahm ich es ihr ab.

Ein strahlender Morgen in der ersten Juliwoche. Nachmittags wollte mich der Sänger besuchen, um sich eine Plastik auszusuchen. Aber es hielt mich nicht mehr im Atelier. Ich radelte aus der Stadt hinaus. Vier Wochen lang hatte ich jeden Tag vom Morgen bis zum späten Nachmittag im Keller gearbeitet. Jetzt mußte ich raus. Ich legte mich in ein Kornfeld. Über mir der blaue Himmel mit ziehenden Wolken. Ich schlief ein. Ein Gewitterschauer weckte mich. Ich stand auf. Mein Rad ließ ich liegen. Ich weiß nicht mehr, ob es mir zu riskant schien, bei Gewitter zu radeln, ob ich Angst hatte, das Metallgestänge könnte den Blitz anziehen, und ob ich vorhatte, das Rad später zu holen. Eher glaube ich, daß es das mit dem psychotischen Schub aufbrechende Gefühl der Befreiung war: sich von den Dingen zu lösen, nichts mehr brauchen, nichts mehr planen und wollen, sich einfach den inneren Impulsen überlassen.

Den Besuch des Sängers im Atelier hatte ich also hier draußen verschlafen. Ich ging durch den strömenden Regen. Als ich am Weg eine Telefonzelle sah, rief ich ihn an. »Ich bin heute morgen rausgeradelt und im Kornfeld eingeschlafen. Nun hat mich das Gewitter überrascht, und ich bin ganz naß geworden.« Er lachte: »Und ich war im Atelier.« – »Können Sie mich nicht mit Ihrem Wagen hier abholen?« fragte ich. Nie hätte ich im normalen Zustand ein solches Ansinnen an ihn gestellt. Und dabei wußte ich nicht einmal genau, wo ich eigentlich war. »Haben Sie sich eine Plastik ausgesucht?« fragte ich. – »Ja.« – »Sie muß aber noch gebrannt werden.« – »Wo kann man sie denn brennen? Zuhause im Backofen?« – »Nein, das geht nicht.« – »Und wann kommen Sie zur Singstunde?« – »Wenn ich daran denke, komme ich.« Ich wollte ihm auch einmal nur durch meine Gedanken erscheinen – so wie er und Molt mir damals an der Kreuzung in Halle erschienen waren. Denn ich glaubte immer noch, daß diese Halluzination durch Molts Gedanken an mich zustande gekommen war.

Im strömenden Regen ging ich in die Stadt zurück. Ein Radfahrer stieg ab und ging neben mir her. »Was wissen Sie?« – »Viel«, sagte ich und machte ein wissendes Gesicht, obwohl ich von dem, was er meinte, noch immer nicht mehr wußte als das, was ich aus dem Hauswirtschaftslexikon zusammengelesen hatte.

In der Nacht knarrte die Treppe. Meine Freundin und ihre Studienkollegin waren schon in die Ferien oder in ein Praktikum gefahren. Über meinem Zimmer hörte ich leises Sprechen. Der alte Herr im Zimmer seiner Hauswirtschafterin! Mir kam er mit seinen siebzig Jahren sehr alt vor. In diesem Alter, hatte ich gedacht, hat man doch nur noch platonische Beziehungen. Solange meine Freundin hier war, hatte ich ihn nie gehört.

Am nächsten Morgen ging ich nicht ins Atelier, sondern weit hinaus aus der Stadt. Am Ufer eines kleinen Sees oder verbreiterten Flusses setzte ich mich hin und sang meine Rilkelieder und was mir sonst an Melodien zu Gedichten eingefallen war. Hier, wo ich mich allein glaubte, sang ich aus vollem Hals. Über der Böschung des Ufers tauchte ein buckliger Mann auf. »Was machen Sie denn da?« rief er mir zu. »Ich singe«, rief ich zurück und ging auf ihn zu. Hinter der Böschung stand ein kleines Kraftwerk, das er offenbar allein bediente. »Kann ich hier telefonieren?« fragte ich. – »Wen wollen Sie denn anrufen?« – »Ich möchte einen Freund bitten, mich abzuholen.«

Wir gingen zum Werk hinüber. Der Mann öffnete die Tür einer Telefonzelle und schlug sie hinter mir zu. Das fand ich merkwürdig und etwas unheimlich. Im Telefonbuch suchte ich Molts Nummer. Niemand meldete sich. »Holt Ihr Freund Sie ab?«, fragte der Mann, als ich aus der Zelle kam. – »Ja, er kommt.« Wir gingen hinaus. »Sehen Sie, da ist er schon.« Ein Volkswagen bog vor uns in den Weg ein und hielt in einiger Entfernung. Ich ging hin. Ein Maler saß darin, der gerade seinen Aquarellblock zurechtlegte. Tatsächlich sah er Molt ähnlich, wie mir schien. »Wann fahren Sie?« fragte ich. Eigentlich habe er malen wollen, sagte er. Aber er öffnete mir die Wagentür und bot mir eine Zigarette an, die ich wohl kaum richtig zu rauchen wußte. Wir unterhielten uns über Worpswede, das ich im letzten Herbst zusammen mit meiner Freundin erlebt hatte. – »Wohin soll ich Sie fahren?« Ich nannte Molts Adresse, und er fuhr mich in die Stadt zurück. An einem Platz um eine Kirche hielt er vor einem Friseurgeschäft, stieg aus und öffnete mir die Wagentür. Ich bedankte mich und ging in das Geschäft, ohne auf die Hausnummer zu achten. »Wohnen Molts hier?« – »Sie wohnen nicht mehr hier«, sagte der Friseur, »sie sind umgezogen.«Ich starrte auf den Hinterkopf des Mannes, dem er gerade die Haare schnitt. Sah er nicht genauso aus wie der Hinterkopf Molts? Saß Molt hier vor mir und schwieg und ließ den Friseur an seiner Stelle reden? »Sie wohnen nicht mehr hier!« wiederholte der Friseur.

Ich verließ den Laden und streifte durch die Geschäftsstraßen. In einer Buchhandlung verlangte ich ein Kochbuch und ein Gymnastikbuch. In der ersten Singewoche hatte Frau Molt die Morgengymnastik mit uns gemacht. Ich nahm das dickste Kochbuch. Geld hatte ich keines bei mir. Trotzdem packte der Buchhändler beide Bücher zusammen und gab sie mir mit. Wen willst du ohne Mann und Kinder einmal bekochen? fragte ich mich, als ich durch die Straßen ging, und warf das Paket in ein offenes Kellerfenster. Später bekam ich eine als bezahlt quittierte Rechnung zugeschickt.

In einem Geschäft sah ich mir Schreibmaschinen an, obwohl ich nicht tippen konnte. In einem anderen Geschäft Bowlen – die Gefäße für Feste. Zuletzt ließ ich mir in einem Juweliergeschäft Trauringe zeigen. »Diese bitte!« Ich probierte sie gar nicht erst an. Der Bote würde mir die Ringe bringen.

Vor dem Haus des alten Herrn traf ich mit dem Boten zusammen. Ich streifte den kleineren Ring über den Finger und gab ihn dann dem Boten zurück. Der Name müsse noch eingraviert werden, sagte ich und nannte Molts Vornamen. Das müsse aber heute noch geschehen. »Denn heute abend fahre ich nach Helgoland.« Der Bote sah mich erschrocken an. Es war der gleiche jäh verdunkelte Blick, den ich vor zwei Jahren bei dem Angestellten im Hospitz in A. gesehen hatte, als ich mit Molt telefoniert hatte.

Warum hatte ich das gesagt? Ich dachte doch gar nicht daran, nach Helgoland zu fahren. Wie hätte ich dort hinkommen sollen? Mein Mund hatte die Worte gesagt, obwohl ich keine Sekunde an Helgoland gedacht hatte. Aber ich wollte ja auch den Ring nicht wirklich kaufen. Es war mir genug, ihn einmal kurz am Finger gehabt und den

Auftrag zum Eingravieren von Molts Namen gegeben zu haben. Es war eine symbolische Handlung zu meiner Beruhigung. Denn die Zuversicht, die ich aus den Worten der Zigeunerin geschöpft hatte, war rasch wieder verflogen. Auch das Kochbuch und das Gymnastikbuch, die Bowle und die Schreibmaschine waren Symbole gewesen. Ein dunkles Gefühl sagte mir, daß ich die Schreibmaschine einmal brauchen würde. Denn was beim ersten Schub am Morgen in der Waschküche gewaltsam aufgebrochen war, erfüllte mich jetzt wieder mit einer leisen Gewißheit: ich würde einmal etwas zu sagen haben. Und auch der kommende Krieg war mir jetzt wieder Gewißheit, wenn auch nicht mehr mit dem Gedanken, daß ich ihn verhindern könnte.

Der Bote schwang sich aufs Rad. Sie ist verrückt! hatte mir sein erschrockener Blick gesagt. Ich ging ins Haus.

Ich aß etwas und ging wieder fort in Richtung Tiergarten. In den Wochen meiner Arbeitsbesessenheit hatte ich ihn mir nie angesehen. Es hielt mich nicht im Haus. Vor allem wollte ich die Nacht nicht hier bleiben. Ich hatte meine Jacke angezogen, die Nacht würde kühl werden. Ich ließ mich treiben durch die dämmrigen Straßen mit ihren Vorgärten. Es wurde dunkel. Wie, wenn ich zum Sänger ginge? Seit ich sterilisiert war, hatte ich jeden Gedanken an Liebe zu einem Mann verdrängt. Liebe würde für mich nicht möglich sein. Alle Männer, die ich kannte, wollten heiraten und einmal Kinder haben. Ehen mit Sterilisierten waren außerdem verboten. Unverheiratet mit einem Mann zusammenzuleben, wäre damals undenkbar gewesen. Von einer Zwangssterilisierten, die nach 1945 geheiratet hatte, hörte ich später, daß sie sich bei einem Ehestreit vorhalten lassen mußte, daß sie sterilisiert war. Die ausschließlich negative Wertung der Psychose durch die Psychiatrie liefert uns dem Überlegenheitsgefühl der »Normalen« aus.

Zu dem Sänger, der zwanzig Jahre älter war als ich,

fühlte ich mich unmittelbar hingezogen. Auch deshalb, weil er durch seinen Gesang Gefühle ausdrückte, die sonst verschwiegen wurden. Der Klang seiner Stimme und seine lebendige, empfindungsstarke Gestaltung ließen menschliche Wärme und Weite spüren; daß dabei, wenn auch verhalten, noch etwas Ungezähmtes mitschwang, fand ich wohltuend.

Diesen natürlichen, unverstellten Menschen brauchte ich. Und jetzt würde ich zu ihm gehen, war ich plötzlich entschlossen. Eine freudige Spannung erfüllte mich. Ich nahm meine silberne Armbanduhr ab, die ich zur Konfirmation bekommen hatte, und warf sie über das Gitter eines Vorgartens. Wozu brauchte ich noch eine Uhr? Die inneren Impulse waren wieder aufgebrochen, ich konnte ihnen einfach folgen. Dann zog ich meine dunkelblaue samtige Jacke aus und warf sie über ein anderes Vorgartengitter. Mit wehenden Haaren fühlte ich mich auf dem Weg zu ihm. Hätte ich auch gewagt, seine Klingel zu drücken? Wahrscheinlich nicht. »Aber liebes Kind, so spät am Abend kommen Sie noch zu mir?« Er wäre wohl verlegen gewesen. Aber meine Schritte führten mich gar nicht in seine Straße. Er wird auch kaum in seiner Stadtwohnung gewesen sein; er war wohl in seinem Haus weit vor der Stadt, in dem seine Familie im Sommer lebte.

Ein Mann ging neben mir. Er nahm meine Hand. »Sie ist ja ganz kalt!« Er steckte sie in seine Jackentasche und wärmte sie. Ich ließ es wortlos geschehen. »Ich mach dir einen heißen Kaffee oben in meinem Zimmer«, sagte er. Schweigend ging ich mit ihm hinauf. Er schloß eine Tür auf: ein geräumiges, aber in seiner Unpersönlichkeit trostloses Mietzimmer. Über dem rechteckigen Tisch brannte eine Lampe mit grünem Glasschirm, dahinter stand ein Plüschsofa. An der Wand mir gegenüber hing über dem Bett ein großes farbiges Bild: eine rote Felseninsel im Meer – Helgoland! Darum also hatte mein Mund dem Boten gesagt: »Heute abend fahre ich nach Helgoland.«

Ich blieb nahe bei der Tür stehen, hatte aber keine Angst. Der Mann brühte den Kaffee auf oder goß ihn aus einer Thermosflasche in die Tasse. Seine Bewegungen und seine Worte wirkten befangen. Ein Mensch, der unter dem Druck seiner Vorgesetzten lebt, schien mir. Ich nahm die Tasse nicht einmal selbst in die Hand; er mußte sie mir an den Mund führen. Ich bewegte mich nicht und sprach nicht, aber die Freude erfüllte mich immer noch. »Ich wärme dich«, sagte der Mann und drückte mich. Aber ich sah ihm an, daß ich ihm nicht geheuer war, wie ich da schweigend, bewegungslos und von der Freude erfüllt vor ihm stand.

Er brachte mich die Treppe hinunter vors Haus. Ich setzte mich auf die Schwelle der Haustür. Er ging hinauf. Nach einer Weile kam er zurück. »Geh doch bitte!« sagte er. Ich blieb sitzen. Er ging hinauf, kam aber bald wieder herunter. »Bitte geh doch!« Ich blieb schweigend sitzen. Wohin sollte ich gehen? Ich wußte es nicht. In das Haus des alten Herrn wollte ich nicht zurück, ich hatte auch keinen Hausschlüssel. Noch einmal kam der Mann herunter und bat mich, fortzugehen. Schließlich kam eine Polizeistreife und nahm mich auf die Wache mit. Am nächsten Morgen wurde ich in die Anstalt vor der Stadt gebracht. Meine zweite Anstalt.

Diesmal war ich erleichtert: In der Anstalt konnte ich beim besten Willen nichts zur Verhinderung des kommenden Krieges tun. Ilten war eine private Anstalt vorwiegend der zweiten Klasse und glich eher einem Sanatorium. Alles das, was mich in der »unruhigen Station« in Bethel geängstigt und immer tiefer verwirrt hatte, gab es hier nicht: keine Dauerbäder, keine nassen Packungen, keine Kaltwassergüsse auf den Kopf, kein übelriechendes Paraldehyd, keine Betäubungsspritzen, keine Bettgurte. Und keine Bibelworte, die meine Verwirrung noch gesteigert hatten, weil unter ihnen Unmenschliches geschah. Die Patienten lagen auch nicht ständig in den Betten. Und es gab keine unruhige Station, auf die man zur Strafe verlegt werden konnte. Es gab überhaupt keine Strafmaßnahmen. Als ich eines Morgens meine Waschschüssel zornig auf den Boden warf, wo sie zerbrach, hörte ich kein Wort des Vorwurfs.

Mein Zorn galt jetzt England. Das hatte mit dem kommenden Krieg zu tun, von dem ich wieder glaubte, daß er unmittelbar bevorstand. Daß mich ausgerechnet England erregte, lag vermutlich auch daran, daß eine hellere Hautfläche auf der rechten Hüfte mich früher an die Form der britischen Insel erinnert hatte; von daher fühlte ich zu diesem Land eine engere Beziehung als zu anderen Ländern. Ich trug es gleichsam auf der Haut.

Meine Erinnerungen an die drei Monate in Ilten sind schwächer als die an die Betheler Zeit; es war alles zu normal hier, um sich mir tief einzuprägen. Es gab keine großen Säle, sondern Vierbettzimmer; später wurde ich in ein großes Zweibettzimmer einer offenen Station verlegt. Ich wohnte allein darin; die Fenster waren weit zu öffnen. Es gab auch keine abgesperrten Wasserhähne; jede Patientin hatte ihren eigenen Waschtisch mit einer Waschschüssel aus Porzellan. So normal war hier alles, daß ich dem anfangs gar nicht ganz trauen konnte. Als eine ältere Schwester mich in den großen Park begleitete, erregte ein langgestrecktes ebenerdiges Gebäude mit vielen Türen meinen Argwohn. Was mochte hinter diesen Türen sein? Ich konnte mir nach den Erfahrungen in Bethel einfach noch nicht vorstellen, daß hinter der freundlichen Oberfläche nicht doch noch etwas anderes verborgen sein sollte.

An den Sänger schrieb ich einen Brief; ich wies ihn auf den kommenden Krieg hin und setzte hinzu, ihm würde vielleicht etwas einfallen, wie der Krieg verhindert werden könnte. Denn mir fiel nichts ein, und ich saß ja auch hier fest.

Ich brachte den Brief zum Briefkasten vor dem Tor des Anstaltsparks. Daß das Tor nicht verschlossen war, empfand ich als ebenso erstaunlich wie alles andere hier. So erlebten also die wohlhabenderen Patienten eine Anstalt. Meine Tante, die den Aufenthalt für mich bezahlte, schrieb mir kurz vor meiner Entlassung: »Daß Du in Ilten so viel lieber bist als in Bethel, hat gewiß auch zur schnelleren Genesung beigetragen.«

Das Einzige, vor dem ich hier große Angst hatte, waren die Kardiazolspritzen. Morgens vor dem Frühstück gab mir der alte Professor, der die Anstalt leitete, die Injektion in den Arm. Ich spürte die krampfende Flüssigkeit durch meine Adern fließen, denn während der ganzen Prozedur verlor ich das Bewußtsein nicht. Das war äußerst quälend. Eigentlich sollten die Spritzen das Bewußtsein nehmen, denn der Zweck der Krampf- und Schockbehandlung war, durch Kardiazol, Insulin oder Elektroschocks künstliche Krampfanfälle und Bewußtlosigkeit zu erzeugen; diese fragwürdige Methode war entwickelt worden, nachdem man beobachtet hatte, daß Epilepsie und Schizophrenie in der Regel nicht bei demselben Menschen auftreten.

Außer diesen Spritzen aber erinnere ich mich an nichts Unangenehmes. Ich freundete mich mit einer Primanerin an und streifte mit ihr durch den unverschlossenen großen Anstaltspark. Wir saßen mit der adligen Gärtnerin, einer ehemaligen Patientin, vor dem Gewächshaus. So also topft man Blumen um. Sie zeigte es uns. Wir sprachen über Musik. Zum ersten Mal seit meiner Sterilisation konnte ich mich wieder als ganz normales Wesen fühlen. Sogar zu Albernheiten konnte ich wieder aufgelegt sein. Wir stiegen über den niedrigen Zaun der Ponywiese und flochten den beiden nebeneinander grasenden Ponys die Schwänze zusammen.

Als die zweite Klasse zu teuer wurde, wohnte ich während der letzten Zeit in einem einfachen Zweierzimmer im Erdgeschoß eines ebenfalls offenen Hauses der dritten Klasse. Auch hier konnten wir die Fenster weit öffnen.

Ich konnte mich auch frei in der Umgebung bewegen, erinnere mich noch an die Kornfelder und die von Hecken umsäumten Weiden. Es gab keine eingesperrten, nur verwahrten Patienten wie in Bethel. Die Langzeitpatienten arbeiteten tagsüber bei den Bauern im Dorf und kamen erst nachmittags zurück. Meine Zimmergefährtin war eine etwa vierzigjährige gehbehinderte Frau. Sie saß vor einem Kissen und klöppelte Spitzen. Ihr Gesicht leuchtete von innen heraus. Dieses liebevolle Gesicht eines durch die Gehbehinderung ganz nach innen gewendeten Menschen ist mir noch ziemlich deutlich vor Augen.

Die warmherzige Ärztin hatte mir schon vorher von ihr erzählt und gemeint, bei ihr würde ich mich sicher wohl fühlen. Auch das war hier anders: Die Ärzte sprachen mit uns. Nach meinem Psychose-Erleben und seiner Vorgeschichte wurde ich allerdings auch hier nicht gefragt.

Wie es hieß, hatte der leitende Professor vor vielen Jahren eine Patientin geheiratet. Offenbar sah er in uns keine minderwertigen Menschen. Ilten paßte sich weitgehend dem normalen Leben an und ließ uns damit erfahren, wie hilfreich es für den Patienten ist, nicht eingesperrt und nicht entwertet zu werden. Auch das Vertrauen, das man uns mit den offenen Türen und selbst zu öffnenden Fenstern bewies, tat wohl; dieses Vertrauen konnten wir nicht enttäuschen. Wir waren ruhig auch ohne Psychopharmaka, die erst fünfzehn Jahre später auf den Markt kamen. Heute loben Psychiater gerne ihre stillen, durch Psycho-Drogen still gewordenen Stationen. Aber das ist gar keine Empfehlung für sie. Gut geführte Anstalten und Stationen, die ihre Patienten nicht nur untätig verwahrten, waren auch früher still, als es noch keine Psychopharmaka gab. In Ilten gab es keine »tobenden« Patienten, die sich immer heftiger erregten und – wie auch ich – immer tiefer verwirrten. Niemand stieß erbittert mit dem Kopf gegen die Wand wie die Frau Pastor in Bethel. So schwere Symptome wie dort habe ich in keiner meiner späteren

Anstalten wieder erlebt – weder an mir noch an den Mitpatientinnen. Die normale Umgebung und die freundliche Behandlung in Ilten konnten psychotische Vorstellungen nicht so begünstigen und verstärken, wie es die hermetisch von der Außenwelt abgeriegelte »unruhige Station« in Bethel in so beängstigender Weise getan hatte. Wahrscheinlich hat es deshalb auch weniger Sterilisationsanträge gegeben als in Bethel.

Und diese patientenfreundliche Anstalt im Jahre 1938 – ein Jahr vor dem Beginn der Euthanasiemorde! Lag es daran, daß Ilten eine private Anstalt war, die von einer Aktiengesellschaft getragen wurde? Vermutlich sah man uns und unsere Angehörigen auch als Kunden, deren Bedürfnisse berücksichtigt werden mußten. Langzeitpatienten untätig zu verwahren, wäre für eine Aktiengesellschaft außerdem unrentabel gewesen. Auch die Langzeitpatienten der dritten Klasse waren in Ilten wesentlich besser dran, denn sie arbeiteten tagsüber bei den Bauern, während die Patienten in den geschlossenen Stationen der kommunalen und kirchlichen Anstalten meist zur Untätigkeit gezwungen waren und verkümmern mußten. Wieviele von ihnen haben ein Jahr später mit dem Leben dafür bezahlt, daß ihre Arbeitsfähigkeit nicht nachzuweisen war? Und wieviele nur verwahrte Patienten müssen noch heute unter Medikamenten verkümmern?

Ilten war ermutigend für mich. Umso betroffener war ich, als ich kürzlich in der Dokumentation *Heilen und Vernichten im Mustergau Hamburg* von Angelika Ebbinghaus, Heidrun Kaupen-Haas und Karl Heinz Roth auf ein Schreiben der Tötungsorganisation Gekrat vom November 1941 an die Hamburger Gesundheitsverwaltung stieß: »Aufgrund der von Ihnen mit unserem Herrn Siebert getroffenen Abmachung verlegten wir für Sie 150 Kranke von Hamburg-Langenhorn nach der Anstalt Ilten. Die hierfür aufgelaufenen Kosten von insgesamt RM 2727,80, die in beiliegender Rechnung aufgeteilt sind, bitten wir Sie höflich, auf unser Postscheckkonto Berlin 29 924 überweisen zu wollen.«

Das steht im Abschnitt »Verlegt nach . . . und getötet«. Erfüllte Ilten die Funktion einer Zwischenstation vor der endgültigen Verlegung in eine der Anstalten, die nach der offiziellen Einstellung der Vergasungen Ende August 1941 die Patienten vergifteten oder verhungern ließen?

Mein zweiter Schub war abgeklungen, meine Mutter holte mich ab. In meinen beiden Schüben waren nach einer seelischen Belastung die inneren Impulse aufgebrochen; beide Male erlebte ich dieses Aufbrechen als Befreiung von den vorausgegangenen Belastungen. In beiden Schüben gewannen Symbole eine dominierende Bedeutung. Die Belastungen waren jedoch kaum zu vergleichen. 1936 war es eine tiefe Entwicklungskrise gewesen, ein innerer Zusammenbruch und dann das wochenlange krampfhafte Bemühen, eine Beziehung zu Jesus zu finden und trotz der starken Bindung an Molt wieder unabhängig von ihm auf eigenen Füßen stehen zu können. Die Vorstellung, »Braut Christi« zu sein, hatte mich damals überwältigt, aber mir auch einen Weg gewiesen, meine eigene Natur zu entwikkeln. 1938 genügte ein geringfügiger Anstoß, die Frage des Sängers, um den zweiten Schub auszulösen.

Die Frage des Sängers war an sich harmlos, aber sie rührte an meine tiefe Verunsicherung: Ich war zwangssterilisiert, fühlte mich als »Geisteskranke« mit einem Makel behaftet und kannte die vernichtenden Prognosen der Schizophrenie in den Lexika. Darum mußten wohl nach etwa drei Wochen die inneren Impulse wieder aufbrechen: Mit dem Gefühl des Geführtseins von innen, des Angenommenseins von Gott befreiten sie mich von dieser ständigen seelischen Belastung. Durch die Entwertung als »uneinfühlbare Schizophrene« und die innere Isolierung war meine Psychose-Bereitschaft gewachsen, und ein geringfügiger Anlaß genügte, um sie erneut aufbrechen zu lassen.

Der Schock

Nun folgte eine gute Zeit bei den Eltern im neuen Zuhause. Niemand wußte hier, daß ich aus der Anstalt kam. Als im Frühjahr 1939 unser Organist starb, schlug Vater mir vor, das Orgelspielen zu lernen und sein Amt zu übernehmen. Als nebenamtliche Organistin mit der C-Prüfung wäre ich nicht allein auf die vielleicht doch brotlose Kunst angewiesen. Ich hatte Bedenken; ich konnte ja nicht Klavier spielen, und so fehlte mir die Grundlage. Da ich aber so viel üben konnte, wie ich wollte, lernte ich es doch – auch dank meiner guten Orgellehrerin – und übernahm später das Amt.

An der Orgel lernte ich meinen ersten Freund kennen. Er lebte ganz in der Musik und konnte sich im Improvisieren unmittelbar ausdrücken. Wir standen uns sehr nahe und empfanden es beide als schmerzlich, daß nicht mehr als Freundschaft zwischen uns sein durfte.

Und dann kam der Kriegsausbruch am 1. September 1939. Die jungen Frauen unseres Ortes, auch ich, wurden als Munitionsarbeiterinnen zur Außenarbeit dienstverpflichtet. Der Krieg war also wirklich ausgebrochen, wenn auch erst dreieinhalb Jahre nach dem Morgen in der Waschküche, als sich mir die Gewißheit, daß er kommen werde, überfallartig aufgedrängt hatte. Die Frage nach dem Wesen der Schizophrenie war damit erneut für mich aufgeworfen. Der als »schizophren« Diagnostizierte muß verstehen, was er erlebt.

Die Gewißheit des kommenden Krieges hatte mich damals völlig unvorbereitet überwältigt; nie hatte ich zuvor an die Möglichkeit eines Krieges gedacht. Es war ähnlich wie bei der Antwort an den Boten des Juweliers, wo ich ganz unvermittelt behauptete, am Abend nach Helgoland fahren zu wollen, obwohl ich bis zu dieser Sekunde nie an Helgoland gedacht hatte; am Abend stand ich dann vor dem großen Bild mit der roten Felseninsel Helgoland, aber auch das hatte ich vorher natürlich nicht wissen können. Beides empfand ich als »Eingebungen«, die scheinbar von außen eingebrochen waren. Gab es da verborgene Zusammenhänge, die dem normalen Bewußtsein verschlossen bleiben?

Auch die Gleichzeitigkeit von Geschehnissen, die das normale Bewußtsein »Zufall« nennt, erlebte ich im psychotischen Zustand als sinnerfüllt: das Auftauchen des Malers in dem Augenblick, als ich Molt vergeblich angerufen hatte; das Klingeln der Zigeunerin an der Kellertür im Augenblick meiner Angst um Molt. Die Vorstellung, daß dieses Zusammentreffen von Ereignissen nicht Zufall war, sondern etwas bedeutete, war unmittelbar einleuchtend und zwingend. In meinem letzten Schub im Jahre 1959 verstärkten sich diese Erfahrungen eines geheimen Sinnzusammenhanges, und schließlich erkannte ich in ihnen das entscheidende Wesensmerkmal, durch das sich die psychotische Welterfahrung von der normalen unterscheidet. Auch der Instinktaufbruch, den ich als innere Führung erlebte und der mir eine Sicherheit des Handelns gab, die ich im normalen Zustand nicht hatte, verweist auf Sinnbezüge jenseits von bewußtem Denken und Wollen. So unsinnig auch vieles erscheinen mag, zu dem der aufgebrochene Instinkt mich trieb – ich fühlte mich dabei geleitet und geschützt, und es ist mir in diesem Zustand auch in heiklen und gefährlichen Situationen nie etwas Schlimmes zugestoßen. Die Psychiatrie, die das psychotische Sinn-Erleben »Beziehungswahn« nennt und für krankhaft erklärt, verkennt etwas ganz Wesentliches. Offenbar ist es von entscheidender Bedeutung, ob der psychotische Mensch sich dem Erlebnis eines der normalen Welterfahrung verschlossenen Sinnzusammenhanges vertrauensvoll überläßt; zerstörerisch wirkt dieses Erleben wohl nur für den, der in Angst und Panik gerät. Darum ist es für den Patienten so verhängnisvoll, wenn seine Erfahrungen für krankhaft und sinnlos erklärt werden, so daß sie seinen Wert als Mensch in Frage stellen. Alles das war mir aber im Spätjahr 1939 noch keineswegs klar.

Ende 1939 wurde ich zur Fortsetzung meiner Ausbildung von der Arbeit in der Munitionsfabrik freigestellt. Im Mai 1941 machte ich das kleine Organistenexamen und begann danach meine Ausbildung als Bildhauerin. Da wir nicht sicher waren, ob ich als Sterilisierte an einer Kunsthochschule zugelassen werden würde, ging ich für ein Jahr an eine private Kunstschule. Ich wohnte bei meiner Tante. Meinen Onkel hatten die Nazis wegen »staatsfeindlicher Handlungen« ins Gefängnis geworfen. Warten auf seine Briefe, Warten auf Sprecherlaubnis für meine Tante. Warten auf Feldpostbriefe meiner Vettern, meines Bruders, meines Freundes. Im Februar 1942 starb mein Bruder an den Folgen einer Verwundung. Meine Eltern hatten ihn noch eine Woche vorher im Lazarett besuchen können und waren voller Hoffnung gewesen, denn an die Front nach Rußland konnte er vorerst nicht wieder zurück.

In unserem Viertel gab es verhältnismäßig viele jüdische Familien, einige wohnten in unserem Mietshaus. Aber was weiß man in einer Großstadt voneinander? Für nachbarliche Kontakte war von christlicher und von jüdischer Seite wohl immer wenig getan worden; hier beschränkten sie sich aufs Grüßen. Am Ende des Sommers 1942 sah ich eines Morgens sehr früh an einem Platz in unserer Nähe vier oder fünf Juden mit Koffern stehen und neben ihnen zwei Zivilisten ohne Koffer und ohne gelben Stern. Es war unverkennbar, daß sie um diese Zeit hierherbestellt worden waren, um auf diskrete Weise abgeholt zu werden. Wohin, wußte man nicht.

Das Unmenschliche geschah lautlos neben dem Alltäglichen. Die Eltern meiner Freundin – er ein namhafter Maler, sie eine ehemalige Schülerin von ihm – erwähnten die Predigt, die Bischof von Galen am 3. August 1941 in Münster gehalten hatte; sie wurde in Abschriften verbreitet. Warum ich diesen Gewissensappell damals nicht gelesen habe und erst zwanzig Jahre später vom Abtransport von 800 Patienten aus der Anstalt Warstein in den Tod erfuhr, weiß ich nicht mehr.

Vormittags modellierten wir Akt nach Modell; nachmittags modellierten meine beiden Freundinnen und ich das Porträt eines zwölfjährigen Mädchens. Die Korrektur zweimal in der Woche befriedigte uns nicht. Aber die künstlerischen Anregungen durch die Freunde gaben mir viel. Durch sie lernte ich auch Arbeiten der damals als »entartet« verfemten Künstler kennen. Der Vater meiner Freundin hatte viele von ihnen porträtiert: Käthe Kollwitz, Emil Nolde, Ernst Barlach und andere. Sogar im Klo hingen die schönsten Bilder übereinander; hier konnte man sie mit Muße betrachten. Meine unermüdlichen Eltern schickten Kartoffeln und andere Lebensmittel, die in der Großstadt besonders knapp waren.

Zum Wintersemester 1942 meldete ich mich an die Frankfurter Kunsthochschule. Die Aufnahmeprüfung dauerte 14 Tage: Zeichnen nach der Natur, Modellieren eines Porträts und einer freien Kompositionsaufgabe »Plastik und Architektur«. Nachdem ich die Prüfung bestanden hatte, sollte noch eine ärztliche Untersuchung folgen. Mutter schrieb: »Nun gelingt es Dir hoffentlich, alle Fragen ohne die Unwahrheit zu sagen möglichst unbefangen zu beantworten. Das ist natürlich nicht ganz einfach, da für Dich die Sorge dahinter steht, daß Deine Krankheit Dir einen dicken Strich durch die Rechnung machen könnte. Deshalb sind wir besonders froh und dankbar, daß Du es ruhig nimmst . . . ›Allen Gewalten zum Trotz sich erhalten‹, an dieses Goethewort muß ich heute immer denken.«

»Ruhig« nahm ich es, weil mein Entwurf zur Prüfungsaufgabe »Plastik und Architektur« die Anerkennung des Professors gefunden hatte, der die Prüfung beaufsichtigte. Ich hatte einen runden Konzertsaal entworfen, das Podium für die Musiker war in den Zuhörerraum hineingeschoben, und im äußeren Rundgang hatte ich in die Vertiefungen der Wand sechs lauschende Figuren skizziert. Es waren sitzende Figuren, aber je näher sie dem Konzertpodium waren, desto höher reckten sie sich horchend auf, so daß sich eine aufsteigende Bewegung ergab. Ich war mir sicher, daß an der Kunsthochschule andere Maßstäbe galten als die der Ärzte. Aber welche entschieden über die Zulassung? Da war ich mir nicht sicher.

Ich hatte Glück. Die ärztliche Untersuchung ging nur bis zur Gürtellinie. Ich erinnere mich nur noch an meine Angst, daß meine Sterilisationsnarbe entdeckt und daran meine Zulassung scheitern würde. Die Frage nach früheren Operationen hätte ich auf jeden Fall verneint. Ich glaube aber nicht, daß ich danach gefragt wurde. Eine Mitbewerberin, die von der Münchner Akademie kam, wurde nicht zugelassen, weil sie nicht arisch war. Der Professor, dessentwegen sie ebenso wie ich nach Frankfurt gekommen war, hätte sie gerne genommen, aber er konnte nichts machen. Er hielt sich ganz abseits der Nazi-Ideologie. Sie kehrte nach München zurück. Nach meinem Eindruck hatte sie den besten Pferdeschädel gezeichnet und das beste Porträt modelliert.

Ich kam in die Klasse für Aktzeichnen; das fehlte mir noch sehr. Wir zeichneten mit Kohle und in großem Format nach Modell. Ich wollte meine Akte nach der Zeichnung modellieren können und überzog sie darum mit einem ganzen Netz von Linien, die den Formen nachspürten; dieses Werkzeichnen hatte mich bei dem Tierbildhauer Philipp Harth beeindruckt. Der Professor stand anfangs etwas ratlos vor den dicht mit Schraffuren überzogenen Blättern; ihm als Maler genügten Licht und

Schatten. Mir aber ging es darum, die Form genau zu begreifen. Im allgemeinen Abendakt mit häufigem Stellungswechsel erholte ich mich vom Werkzeichnen des Tages und fuhr nur den Umrissen nach. »Der Reiz Ihrer Zeichnungen liegt darin, daß Sie die Formen immer wieder zerbrechen«, meinte ein Kollege aus der Malklasse. Er gehörte zu denen, die als Soldaten für ein oder zwei Semester zum Studium beurlaubt waren. Wir Studentinnen machten tageweise Einsatz bei Familien mit Kindern.

Der Kollege zeigte mir seine Bilder und gab mir seine Märchen zu lesen. Wir sprachen nun öfters miteinander über das, was uns beide beschäftigte und bewegte. Ich fand, wir könnten nicht akzeptieren, daß sich die Hölle des Diesseits auch noch im Jenseits fortsetzen solle mit einer erneuten Spaltung der Menschheit in Himmel und Hölle, nur eben genau umgekehrt wie im Diesseits: das »ewige Leben« für die »Gerechten« und für die anderen die »ewige Pein«. Mit der Liebe schien mir das unvereinbar.

Das war im Winter 1942/43, als die Hölle in Stalingrad geschah. Von der Hölle im eigenen Land erfuhren wir, von den Bombenangriffen auf fast alle größeren Städte abgesehen, nur wenig. Jochen Klepper hatte sich 1942 mit seiner jüdischen Frau das Leben genommen und 34jährig auch Hugo Distler. Seine polyphonen Chorsätze hatten mich stark beeindruckt.

Mein Kollege meinte, Jesus hätte ein vorzeitiges Ende seines Lebens nicht zulassen dürfen. Er hätte uns das Leben mit allen unseren menschlichen Problemen vorleben müssen, fand er. Eine Ehe führen. Alt werden. Als Soldat hatte er Erschütterungen erlebt, die viele Fragen auslösten. Mein Problem blieb vor allem die Sterilisation. Bethel hatte mich damit überrumpelt, es hatte sich als Richter über uns gesetzt. Diese Richter-Rolle hatte mich so wenig überzeugt, daß mir auch das »Letzte Gericht« mit Jesus als Weltenrichter fragwürdig geworden war. Ein liebender Vater würde seine Kinder auch vom liebsten Sohn wohl kaum richten lassen. Er würde jeden selbst erkennen lassen, wo er anderen nicht geholfen, sondern geschadet hatte.

Einen Monat zuvor hatte mir mein guter Freund ganz glücklich geschrieben, er habe das Mädchen gefunden, das seine Frau werden würde. Mich bat er, seine beste Freundin zu bleiben. Das schien mir schwieriger als eine vorläufige Lösung unserer Freundschaft. Aber die Trennung fiel mir schwer und wühlte mich sehr auf. Ich schrieb damals ein paar Gedichte. Eines davon lautet:

Löwenzahn

Als der Sonne Glut erlosch
und der Mond zu rund und weich erblühte
fiel ein Samenstrahl zur Erde
daraus wuchs der Löwenzahn.

Löwenzahn, rühr mich an,
daß aus deinem Samenballe
nur ein Strahl
auch in meine Seele falle.
Daß ich wie die Sonne glühe
daß ich blühe, blühe, blühe
kleiner Löwenzahn.

Daß, wenn Leid mir schließt die Blüte,
in der Nacht
dunkel, sacht,
ich die Blüte hüte.

Löwenzahn, rühr mich an,
daß aus Blüte werde Samen,
rund und weich,
mondengleich,
und ich einst zum schönsten Lohn
wehe hin vor Gottes Thron.
Hilf mir dazu, Amen.

Als der Sonne Glut erlosch
und der Mond so rund und weich erblühte
fiel ein Samenstrahl zur Erde.
Daraus wuchs der Löwenzahn.

Das Wintersemester ging seinem Ende zu. In unseren Gesprächen fühlte ich mich mit meinem Kollegen ganz unmittelbar verbunden. Umso schwerer fielen mir jetzt wieder das Ausgeschlossensein von der Liebe und die innere Isolierung als Geisteskranke auf die Seele. Mit niemand konnte ich über meine psychotischen Erfahrungen sprechen, die ich als so wesentlich erlebte, auch wenn ich mir ihre Herkunft nicht erklären konnte. Und wieder befreite mich die Psychose aus der Isolierung. Wieder brach das Gefühl geheimer, nicht faßbarer Sinnzusammenhänge auf, die ich im normalen Zustand nicht erlebte.

Einen Tag und eine Nacht irrte ich ziellos umher. Der Gedanke an Selbstmord hatte mir nach der Sterilisation geholfen, weiterzuleben; am Morgen nach dieser durchirrten Märznacht machte ich zum ersten Mal wirklich einen Selbstmordversuch. In einem spontanen Entschluß sprang ich in meinem schweren Wintermantel von der Mitte einer Mainbrücke. Ich sank auf den Grund, tauchte wieder auf und fand den Tod durch Ertrinken nun doch ganz unerträglich. Ich konnte nicht gut schwimmen, aber ich nahm meine ganze Kraft zusammen und erreichte das Ufer. Ein Krankenwagen brachte mich in die Universitäts-Psychiatrie.

Von Ende März bis Anfang Juni 1943 erlebte ich diese Klinik mit ihren freundlichen Schwestern. Ihr damaliger Leiter war Professor Karl Kleist. Nach Alice Platen-Hallermunds Bericht über die hessischen Euthanasieanstalten (*Die Tötung Geisteskranker in Deutschland, 1948*) war Kleist neben Professor Ewald in Göttingen der einzige Psychiatrieprofessor, der sich damals gegen die Patientenmorde wandte. Schweigend ging Kleist durch den Krankensaal und einige kleinere Zimmer der Station. Aber die Einstellung der Schwestern ließ auf eine patientenfreundliche Ausbildung schließen.

Vormittags zupften wir Roßhaar, das man damals als Matratzenfüllung verwendete – eine stumpfsinnige Arbeit, aber doch besser als keine. Und anders als in Bethel durften Besucher in den Tagesraum unserer Station. Meine Mutter kam sofort, später auch meine Klassengefährten und unser Modell. Diese Station mit frisch eingewiesenen und entlassungsreifen Patienten machte einen ruhigen Eindruck – auch ohne medikamentöse Verdrängung.

Beim ärztlichen Gespräch im Arztzimmer ergriff ich als erstes eine auf dem Schreibtisch liegende Spritze und warf sie an die Wand, an der sie zersplitterte. »Warum haben Sie das getan?« fragte mich der Stationsarzt. Er sagte es interessiert und ohne eine Spur von Vorwurf. »Es war eine Symbolhandlung«, erklärte ich ihm. Daß ein Psychiater nach dem Motiv einer Handlung fragte, war etwas ganz Neues für mich. Nach dem Sinn dieser Handlung fragte er allerdings nicht. Vielleicht erriet er ihn.

Nach knappen vier Wochen wurde ich einer vierwöchigen Insulinkur unterzogen. Unter einer »Kur«, wie es offiziell hieß, stellt man sich etwas Heilendes vor. Aber es war eine quälende Prozedur, mit der nur medikamentös verdrängt und nicht geheilt wurde. Vor dem Frühstück wurde uns Insulin gespritzt, jeden Morgen etwas mehr. Nicht schnell wie bei einer Betäubungsspritze, sondern ganz allmählich über Stunden hinweg wurden wir immer schwächer; wir bekamen Schweißausbrüche und gerieten in Bewegungsunruhe. Vor Schwäche ließ ich meinen Kopf immer wieder von einer Seite des Kissens auf die andere fallen, bis ich endlich ins Koma sank. Es war jedesmal wie ein langsames Sterben, Tag für Tag, vier Wochen lang. Mit stark gesüßtem Pfefferminztee, durch eine Nasensonde eingeflößt, wurden wir wieder ins Bewußtsein zurückgeholt. Dann gab es viele Butterbrote zum verspäteten Frühstück.

Nach dem Aufwachen aus dem Koma hatte ich von Tag zu Tag mehr Mühe, mich an irgend etwas zu erinnern. Das Normale entglitt meinem Gedächtnis genauso wie das Psychotische. Ich wollte aber meine Erfahrungen auf keinen Fall vergessen. Durch die tägliche Bewußtlosigkeit gelang mir das immer weniger. Der aufgebrochene Instinkt schwächte sich ab. Das sollte mit der Prozedur auch erreicht werden. Von Heilung kann dabei aber keine Rede sein. Um geheilt zu werden, muß man verstehen und verarbeiten, was man erlebt. Hier wurde nur massiv verdrängt, und das Verdrängte muß dann im nächsten Schub erneut aufbrechen.

Meiner Mutter schrieb ich, daß diese Verdrängungskur mir nicht helfen könne. Sie antwortete: »Geliebtes Kind, wir wissen wohl, daß es Dir schwer sein wird, aber da mußt Du nun schon dem Arzt vertrauen ... Gib Dich völlig und getrost in die Hände der erfahrenen Ärzte, um so schneller bist Du wieder gesund. Wir wollen dankbar sein, daß es jetzt eine wirklich durchschlagende Hilfe gibt. Noch vor 10 Jahren hatte man das nicht.« Zwei Wochen später schrieb sie: »Wir meinen, daß Du Dich auch so einstellen mußt, daß man als Laie kein Urteil darüber hat, und daß Du am besten und klügsten tust, Dich vertrauensvoll in die Hand des Arztes zu geben, von dem Du weißt, daß er sehr tüchtig ist.«

Als Laie konnte ich mich längst nicht mehr sehen. Dazu hatte ich meine Psychose zu bewußt erlebt. Ich kannte ihre seelischen Hintergründe; die Auffassung Professor Kleists und seiner Ärzte, daß es sich um eine »endogene« Psychose handle, also ein körperlich bedingtes Geschehen, dessen seelische Begleiterscheinungen sinnlos sind, konnte mich nicht überzeugen. Daß fünf Jahre nach der Verdrängung durch Kardiazolschocks in Ilten dieser neue

Schub aufgebrochen war, bewies im übrigen, daß Verdrängung nicht wirklich half. Wie hätte sie auch helfen können? Für mich war die Psychose ein sinnvolles, wenn auch schwer verständliches Erleben, und nur Verstehen hätte da helfen können. Während der nächsten sechzehn Jahre erlebte ich noch einmal zwei Schübe, den nächsten schon drei Jahre nach der Verdrängung durch Insulin in Frankfurt. Während dieser letzten Schübe konnte ich an einer Mitpatientin und an mir Beobachtungen machen, die entscheidend dafür wurden, daß ich ein Verständnis meiner Psychose gewann und Heilung fand.
Nach Abschluß der Insulinkur halfen wir der Ärztin, unseren Mitpatientinnen den gesüßten Tee durch die Nasensonde einzuflößen. Eine dieser Patientinnen, die im gleichen Alter war wie ich, sprach auf die Kur nicht so an, wie es erwartet wurde. Sie hatte große Mühe, sich nach dem Aufwachen aus dem Koma wieder zu orientieren. Die Ärztin machte eine bedauernde Bemerkung, daß es »schade um sie« sei. Wieso schade um sie, überlegten wir anschließend. Was konnte damit gemeint sein? Keiner von uns kam offenbar der Gedanke, daß unsere psychotischen Erfahrungen ein Grund sein könnten, uns zu bedauern; dazu war es für uns ein viel zu wesentliches Erleben. Eine alte, einheimische Patientin nahm mich später beiseite und sagte leise: »Sie wird zum ›Eichberg‹ verlegt werden.« Und sie deutete an, daß der »Eichberg« seine Patienten hungern, wenn nicht gar verhungern lasse. Das konnte ich nicht glauben. Erst zwanzig Jahre später erfuhr ich aus der damals noch spärlichen Euthanasie-Literatur und dem Leserbrief eines ehemaligen »Eichberg«-Patienten, daß sie recht gehabt hatte mit dem, was sie mir zuflüsterte.

Die Frankfurter Universitätsnervenklinik war damals namhaft, aber von einer echten Forschung zum Verständnis der Psychose konnte keine Rede sein. Man beschränkte sich auf die Beobachtung von Symptomen;

nach unserem Psychose-Erleben und nach der Vorgeschichte wurde nicht gefragt. Psychosen galten als »endogene« Somatosen; Gespräche über ihre Inhalte und ihre Enstehung schienen überflüssig. Auch wenn die Patienten in den Vorlesungen vorgeführt wurden, geschah das ohne vorheriges Gespräch mit ihnen.

Auch mir drohte eine solche zwangsweise Vorführung. Was der Professor oder der Oberarzt den Studenten damit einsichtig machen wollte, ist mir rätselhaft, denn er kannte weder meine Krankheitsvorgeschichte noch die Motive meines Selbstmordversuchs. Ich schrieb hilfesuchend an meinen Vater, aber erst der zweite Brief erreichte ihn; der erste wurde von der Krankenhauszensur einbehalten – eine Praxis, an der sich im Widerspruch zum Grundgesetz auch heute noch nicht viel geändert hat, wie ich Frank Fischers Buch *Irrenhäuser – Kranke klagen an* entnehme. Mein Vater hat sich damals sehr für mich eingesetzt. Er schrieb sofort an den Professor und bat ihn dringend, von der Vorführung abzusehen, weil das meine weitere Ausbildung gefährden würde; er erklärte sich auch bereit, den höheren Preis für die zweite Klasse zu bezahlen, wenn dadurch die Vorführung leichter zu verhindern wäre. Der Oberarzt telefonierte vom Hörsaal auf die Station, man solle mich im Falle meiner Weigerung an eine Trage angeschnallt bringen. Doch der Stationsarzt versteckte mich in einer Abstellkammer. Das rechnete ich ihm hoch an. Vielleicht hatte er auch ein schlechtes Gewissen wegen des einbehaltenen Briefes. Für mich wäre die Vorführung besonders schlimm gewesen, weil die Vorlesungen auch von Studenten der Kunsthochschule, auch aus meiner Klasse, besucht wurden.

Daß meine Eltern sich hier so ganz auf meine Seite stellten, tat mir gut. In Bethel hatte ich mich in den elf Wochen bis zu Mutters erstem Besuch von meinen Eltern alleingelassen und zu früh aufgegeben gefühlt. Warum aber hatten sie sich die ärztliche Auffassung, daß meine Psychose körperlich verursacht sei, so ganz zu eigen gemacht? Dies konnte ich nicht verstehen. Sie wußten doch von meinen Gesprächen mit Molt und meinem langen Brief an ihn und hatten meine Reaktion auf seine Antwort miterlebt. Bei ihrem ersten Besuch in Bethel hatte Mutter auch noch dem Chefarzt gesagt, daß meine Psychose wahrscheinlich durch eine seelische Erschütterung ausgelöst worden sei, was dieser allerdings nicht gelten ließ. Oft habe ich mich gefragt, ob sie meine Psychose-Erfahrungen nicht hätten verstehen können, wenn es zu einem Gespräch darüber gekommen wäre. Da die Bibel voller Symbole und Symbolhandlungen ist und auch Taufe und Abendmahl Symbolhandlungen sind, hätte mein Vater als Theologe mich vielleicht verstanden. Aber Gesprächsversuche scheiterten daran, daß meine Eltern ganz der Sicht der Ärzte vertrauten. Ebenso selbstverständlich wären sie wohl den Einsichten eines Psychotherapeuten gefolgt, der meine Psychose so verstanden hätte, wie ich sie erlebte. Aber diesen Psychotherapeuten gab es nicht.

Die Psychiater machen sich wohl gar nicht klar, wieviel Entfremdung sie mit ihrem Somatose-Dogma auch in die Familien tragen. Wenn das Erleben des Patienten als »sinnlos« entwertet wird – wie soll da nicht der Kontakt zu den nächsten Angehörigen beschädigt werden? Unter meinen Papieren, die Vater aufbewahrte, hatte ich ein ärztliches Gutachten aus Bethel von 1936 gefunden, das mir »dauernde Erwerbsunfähigkeit wegen eines geistigen Gebrechens« bescheinigte. Der Chefarzt war offenbar gebeten worden, das zu bescheinigen, und konnte für mein Gefühl dann auch vor dem Erbgesundheitsgericht nichts anderes sagen. Es hatte mich sehr getroffen, daß meine Eltern so wenig Vertrauen zu mir hatten. In einem Brief fragte ich sie, ob sie mich noch für »lebenstüchtig« hielten, denn das »dauernd« hatte ich als »lebenslang« verstanden. Hatten sie das Gutachten gebraucht, um die

Kinderzulage für mich trotz der unterbrochenen Ausbildung weiter zu erhalten? Es gab darüber einiges an Mißverständnissen und Verstimmung, und dazu hätte es nicht kommen müssen, wenn der Psychotiker nicht als ein Mensch abgestempelt würde, dessen Erlebnisse und Reaktionen von einem körperlichen Defekt bestimmt und darum sinnlos und uneinfühlbar sind.

Entscheidender für mich war aber, daß es nicht gelang, mit meinen Eltern ins Gespräch über meine Psychose zu kommen. Ich hatte von Frankfurt aus einen Versuch gemacht. Mutter antwortete zunächst: »Leider habe ich diese Tage gar keine Zeit, und der lange Brief soll doch in Ruhe beantwortet werden. Du sollst nur wissen, wie froh wir sind, daß Du uns hast hineinsehen lassen in das, was Dich bewegt hat.« Immerhin beruhigte sie mich in meiner Sorge, meine Eltern könnten mich nicht für »lebenstüchtig« halten: »Du hast ja auch was erreicht, und wir sind ganz überzeugt, daß Du Dein Brot wirst verdienen können.« Erst drei Wochen später kam dann eine ausführliche Antwort, aber auch an ihr zeigt sich, wie stark das psychiatrische Dogma in die Familie hineinwirkt. Ich gebe längere Passagen wieder, um das deutlich zu machen. Mutter schrieb:

»Wir stehen noch ganz unter dem Eindruck Deines Briefes, und am liebsten wäre ich bei Dir, damit wir alles mündlich besprechen könnten. Wir wollen auch kommen, aber am liebsten erst nächste Woche . . .

Nun will ich mal versuchen, so zu schreiben, daß wir uns wirklich verstehen. Es tut mir herzlich leid, daß wir Dir mit der Sorge, Du könntest den anderen Kranken gegenüber kritische Bemerkungen gemacht haben, Unrecht getan haben . . . Nicht wahr, Du wirst aber darüber nicht böse sein, wenn Eltern sich sorgen, ihr Kind könnte etwas Unrichtiges tun, sie dann zu warnen.

Wir müssen einen Brief von Dir nicht bekommen haben, denn wir haben keinen, in dem Du Dich über Dr. N. beschwert hast. Somit haben wir von Deiner Sorge, Dein Fall könnte im Hörsaal vorkommen, nichts gewußt, sonst hätte Vater damals sofort geschrieben. Er ist wahrscheinlich von der prüfenden Schwester wegen dieser Beschwerden zurückgehalten worden. Und das muß man verstehen . . . Denn in dem Krankheitszustand werden die Kranken oft den Ärzten Unrecht tun und das selbst zurücknehmen, wenn sie wieder klar sehen. Da ist es doch besser, daß solche Äußerungen nicht an die Angehörigen gelangen, die sich über so etwas natürlich sehr aufregen . . .

Mein liebes Kind, die Sterilisation ist ganz ohne unser Zutun geschehen. Sie ist uns so schwer gewesen, wie ich gar nicht sagen kann, und wir haben schwere Sorgen darum gehabt, wie sie auf Dich wirken würde. Aber wir waren ja ganz machtlos. Ich weiß noch, wie Dr. St. (der Arzt in Mutters Heimatort, den wir Anfang April 1936 aufsuchten) uns schrieb: da gibt es nichts als Resignation. Das bestimmt ja auch nicht ein einzelner Arzt, sondern ein Gericht. Darum ist so lange gezögert worden, Dich in eine Anstalt zu geben, weil man fürchten mußte, daß es so gehen würde. Ich habe mir oft später gesagt: wir hätten nicht so lange warten dürfen, bis es zu der Katastrophe in . . . kam, aber das war der Grund. In Bethel ist man sehr vorsichtig gewesen, bis die Krankheit mit dem Namen genannt wurde. Es gingen Untersuchungen voraus, die durch Wochen gingen. Ich war ja dann selbst da, als die Verhandlung vor dem Gericht war. Als ich fragte, ob denn gar keine Möglichkeit wäre, es zu verhindern, sagte einer der Herren: nur die, daß sie bis zum 45. Lebensjahr in einer Anstalt bleibt. Ich weiß noch, daß ich da sagte: das ist ja noch viel schrecklicher. Wir haben damals sehr viel um Dich gelitten. Du hast es vielleicht gar nicht gemerkt, und wir haben es vermieden, es Dir zu zeigen. Vielleicht war das gar nicht richtig und hast Du in unserem Verhalten einen Mangel an Teilnahme gesehen, und deshalb bin ich eigentlich sehr froh, daß die Sache zur

Sprache kommt, denn dadurch ist bei Dir am Ende das Gefühl der Fremdheit entstanden, von dem Du schriebst. Du hast vielleicht auch viel mehr unter dem allem gelitten, als wir gewußt haben. Wir haben doch ganz den Eindruck gehabt, daß Du verhältnismäßig leicht diese ganze Lebenslast auf Dich genommen hast und Dein Leben dann durch die Kunst trotz allem reich und schön wurde, wofür wir immer neu so von Herzen dankbar waren und uns auch sagten: wir wollen es fördern, so sehr wir können.«

Dann folgen längere Passagen über das Betheler Gutachten: »Wir wissen gar nicht mal mehr, ob solch ein Gutachten vorliegt . . . Wir mußten ja damals deinetwegen von . . . fort, weil Du nicht wieder dahin kommen solltest. Das ist auch nur möglich gewesen mit Rücksicht auf Deine Krankheit, und das mußte ja die Behörde machen.« Der letzte Satz lautet: »Und nicht wahr, geliebtes Kind, nun verstehen wir uns doch etwas besser.«

Die Anteilnahme in Mutters Brief zeigt, daß nicht mangelnde Verständnisbereitschaft ein Verständnis verhinderte, sondern ihr unerschütterliches Vertrauen zu den Ärzten. Und dadurch entstand unsere Entfremdung und meine innere Isolierung. Es ging mir nicht um mehr Anteilnahme an meiner Sterilisation. Es gab wenig in meinem Leben, das mir so wichtig war wie meine Psychose-Erfahrung der inneren Führung und des engeren Zusammenhanges mit dem Ganzen; darin fand ich das Gottvertrauen, von dem Mutter so oft gesprochen hat. Für meine Eltern aber war meine symbolische Wiedergeburt einfach eine »Katastrophe« geblieben. Es gab genügend andere Gemeinsamkeiten zwischen meinen Eltern und mir, ihre warme und aktive Teilnahme an meinem Leben und ihre verständnisvolle Hilfe bei meiner Ausbildung. Aber den Versuch einer Verständigung über meine Psychose gab ich nach diesem Brief auf.

Was ich als zu schicksalsergebenes Hinnehmen meines »geistigen Gebrechens« und als mangelndes Vertrauen zu mir empfand, wird wohl als Hilflosigkeit gegenüber der ärztlichen Autorität zu verstehen sein. Der von der Psychiatrie um echte Hilfe betrogene Patient wird so auch noch von seinen Angehörigen allein gelassen.

In ihrem unerschütterlichen Vertrauen zu den Ärzten glaubte meine arglose Mutter auch an eingehende Untersuchungen in Bethel. Die »Untersuchungen, die durch Wochen gingen«, konnten nur törichte Reaktionsprüfungen gewesen sein; von anderen Untersuchungen hatte ich während der kurzen täglichen Visite nichts bemerkt. Als Prüfung meiner Reaktion hatte ich zum Beispiel die Umarmung des Chefarztes auf der Matratze empfunden, auch die sonderbare Art, wie er und die Assistenzärztin sich wie Wachsoldaten beiderseits meines Bettes aufgestellt hatten. Mein Widerstand bei der Umarmung wird wohl als »negativistisch« bewertet worden sein, mein kopfschüttelndes Lachen über die merkwürdige Aufstellung vielleicht als »läppisch«, denn die Assistenzärztin sagte: »Es ist alles viel ernster, als Sie denken.« Auf diese unwürdige Weise waren nun Diagnosen und Sterilisationsanträge zustande gekommen, wo eingehende, verständnisbereite Gespräche notwendig gewesen wären.

Im *Lehrbuch der Geistes- und Nervenkrankenpflege* aus der Verlagshandlung Bethel heißt es auch in der »völlig überarbeiteten« 7. Auflage von 1975 im Abschnitt über die Schizophrenie und ihre Symptome noch immer: »Der negativistische Kranke tut nicht, was man von ihm erwartet, sondern genau das Gegenteil« (S. 57). Wie aber könnten wir auf die Entwürdigung zu bloßen Objekten der Verwahrung und der Beobachtung anders als ablehnend reagieren? Wenn die Weigerung des Patienten, die subjektiven und bei solchen »Untersuchungen« völlig willkürlichen Erwartungen des Arztes zu erfüllen, zum objektiven Krankheitssymptom erklärt wird, dann berechtigt uns das wohl zu der Frage, ob nicht umgekehrt die unserem Psychose-Erleben so unangemessene, aus der Organmedizin übernommene psychiatrische Untersuchungs- und Behandlungsmethode als Symptom einer negativistischen Haltung der Ärzte gelten müßte. Denn sie weigern sich, unsere keineswegs willkürliche, sondern berechtigte Erwartung auf Verständnis und echte Hilfe zu erfüllen.

Der damalige Frankfurter Oberarzt und spätere Professor Karl Leonhard erkannte immerhin, wie natürlich die ablehnende Reaktion des Patienten ist. In seinen *Grundlagen der Psychiatrie* von 1948 schrieb er: »Tatsächlich hat man sich heute angewöhnt, schon bei einfacher Ablehnung von Negativismus zu sprechen. Man findet das Symptom dann begreiflicherweise sehr häufig.« Doch dann fährt er fort, um den Negativismus »in reiner Form« zu erhalten, müsse man die Patienten erst »in eine freundliche Stimmung versetzen, indem man teilnehmend mit ihnen spricht und in dieser oder jener Form ihr Vertrauen gewinnt«, und dann erst den Reaktionsversuch machen. Als ob die Patienten die Manipulation nicht spürten, mit der man ihr Vertrauen erschleicht, um sie dann einem entwürdigenden Reaktionsversuch zu unterwerfen, der sie zu sprachlosen Tieren degradiert!

Da ich meinen Eltern zwischen den Schüben unverändert erschien und mein Selbstmordversuch auch als manisch-depressives Symptom gelten konnte, wurde die Betheler Diagnose in Frankfurt in »manisch-depressives Irresein« umgewandelt. Darüber war ich sehr erleichtert, denn im Lexikon fand ich, daß manisch-depressives Irresein nicht wie die Schizophrenie zum »Zerfall der Persönlichkeit« und zur »Gefühlsverarmung« führe. Wieviele Selbstmorde werden allein schon durch die Diagnose »Schizophrenie« und die damit verbundene vernichtende Prognose ausgelöst worden sein?

Als ich später nach gewonnener Heilung die psychiatrische Literatur las, schien mir die Diagnose »Schizophrenie« aber doch zutreffender. Nach Eugen Bleuler sind die typischen Symptome der Schizophrenie »Lösung der normalen Gedankenverbindungen, bizarre Gedankengänge, Verknüpfungen und Verdichtungen von Beziehungslosem, Verwendung von Symbolen an Stelle des ursprünglichen Begriffs«; das Grundsymptom sieht er in »Störungen der Assoziation«. Man hat es eben nur versäumt, diese Symptome als Folge des Ergriffen- oder Überwältigtseins durch das aufgebrochene Unbewußte zu begreifen, und darum nicht verstehen können, warum der Schizophrene in seiner veränderten Welterfahrung sonst nicht gespürte Sinnzusammenhänge erlebt und fast zwangsläufig zu ungewöhnlichen, dem normalen Bewußtsein absurd erscheinenden Assoziationen kommen muß. Ohne diese als »schizophren« bezeichneten Veränderungen des Weltbezugs wäre auch mein enger Kontakt zu meinen schizophrenen Mitpatientinnen auf der uns gemeinsamen Symbolebene nicht möglich gewesen; der Manisch-Depressive erlebt diese Verbundenheit offenbar nicht. Darum kann der Depressive es auch viel leichter akzeptieren, als »krank« bezeichnet zu werden, als der Schizophrene.

In den *Grundlagen der Psychiatrie* unseres damaligen Oberarztes Karl Leonhard fand ich nach meiner Heilung auch ein bezeichnendes Beispiel dafür, auf welche Weise die Psychiatrie die Erblichkeit »endogener Psychosen« zu beweisen versucht. Leonhard schreibt: »Andere Ursachen als die erblichen treten bei den endogenen Psychosen zurück. Nach den Kriegserfahrungen stellen seelische Erschütterungen keine Begünstigung für das Auftreten von Schizophrenien dar.« Um welche Kriegserfahrungen es sich dabei handelt, geht aus Hermann Dabbelsteins Buch *Der normale Mensch im Urteil der Psychiatrie* von 1955 hervor. Dort heißt es: »Dennoch sei erwähnt, daß der Psychiater bei der Beurteilung des Einflusses von Umweltverhältnissen auf den Menschen stets zurückhaltend ist. Es ist an der Tagesordnung, daß er psychiatrischen Laien, die anderer Meinung sind, mehr oder weniger offen widerspricht. Beispielsweise mag es für die Angehörigen eines Geisteskranken bitter sein, wenn sie erfahren, daß eine gewaltige seelische Überlastung keine echte Psychose erzeugt, aber die Erfahrungen sprechen für sich: in zwei Weltkriegen blieb die Zahl der echt Geisteskranken in allen Ländern der Welt gegenüber Friedenszeiten ungefähr gleich.«

Schon der statistische Ansatz dieser Beweisführung läßt ihre Fragwürdigkeit erkennen. Die Erfahrungen der Patienten selber werden einfach ignoriert; nach den Inhalten der Psychose und dem Zusammenhang mit der Vorgeschichte wird gar nicht erst gefragt. Wer die auslösende Ursache und die Entwicklung seiner Psychose bewußt erlebt hat und sie mit seinen Reaktionen auf lebensbedrohende Kriegserfahrungen vergleichen kann, erkennt den Fehler sofort: Vitale Belastung wird hier mit seelischer Belastung im eigentlichen Sinne verwechselt.

1944 hockte ich unter den Trümmern eines durch Sprengbomben zerstörten Hauses, eingeklemmt zwischen den Brettern eines Schrankes, der die eingestürzte Betondecke des Luftschutzkellers an dieser Stelle aufgefangen hatte. Es war völlig finster; ich konnte mich nicht bewegen. Meine Reaktionen waren rein vitaler Art, es ging um nichts als um das Überleben und nicht um innere Neuorientierung in einer seelischen Krise. Wie lange würden die Bretter halten? Hatten wir eine Chance, herausgeholt zu werden? Wenn nicht, auf welche Weise würden wir zu Tode kommen? Was war aus meinen Verwandten und aus unserer Freundin geworden, mit denen ich eben noch beim Abendbrot gesessen hatte?

Völlig anders waren die Erschütterungen, die dem Ausbruch meiner Schizophrenie vorausgegangen waren. Es war ein innerer Konflikt, der alle Kräfte auf sich gezogen hatte, und durch diese Bewegung nach innen wurde der Aufbruch des sonst Unbewußten ausgelöst, also das, was man gewöhnlich Psychose nennt. Im Krieg aber waren die Kräfte nach außen gerichtet; es ging um das nackte Überleben, und seelische Konflikte traten zurück. Alle waren zudem vom gleichen Geschick betroffen und bildeten eine Schicksalsgemeinschaft, in der man trotz aller Gefahren aufgehoben war; ein innerer Konflikt dagegen, der eine Schizophrenie auslösen kann, muß allein bewältigt werden und macht einsam – ebenso wie die dann folgende Entwertung als »geisteskrank«. Seelische Belastungen, die zur Psychose führen können, liegen wohl auch mehr im Bereich des Eros als der Todesgefahr. Man müßte also wohl eher ein Zurückgehen der Schizophrenien in Kriegszeiten erwarten. Die Frage, die beantwortet werden muß, ist nicht, warum es im Krieg nicht mehr Schizophrenien gab als im Frieden, sondern warum es nicht weniger gab. Wahrscheinlich liegt es daran, daß seelische Konflikte anderer Art hinzukamen, Gewissensnöte etwa oder der Schmerz über den Verlust geliebter Menschen.

Ich war sehr betroffen über diese primitive Verwechslung von vitaler Bedrohung und seelischer Belastung im eigentlichen Sinne. Als Laie traut man sie den Wissenschaftlern gar nicht zu. Auf so ungenaues Denken stützte sich also die Theorie von den rein somatischen Ursachen der Psychose – ein Denkfehler mit schlimmen Folgen. Viele haben ihn mit dem Leben bezahlt, viele mit lebenslanger Isolierung und ich wie zahllose andere mit der Zwangssterilisation. Welche andere Wissenschaft darf sich solche Leichtfertigkeit erlauben? Wenn eine Brücke einstürzt, werden der entwerfende Ingenieur und die ausführende Baufirma haftbar gemacht. Die Psychiatrie aber durfte ungestraft an einem dogmastisierten Irrtum festhalten, dessen praktische Anwendung viele Leben zerstörte.

Ende März 1943 war ich in die Universitätsnervenklinik in Frankfurt eingeliefert worden. Anfang Juni wurde ich als »gebessert« entlassen. Knapp drei Monate hatte 1938 meine Zeit in Ilten betragen; in Bethel war ich ein Dreivierteljahr geblieben. Aber auch dort hatte sich meine Psychose nach etwa drei Monaten von selbst wieder zurückgebildet, auch ohne Kardiazol- und Insulinschocks. Das scheint mir aus den Briefen meiner Eltern und Geschwister hervorzugehen, die meine eigenen Briefe an sie widerspiegeln.

Der Tod geht vorbei

Mutter holte mich nachhause. Ferieneinsatz als Briefträgerin. Zeitungen, die ich dabei austrug, berichteten Ende Juli 1943 von den schwersten Bombenangriffen auf Hamburg. Ich las von dem entsetzlichen Feuersturm, in dem Zigtausende Hamburger – Erwachsene und Kinder – bei lebendigem Leibe verbrannt waren.

Im November 1943 begann das Wintersemester. Schon Ende November zerstörten schwere Sprengbombenangriffe unser Hochschulgebäude. Wir räumten den Schutt und suchten die auf der Straße verstreuten Akten wieder zusammen. Lange Fußwege zum Schutträumen, denn die Straßenbahnen konnten nicht mehr fahren.

Im neuen Jahr 1944 zeichnete ich in einem Altersheim Porträts einiger Insassen, denn unsere Modelle mußten wir uns nun selbst suchen. Auch mein früherer Stationsarzt ließ mich auf seiner Station das Porträt einer Patientin zeichnen. Als ich das nächste Mal zum Zeichnen kam, war auch die psychiatrische Klinik von Bomben schwer beschädigt. Ende Januar 1944 wurde ein weiteres Hochschulgebäude zerstört, in dem wir uns zur Korrektur getroffen hatten. Ende März schloß die Städelschule vorläufig nach erneuten schweren Bombenangriffen.

Ich fuhr zu meiner Großmutter und meiner Tante. Dort erlebte ich die schon erwähnte Verschüttung. Es hatte Alarm gegeben, wir hatten uns zum Abendbrot an den Tisch im Luftschutzkeller gesetzt. Eine Freundin unserer Familie bat mich, sie auf ihrem gewohnten Platz sitzen zu lassen. Das rettete mir das Leben. Als wir die Plätze gerade getauscht und mit dem Essen begonnen hatten, krachte das Haus über uns zusammen und begrub uns unter den Trümmern. Es war stockfinster und nach der donnernden Detonation der Sprengbombe und dem lauten Getöse des einstürzenden Hauses unheimlich still. Mich hatte der Luftdruck vom Stuhl geschleudert. Da hockte ich nun eingeklemmt und konnte weder Hand noch Fuß bewegen. Nur das Stöhnen meiner Tante unterbrach die lautlose Stille. Sie war ohne Bewußtsein. Es wird kaum mehr als eine Stunde vergangen sein, bis die Helfer zu hören waren. Mir kam die Zeit viel länger vor; man wußte ja nicht, wieviele Häuser rundum zerstört waren und ob noch jemand da war, der uns herausholen konnte. Unsere Freundin muß sofort tot gewesen sein. Die Betondecke war auf sie gefallen. Meine Großmutter und meine Tante kamen mit Verletzungen und Knochenbrüchen ins Krankenhaus.

Die Hilfsbereitschaft der Freunde war überwältigend. Auch meine Mutter kam. Der Tod unserer Freundin ging mir nach. Sie war als Kinderpflegerin in unsere Familie gekommen und Jahre geblieben, als wir klein waren. Nun hatte sie meiner Großmutter und meiner Tante geholfen. Ohne den Tausch unserer Plätze wäre sie am Leben geblieben; die Decke wäre auf mich gefallen. Der Tod, der mir nach der Sterilisation als einziger Ausweg erschienen war, wäre jetzt ohne mein Zutun beinahe von selbst geschehen. Aber ich war froh, am Leben zu sein und kaum verletzt. Überwunden aber hatte ich das Erlebte auch nach Monaten nicht. Anfang August schrieb Mutter: »Wenn der Alltag kommt, wird es schwerer. Damals habe ich mich ja gewundert, wie gut Du darüber wegkamst. Ich glaube, da half doch auch sehr die viele Liebe und Fürsorge.«

Verspätet kam ich in das bereits begonnene letzte Semester vor der Schließung der Hochschulen im August 1944. Unsere Bildhauerklasse war in eine Burg evakuiert worden. Wir waren fünf Mädchen. Jede baute auf einem anderen Söller oder im Inneren der Burg eine Winzerin in

Ton auf. Die geeignetste Figur sollte auf dem Brunnen des Ortes stehen. Ein angefangener, nicht abgeschickter Brief an meine Freundin aus der privaten Kunstschule berichtet von diesem unvergeßlichen Semester. Als ich ihn schrieb, waren wir längst dienstverpflichtet:

»Nun muß ich Dir zu allererst von dem letzten und schönsten Semester erzählen, dem ersten beim T. . . Dafür werde ich Dir immer dankbar sein, daß Du mir von ihm schwärmtest, und ich dadurch zu ihm kam. Wie froh bin ich für diese 2 1/2 Monate . . . Ich konnte erst einen Monat später kommen, da war schon alles in Gang. Was noch irgendwie aus den Trümmern zu brauchen war, hatten sie hergefahren. Aber viel mehr als Modellierböcke wars nicht. Einige Arbeiten von T. . . hatten sie aus dem Schutt gegraben und sind sich bei jedem Stück und Scherben glücklich um den Hals gefallen. Die Burg liegt gleich am Rhein, und traten wir auf den kleinen Söller, floß er vor uns, breit und ruhig mit vielen kleinen und großen Frachtschiffen. Dahinter ein leuchtend roter Steinbruch, und auf unserer Seite ein eigenartig gemauerter Weinberg . . . Wir hatten einen regelrechten Auftrag von der Stadt bekommen, den schönen alten Marktbrunnen, der früher eine Jakobusfigur getragen hatte, wieder mit einem Jakobus, und da der als Heiliger der Studentenführung nicht recht war, mit einer Winzerin zu versehen. Jede von uns machte erst Skizzen und dann eine in groß . . . Jede machte etwas anderes, und die geeignetste Figur sollte nachher wirklich auf den Brunnen. Zum Glück ists nicht soweit gekommen. Ich hab eine Hockende gemacht, die entsprechend größere Maße haben mußte. Sie wuchs schließlich zu Lebensgröße an, und da ich kurz ehe sie gegossen werden sollte, nicht bedachte, daß das Gerüst nicht mitgewachsen war, riß ich zu sehr an ihr und hatte plötzlich die halbe Figur im Arm.«

In der privaten Kunstschule hatten wir nur stehenden Akt nach Modell geformt, wie es üblich war. Diese Hokkende hatte ich daher gefühlsmäßig aus dem Kontrapunkt aufgebaut, der mir von meiner Orgelausbildung noch nahe war. Nun wollte ich probieren, ob die Komposition auch dann noch stimmte, wenn ich eine Hand um einen guten Zentimeter verschob. Sie stimmte nicht mehr. Das war bei einer lebensgroßen Figur für mich überraschend. Nun mußte ich auch anderes verändern, damit die Beziehungen der Formen zueinander wieder stimmten. Dabei fiel die Figur ganz auseinander. Das war für mich eine ganz wichtige Erfahrung. Nach der Abstempelung als »Geisteskranke« war ich noch immer tief verunsichert; hier aber erlebte ich, daß mein Gefühl richtig war und ich ihm ruhig folgen konnte. Wer bis in den Kern seines Wesens entwertet worden ist, braucht Erfahrungen, die sein Selbstvertrauen wieder herstellen. Dazu war meine plastische Arbeit vielleicht besonders geeignet. Auch später habe ich oft erlebt, daß eine Arbeit sich gut entwickelte, solange ich den mehr unbewußten, gefühlsmäßigen Gestaltungsimpulsen vertraute, und daß ich sie verdarb, wenn ich mit zu viel bewußtem Wollen nachhelfen wollte. Oder daß an einer Plastik die Rückseite, an der ich gar nicht bewußt gearbeitet hatte, besser war und mehr aussagte.

Das bewies mir, daß mein Wesenskern nicht krank sein konnte. Neben einem Verständnis des in der Psychose Erlebten ist für die Heilung die Wiederherstellung des Selbstvertrauens notwendig, das durch die Entwertung als »geisteskrank« beschädigt wurde. Viel leichter aber wäre es für den Betroffenen, wenn die psychiatrische Behandlung ihn gar nicht erst entwerten würde und wenn er von Anfang an Verständnis fände.

Zwei von uns Fünfen wurden zur Fliegerabwehr eingezogen. Auch unsere Jüngste, die mit mir in der Aktzeichenklasse begonnen hatte. Beim Soldatendrill zog sie sich einen schweren Nierenschaden zu, an dem sie mit 32 Jahren starb. Vorher blieb ihr noch die Kraft, Holzplastiken für Kirchen zu schnitzen. Ich war wieder bei der Post eingesetzt; ab 1945 arbeitete ich als Rotkreuzhelferin in einem kleineren Krankenhaus. Zuerst auf der Isolierstation für Infektionskrankheiten; dort lagen Malaria-, Ruhr-, Diphtherie- und Tbc-Kranke. Vor den Zimmern standen dreibeinige Eisenständer mit einer Emailleschüssel zum Händewaschen nach dem Verlassen des Raumes. Am schlechtesten dran waren zwei Tbc-kranke Frauen in ihrer Strohmatratzengruft neben dem Desinfektionsraum. Der scharfe Geruch von nebenan drang durch die Türritzen und wich nicht aus dem Zimmer. Später auf der Männerstation hatten wir bei Fliegeralarm die Männer auf Bahren in den Luftschutzkeller und wieder herauf zu tragen. Damit verging viel Zeit, denn es gab viele Alarme.

In den letzten Kriegstagen ein Hin und Her von Befehlen, einmal zur Verteidigung des Ortes, dann wieder zu seiner kampflosen Übergabe an die vorrückenden Amerikaner. Nach kurzem Kampf war Mitte April 1945 der Krieg in unserer Gegend zu Ende.

Meine ältere und meine jüngste Schwester hatten sich vor den einrückenden Russen nach zuhause durchgeschlagen. Unsere Wohnung war erhalten geblieben, die Familie war beisammen oder jedenfalls, wie meine älteste Schwester, nicht gefährdet. Das war damals sehr viel. Schwierig blieb es, satt zu werden. Man suchte Brennesseln zum Mittagessen. Wer einen Garten hatte, setzte Kartoffeln, säte Gemüse. Wir hatten keinen Garten, konnten aber ein Rasenstück leihen und gruben es um. Jeder Spatenstich Erde brachte einen halben Korb Steine. Die Kartoffelernte im Herbst war sehr viel spärlicher. Meine Schwestern fuhren jede Woche einen Tag zu einem Bauern und arbeiteten auf dem Feld, dafür bekamen sie Gemüse, Kartoffeln und Zuckerrüben.

Eine Freundin meiner Eltern, die in der Nachbarschaft wohnte, vermietete mir ein kleines Zimmer zum Arbeiten und Schlafen. Ich hatte einige Aufträge: Kinderporträts, eine Krippengruppe für eine katholische Kapelle und anderes. Auch den Kopf der jungen Frau meines Freundes modellierte ich damals.

Im Frühjahr 1946 war im Zeller Schloß die unvergeßliche Ausstellung »Befreite Kunst« mit deutschen Expressionisten, die im Dritten Reich als »entartet« verfemt waren. Viele junge Menschen mit Rucksäcken waren da. Stundenlang saßen wir vor den Bildern auf dem Fußboden und konnten uns nicht sattsehen. Am längsten saß ich vor den leuchtenden See-Aquarellen von Emil Nolde, die ich zum ersten Mal sah.

Merkwürdig ist es mir heute, daß ich meinen Schock über die Verbrechen in den KZs erst aus den fünfziger Jahren erinnere. Brachten die dünnen Zeitungen damals nichts darüber? Man war erleichtert, das Grauen des Krieges hinter sich zu haben, und konzentrierte sich auf das, was zum Leben notwendig und im Augenblick zu tun war. Viele Flüchtlinge kamen in unseren Ort mit nur dem Notwendigsten im Koffer. »15 Millionen Menschen irren durch Deutschland oder haben nur ein dürftiges Notquartier gefunden«, berichtete die *ZEIT* in ihrer ersten Ausgabe am 21. Februar 1946, »Flüchtlinge aus den bombenzerschlagenen Städten, aus den kriegsversehrten Gauen, aus anderen Besatzungszonen oder Ausgewiesene aus Nachbarländern. Das ist fast ein Viertel der gesamten deutschen Bevölkerung.«

Um diese Zeit brach mein vierter Schub auf. Ein Erlebnis von damals zeigt besonders deutlich die Verunsicherung der Angehörigen durch die psychiatrische Einschätzung der Psychose. Mir mußten die Weisheitszähne herausgemeißelt werden; der Chirurg, der meinen Eltern durch gemeinsame Ablehnung der Nazis seit Jahren ein gleichgesinnter Gesprächspartner geworden war, hatte mit Mutter und mir alles besprochen. Dann schickte Mutter mich aus dem Zimmer. Ich wußte sofort, daß sie ihm von meinen Psychoseschüben berichten und ihn fragen wollte, ob die Meißelung oder die Narkose keinen neuen Schub auslösen konnte. Von ihr aus gesehen war das eine verständliche Sorge, denn sie glaubte den Erklärungen der Psychiater. Für mich aber war es beschämend, wie ein Kind aus dem Zimmer geschickt zu werden. Ich kannte den seelischen Hintergrund meiner Psychose und wußte, daß das Ausgeschlossenwerden vom Gespräch viel eher ein neues Aufbrechen auslösen konnte als eine Zahnmeißelung oder eine Narkose. Angehörige sollten immer *mit* den Betroffenen sprechen und nicht über sie.

Wieder begann die Psychose mit dem Instinktaufbruch. Ich saß und strickte von morgens bis abends eine dunkelblaue Jungenshose aus den aufgeribbelten weiten Ärmeln eines Pullovers und einen Kindermantel aus brauner Schafwebwolle. Eine Hose und einen Mantel hatte ich noch nie gestrickt, aber was mir sonst Mühe gemacht hätte, gelang wie ohne mein Zutun. Im normalen Zustand hätte ich Maschen zählen und messen müssen, ob das Garn für die Größe auch reichen würde. Ich hätte mit dem Kopf steuern müssen, was ich nun einfach meinen Händen überlassen konnte. Ich mußte strikken und war mir sicher, daß beides zwei Flüchtlingskindern passen würde, denen genau das fehlte, was ich strickte.

Im Morgendämmern nach der letzten Nacht – ich glaubte bereits wach zu sein – erschien mir Molt. Er war grau geworden und machte einen sehr unglücklichen Eindruck. Ich erschrak sehr. Daß er in russischer Kriegsgefangenschaft war, wußte ich damals noch nicht. Was bedeutete diese Erscheinung? Ich war sehr beunruhigt.

Das Traumgesicht erschreckte mich so, daß ich am nächsten Abend nicht in meinem Atelier schlafen mochte. Ich überlegte, ob ich zuhause schlafen könnte. Dort aber saß an diesem Abend der Chirurg mit meinen Eltern zusammen, und ich hätte durch das Zimmer gehen müssen, um ins Schlafzimmer zu gelangen. Ihm mochte ich nach der beschämenden Situation im Krankenhaus vor der Zahnmeißelung nicht wieder begegnen.

Mit dem aufgebrochenen Instinkt hatte sich auch mein Gefühl für die Umgebung, für unsere Landschaft verändert. An diesem Abend war sie mir unheimlich. Die alten Sagen mit ihren Zaubergeistern, die sich an sie knüpfen, schienen mir nicht zufällig. Fluchtartig verließ ich den Ort, nachdem ich die Hose und den Kindermantel in einem Heim für Flüchtlingskinder abgelegt hatte. Ich übernachtete in einer Erdmulde vor dem nächsten Ort und stieg frühmorgens in einen Zug, obwohl ich kein Geld bei mir hatte. Niemand fragte während der Fahrt nach einer Fahrkarte. In Minden drängte es mich auszusteigen, und auch hier gab es keine Fahrkartenkontrolle, wie sie damals an den Sperren üblich war.

An die Sorge meiner Familie um mich dachte ich nicht. Das wäre vielleicht anders gewesen, wenn meine Eltern nicht ganz der medizinischen Sicht der Ärzte vertraut hätten, so daß ein Gespräch über meine Erfahrungen unmöglich geworden war.

Ich hatte nur ein grünes Wollknäuel eingesteckt; sonst hatte ich nichts bei mir. Ich tauschte das Wollknäuel gegen einen Haarschnitt ein, der einen Kamm überflüssig machte. Einen blühenden Kätzchenzweig in der Hand, lief ich singend durch den Frühlingswald mit dem merkwürdigen Gefühl, daß an dieser Stelle einmal Römer und Germanen gegeneinander gekämpft hatten und daß das hier immer noch zu spüren war. Mit dem dicken Fell des Normalzustandes hätte ich ein solches Gespür nicht gehabt.

Später lief ich die ganze Nacht hindurch, ohne müde zu werden, und ohne ein Hungergefühl, obwohl ich seit zuhause nichts mehr gegessen hatte. Nie wieder bin ich eine so weite Strecke zu Fuß gegangen und dabei so schnell gelaufen. Am Morgen war ich in der Stadt, in der Molt zuhause war. Wo er nach seinem Umzug wohnte, wußte ich nicht. Ich kam in die Straße des Sängers und fand sein Haus von Bomben zerstört. Die Bildhauerin, in deren Atelier ich gearbeitet hatte, war mit ihrem Sohn in den Trümmern ihres Hauses umgekommen.

Das Elend in der zerstörten Stadt und unter den Flüchtlingen war erschreckend. In einem Lebensmittelgeschäft bat ich um 10 Reichsmark. Die Inhaberin gab sie mir sofort. Ich kaufte zwei Brötchen, einen unlinierten Schreibblock, einen Bleistift und später eine Fahrkarte zurück nach Minden.

Der Bahnhofsbunker war voller Flüchtlinge. Ich zeichnete sie. In der Nacht lagen wir dichtgedrängt auf dem Fußboden.

Am nächsten Vormittag fuhr ich zurück nach Minden. Auf einer Höhe traf ich am Waldrand einen Flüchtling. Er war aufgewühlt von den Ereignissen dieser Zeit. Wir sprachen lange miteinander, als hätten wir uns gut gekannt. Am Abend ging ich ins Dorf hinunter. Er blieb in der kleinen Schutzhütte.

Im zweiten Haus nahm mich ein Ehepaar auf. Ein Foto hing in der Küche: der einzige Sohn, gerade erwachsen. Ja, er sei gestorben, sagten sie mir auf meine Frage. Hier in der Küche sei er gestorben, schwer gestorben. Es war schon zwei Jahre her, glaube ich, aber der Kummer lag noch auf ihnen. Sie ließen mich auf dem Sofa in der Küche schlafen. In der Nacht erlebte ich etwas Merkwürdiges. Etwas in Worten nicht zu Fassendes. Vielleicht habe ich deshalb keine genaue Erinnerung mehr. Morgens saßen wir am Frühstückstisch zusammen. Ich würde den Sohn gern zeichnen, sagte ich. Sie nickten zustimmend. Und zum Mittagessen müsse ich dableiben. Dann gingen sie fort. Ich zeichnete den Sohn vom Foto ab, und es drängte mich, unter die Zeichnung zu schreiben, was ich in der Nacht erlebt hatte: »Tod, wo ist dein Stachel? Hölle, wo ist dein Sieg?« Ich legte die Zeichnung auf den Küchentisch und brach auf.

Wo sollte ich die nächste Nacht bleiben? Es war inzwischen schon die fünfte. Wo sollte ich überhaupt bleiben? Die Einsamkeit überwältigte mich. Niemals hatte ich mit jemandem über das sprechen können, was für mich ein so wesentliches und sinnvolles Erleben war, auch wenn ich es nicht verstehen konnte. Es galt als geisteskrank und wurde nur mit Schocks bekämpft; es zu verstehen oder auch nur danach zu fragen, schien keinem Psychiater der Mühe wert. Auch jetzt stand mir wieder die Anstalt bevor mit ihren nur bekämpfenden Maßnahmen. Am Abend, als es dunkel war, schien mir der Tod in der Weser die bessere Lösung.

Aber so schnell ertrinkt man nicht. Das Wasser war zu flach. Ich verlor den Boden unter den Füßen nicht und stieg wieder ans Ufer. Vielleicht kam mir im Wasser auch die Einsicht, daß dieser Weg nicht der richtige war. In einer Gartenlaube fand ich beim Mondlicht trockene Lumpen und tauschte sie mit meinem nassen Zeug. Dann stellte ich mich an die Straße. Ein Lichtkegel blendete auf. Ein Polizeiauto. Sie nahmen mich auf die Wache mit. Mehrere Tage blieb ich im Gefängnis wegen Vagabundierens.

Dem Schock im kalten Wasser hatte ich es wohl zu danken, daß meine seit zwei Jahren ausgebliebene Regel wieder einsetzte. Also doch eine körperlich bedingte Psychose, wird der Somatiker sagen. Daß einer Psychose wie jeder anderen Gemütsbewegung auch körperliche Vorgänge zugrunde liegen, bezweifle ich nicht. Das macht sie aber noch lange nicht sinnlos. Für uns Betroffene ist sie ein ganz wesentliches Erleben, das wir nicht als einen Unwert von uns abspalten können, ohne zu verarmen. Wir müssen es verstehen und integrieren.

Als der Gefängnisarzt meine Narbe erkannte, stellte er mich vor die Wahl: Bethel oder Gütersloh. Nach Bethel wollte ich nicht wieder. Ohne Zögern entschied ich mich für Gütersloh.

So lernte ich unsere damals und wohl auch heute noch namhafteste kommunale Großanstalt kennen, und da ich immer noch betroffen war von der trostlosen Verwahrung auf der »unruhigen Station« in Bethel, beeindruckte mich Gütersloh. Hier wurde bewiesen, daß es nicht an mangelnden Fähigkeiten der Patienten, sondern an den Anstaltsleitern und Ärzten liegt, wenn die Kranken untätig verkümmern oder, wie heute vielfach üblich, unter der lähmenden Wirkung von Medikamenten dahindämmern.

Im Betheler *Lehrbuch der Geistes- und Nervenkrankenpflege* von 1975 heißt es über Gütersloh: »1923 führte Hermann Simon eine konsequente Arbeitstherapie, die ›aktivere Krankenbehandlung in der Irrenanstalt‹ ein. Simon stellte einen nach Schwierigkeiten geordneten Stufenplan von Arbeitsmöglichkeiten in der Anstalt auf. Mit straffer autoritärer Führung und unter ungeheurem Einsatz aller Betriebsangehörigen gelang es ihm, eine fast hundertprozentige Beschäftigung seiner Anstaltsinsassen in Gütersloh zu erreichen und bis dahin nicht für möglich gehaltene Besserungen und positive Veränderungen in den Krankheitsbildern zu erzielen. Es zeigte sich, daß viele Störungen, die man vorher allein dem Krankheitsverlauf zugeschoben hatte, sich viel stärker als umgebungs- (milieu-)bedingt erwiesen. Beruhigende Medikamente konnten eingespart, bis dahin geschlossene Stationen geöffnet werden. Die Erfolge des Simonschen Systems wurden zwar überall als revolutionär empfunden, Versuche, sie in anderen Anstalten einzuführen, scheiterten aber meist. Die Simonschen Erfolge konnten anderswo auch nicht nur annähernd erreicht werden.«

1946 war Dr. Simon nicht mehr in Gütersloh. Von einem »ungeheuren Einsatz« war nicht mehr viel zu spüren; inzwischen lief das alles ganz selbstverständlich. Die Schwestern kamen mir – von einer älteren, etwas erstarrt wirkenden abgesehen – viel lockerer vor als die auf der »unruhigen Station« in Bethel. Dort war die Arbeit bestimmt viel anstrengender, weil wir ohne jede Beschäftigung nur verwahrt wurden und darum zwangsläufig in Unruhe geraten mußten; damit mußten die Schwestern fertig werden, und entsprechend angespannt und unfroh wirkten sie auf mich. In Gütersloh war die Stationsatmosphäre entspannter; sie machte einen munteren, resoluten Eindruck. Die Patientenzahl war ungefähr dreimal so hoch wie in Bethel, aber man kam prozentual mit weniger Schwestern aus. Die Zusammensetzung der Patienten war wohl etwa die gleiche wie auf der »unruhigen Station« in Bethel.

In den Anstalten der Inneren Mission scheint der Versuch einer »fast hundertprozentigen Beschäftigung« der Patienten, von der das Lehrbuch berichtet, nicht gemacht worden zu sein. Den 1931 in Treysa versammelten Anstaltspfarrern und Ärzten waren die Gütersloher Versuche vermutlich gar nicht bekannt, obwohl die Arbeitstherapie dort schon seit acht Jahren eingeführt war, denn sonst hätten sie wohl kaum beschließen können, bei Patienten, die »ihre volle Leistungsfähigkeit voraussichtlich nicht wiedererlangen« würden, die »wohlfahrtspflegerischen Leistungen« auf »menschenwürdige Versorgung und Bewahrung« zu begrenzen. Daß man im nur 20 km entfernten Bethel von den Erfolgen in Gütersloh auch noch während der Euthanasieaktion ab 1939 nichts wußte, als die Arbeitsfähigkeit und Arbeitsleistung der Patienten über Leben und Tod entschied, geht aus dem Betheler Informationsblatt *Der Ring* vom Oktober 1983 hervor. Dort heißt es im Rückblick auf die Euthanasie-Aktion: »Dabei war die Frage der Arbeitsfähigkeit von größter Wichtigkeit. Nach den damaligen Vorstellungen ging man davon aus, daß ›Anstaltsinsassen‹ in der Regel nicht arbeitsfähig waren. Für Bethel kam es daher darauf an, möglichst viele Patienten als arbeitsfähig einzustufen. Dadurch hoffte man in Bethel, den überwiegenden Teil der Patienten aus der Gefahrenzone zu bringen, so daß man im Ernstfall nur um eine möglichst kleine Gruppe zu ringen brauchte.«

Richtiger wäre gewesen, die Patienten nicht nur auf dem Papier als »arbeitsfähig« einzustufen, sondern ihnen tatsächlich Arbeitsmöglichkeiten zu geben. Wenn Hermann Simons Arbeitstherapie sich in allen Anstalten durchgesetzt hätte, dann wäre es nicht mehr möglich gewesen, von »unnützen Essern« zu sprechen. Der Mordaktion wäre die Begründung entzogen gewesen, deren scheinbare Logik die Voraussetzung dafür war, moralische Hemmungen außer Kraft zu setzen. Der Leiter der berüchtigten Vergasungsanstalt Hadamar, Dr. Gorgaß, hat offenbar noch versucht, Patienten durch Arbeitstherapie vor der »Euthanasie« zu bewahren. In ihrem Bericht *Die Tötung Geisteskranker in Deutschland* schreibt Alice Platen-Hallermund: »Er versuchte auch einen Vorstoß bei Brack zu machen, um die Arbeitstherapie einzuführen und dadurch Patienten vor dem Vergasen zu retten; aber Brack lehnte alle seine Vorschläge ab.« Nun war es zu spät.

Das tätige Leben in der Gütersloher Anstalt beeindruckte mich. Ich sah keine Patienten in den Betten liegen oder resigniert herumsitzen. Der Tagesrhythmus hielt uns in Aktion. Kardiazol- und Insulinschocks wurden auf unserer Station nicht angewendet. An Medikamenten wurden nur Schlaftabletten ausgeteilt, und auch diese bekam man abends nur auf Wunsch. Das betäubende Paraldehyd gab es nicht. Beruhigungsspritzen erhielt nur ein frisch eingewiesenes, sehr erregtes junges Mädchen. Sie hatte sich in einen britischen Besatzungssoldaten verliebt. Nach ein paar Tagen starb sie. Sie wurde aus ihrem Einzelzimmer in den Saal gerollt. Da lag sie, als schliefe sie. Ein sehr schönes Mädchen.

Unsere Station war damals überbelegt. Ein Tagesraum mit Holzbänken und langen Tischen. An der Wand ein gerahmter farbiger Druck, vor den Fenstern Blumentöpfe. Ein großer Schlafsaal daneben, dazu noch einige kleinere Zimmer und oben ein Acht-Betten-Zimmer, schließlich das Bad und die Kleiderkammer, in der unsere persönliche Kleidung aufbewahrt wurde, die wir nur sonntags anzogen. Alltags trugen wir dunkelblaue Waschkleider mit schmalen weißen Streifen und merkwürdige weiße Zeughosen, die über derben langen Zeughemden zugebunden wurden.

Nach dem kärglichen Frühstück – 1946 gab es noch nicht viel zu essen – brachen die Arbeitskolonnen auf. Besonders begehrt war die Küchenarbeit, bei der immer mal etwas abfiel. Wir waren froh, auf diese Weise aus der gschlossenen Abteilung herauszukommen. Als »Neuzugang« mußte ich die erste Zeit auf der Station bleiben. Im Tagesraum wendeten wir alte Briefumschläge und klebten sie wieder zusammen – auch Papier war damals knapp. Als eine von uns dabei unruhig wurde, erzählten andere, früher sei jede, die unruhig oder gar aufsässig wurde, mit »Kotzspritzen« bestraft worden, nach denen einem speiübel wurde. Das war zum Glück vorbei.

Später gehörte ich zum Bügeltrupp. Nach dem Essen gab es eine Sitzpause. Dann gingen wir wieder zur Arbeit, bis fünf, glaube ich, oder halb fünf. Heute, wo es längst Bügelautomaten und Kartoffelschälmaschinen gibt, setzen die Gütersloher Patienten ihre Kraft für wirtschaftlichere und vor allem kreativere Arbeiten ein; am Verdienst werden sie beteiligt. Professor Klaus Dörner geht als Leiter neue Wege, sorgt für Arbeitsplätze und Wohnungen, so daß auch die Langzeitpatienten in ein selbstbestimmtes Leben entlassen werden können.

Manfred Bleuler, der frühere Leiter des namhaften Zürcher »Burghölzli«, hatte zur Spielzeugproduktion geraten, die der Phantasie Raum läßt. Das gefiel mir sehr. Phantasie kam in Gütersloh damals nicht zum Zuge; es herrschte ein preußischer Drill. Einige Originale unter den Patienten, meist ältere, die schon lange da waren, kommentierten ihn mit ironischer Gelassenheit. Jedenfalls mochten wir unsere Stationsschwester, die so reell und munter war, und auch eine andere Schwester wegen ihrer Warmherzigkeit.

Auch das Mittagessen holten wir in der Kolonne, zwei von uns jeweils mit einem Henkeltopf zwischen sich. In einem Henkeltopf war das damals knappe Fleisch – für das Schwesternzimmer. In einem anderen der Nachtisch – auch für die Schwestern. Einmal sogar kleine Erdbeeren. Verstohlen rochen wir daran. Der Tagessatz betrug 5 RM, das waren 150 RM im Monat. Daran erinnere ich mich noch, weil ich die 450 RM für die drei Monate vom Erbteil meines Bruders bezahlte; mit dem Ende meiner Dienstverpflichtung war auch meine Mitgliedschaft bei der Krankenkasse erloschen, und ich hatte versäumt, mich freiwillig weiterzuversichern. Von 150 RM im Monat konnte man damals auch außerhalb der Anstalt ganz gut leben.

Sonnabendnachmittag kam der große Augenblick, wo unser eigenes Zeug für den Sonntag herausgelegt wurde. Eine alte Patientin verwaltete die Kleiderkammer. Sie nahm ihr Amt genau. Sonst gab es keine Patientenselbstverantwortung. Der Wechsel vom Anstaltskleid zum eigenen Gewand war für uns im eintönigen Anstaltseinerlei einer geschlossenen Abteilung schon ein Höhepunkt. Der Sonntag selbst verlief trist. Morgens gingen wir zum Gottesdienst – auch um aus der geschlossenen Station herauszukommen. Den restlichen Tag versaßen wir im Tagesraum und spielten »Mensch ärgere dich nicht« oder Halma. Nur diese beiden Spiele gab es. In den Garten, der mit einem niedrigen Maschendrahtzaun und einer Hecke davor abgegrenzt war, durften wir nur in Begleitung einer Schwester. Auch in Frankfurt war das so gewesen; in Bethel hatten wir auch allein in den Garten gedurft, und das fand ich viel besser, denn so konnten wir viel öfter und länger dort sein.

An jedem vierten Sonntag aber gab es nachmittags ein allgemeines Anstaltsfest. Drei dieser Feste erlebte ich: ein Tanzfest mit großer Kapelle der Feuerwehr oder eines anderen Vereins mit ähnlichen Uniformen, einen Fußballwettkampf und einen Nachmittag auf der großen Festwiese mit Wettspielen, bei denen es auch Gewinne gab. Noch heute denke ich mit Freude daran, daß man uns das gönnte. So anspruchslos wird ein Anstaltspatient, der weiß, daß er zur untersten Gruppe der Hierarchie gehört.

Für Langzeitpatienten wird dieser autoritär geführte Massenbetrieb viel schwerer zu ertragen gewesen sein als für mich. Ich wußte ja von vornherein, daß ich wie in den beiden vorangegangenen Anstalten sicher nur zwei oder drei Monate hierbleiben würde. Beim wöchentlichen Bad etwa mußte immer die Nächste schon ausgezogen hinter der Wanne in Bereitschaft stehen, damit keine Zeit durch Pausen verloren ging. Das lief dann wie am Fließband: Wasser ablassen, neues rein, die Nächste bitte! Für mich war das als Aktstudium interessant; meine Mitpatientinnen werden das Bereitstehen hinter der Wanne eher als entwürdigend empfunden haben. Meine Mutter hätte ich mir hier nicht als Patientin vorstellen können.

Meine jüngere Schwester besuchte mich und brachte eine Plättchenweberei mit, die sie selbst für mich eingerichtet hatte. Da wir an allen Wochentagen vollauf beschäftigt waren, probierte ich das Bandweben nicht aus. Es schien mir kompliziert mit den vielen Fäden, die sich leicht verhedderten. Daß Angehörige für Beschäftigung sorgen, wo sie noch fehlt, kann sehr hilfreich sein. Ich unterhielt mich nach der Arbeit und an den Sonntagen lieber mit meinen Mitpatientinnen. Im Unterschied zu der »unruhigen Station« in Bethel durften wir hier Gespräche miteinander führen.

Der Anstaltsleiter besuchte jede Woche die Stationen und begrüßte jeden Patienten. In kommunalen Anstalten mit ärztlichen Leitern ist das so üblich, wenn auch nicht überall in dieser Regelmäßigkeit. Die Oberschwester kam öfter, wahrscheinlich jeden Tag.

Einmal in diesen drei Monaten hatte ich einen Traum, der mich tagelang bedrückte. Der Stationsarzt, ein Mann, der nach meinem Gefühl einen wortlosen Kontakt zu uns hatte, überredete mich zu Elektroschocks. Zum Glück bekam ich nur drei, denn beim dritten hatte ich mir im Krampf tief in die Zunge gebissen. Den Traum hatte ich danach nahezu vergessen, jedenfalls bedrückte er mich nicht mehr. Aber eben nicht nur den Traum. Auf diesem Vergessen beruht die Wirkung der Krampf- und Schockbehandlungen. Beim Sich-Wieder-Erinnern überwiegen allmählich die normalen Bewußtseinsinhalte.

Die robust-natürliche Stationsatmosphäre bot keinen Anlaß zu Verwirrungen. Der Stationsarzt mochte deshalb der Betheler Diagnose nicht so recht glauben. Er halte meine Störungen nicht für Schizophrenie, sondern für unverhältnismäßig starke Pubertätserscheinungen, sagte er mir. »Dazu bin ich zu alt.« Ich war neunundzwanzig. Das Alter sei nicht entscheidend, meinte er. Für mich war es ermutigend, daß dieser Stationsarzt den Makel einer Geisteskrankheit, die als unheilbar galt, in Frage stellte. Aber ich hatte während der Entwicklung meines ersten Schubes 1936 den Übergang von normalen Pubertätsspannungen in die Psychose mit ihren Eingebungen und der veränderten Welterfahrung erlebt und kannte den Unterschied. Auch die schweren Erregungs- und Verwirrungszustände in der »unruhigen Station« in Bethel waren mir noch gegenwärtig. Gewiß hätte die völlige Isolierung von der Außenwelt und die menschenunwürdige Behandlung unter Bibelworten dort auch einen Gesunden verwirren können. Aber er hätte nicht die gemeinsame Symbolebene erfahren, auf der ich mit den anderen Patientinnen wortlos verbunden war.

Die damalige Gütersloher Anstalt ließ uns eingesperrten Patienten zwar nichts Eigenes, auch keine Selbstverantwortung und keine eigene Initiative. Ihre immer noch aktuelle Bedeutung liegt aber in dem Beweis, daß es untätig verwahrte Patienten nicht zu geben braucht. Daß es sie heute in den geschlossenen Stationen und Häusern kommunaler und kirchlicher Anstalten immer noch gibt, daß die Initiative unbeschäftigt eingesperrter Patienten durch Psychopharmaka gelähmt wird, beunruhigt mich zutiefst, denn ich weiß aus eigener Erfahrung, was erzwungene Untätigkeit und bloße Verwahrung für einen Eingesperrten heißt. Die dafür verantwortlichen Anstaltsleiter und Ärzte können sich das offenbar nicht vorstellen. Und sie wissen vielleicht gar nicht mehr, daß Hermann Simon schon 1923 eine »fast hundertprozentige Beschäftigung« einführte und dabei ohne Medikamente auskam.

Lange Zeit glaubte ich, daß aus Gütersloh, wo alle Patienten arbeiteten, niemand der »Euthanasie« zugeführt worden sei. Denn in *Medizin ohne Menschlichkeit* (1960) hatte ich gelesen, »daß entsprechend der Anweisung Contis (Dr. med., SS-Gruppenführer und Reichsgesundheitsführer, Staatssekretär für das Gesundheitswesen im RMdI) im Merkblatt zum Fragebogen, Ziffer 1, sämtliche Patienten, die in den Anstaltsbetrieben mit positiven Arbeiten beschäftigt werden können, nicht unter die Meldepflicht fallen und dementsprechend das ausschließliche Kriterium die Arbeitsfähigkeit gewesen sei und sonst nichts«. Das war jedoch ein Irrtum. Im »Kritischen Tagebuch« des WDR hieß es am 17. August 1983: »Daß es sich bei der massenhaften Vernichtung nach 1941 (nach der Einstellung der Vergasungen am 24. August 1941) nicht um eine Hamburger Spezialität handelt (von den bislang ermittelten rund 880 Opfern der Heil- und Pflegeanstalt Hamburg-Langenhorn wurden nur 47 im direkten Zusammenhang mit dem T-4-Programm vergast, alle anderen nach dem August 1941 umgebracht), belegen die Zahlen aus dem westfälischen Landeskrankenhaus Gütersloh. Von den insgesamt 1022 deportierten Patienten aus

Gütersloh, von denen nur rund hundert überlebten, wurden etwa zwei Drittel erst nach der angeblichen Einstellung des Vernichtungsprogramms abtransportiert.«

Unbegreiflich, daß entgegen den Bestimmungen des Merkblattes zum Fragebogen so viele arbeitende Patienten aus einer einzigen Anstalt zum Töten weggeschickt wurden.

»Von Bethel aus wurden auf Initiative von Dr. J. (dem Chefarzt unseres Betheler Hauses) sämtliche Anstaltsleiter der westfälischen Heilanstalten informiert und zur Verweigerung der Ausfüllung der Meldebögen aufgefordert«, schrieb unsere Betheler Assistenzärztin in ihrem Leserbrief an den *SPIEGEL* vom 17. Mai 1961. Auch der Anstaltsleiter von Gütersloh – es war nicht derselbe, den ich dann erlebte – war informiert worden. Er mußte daher wissen, daß die deportierten Patienten umgebracht werden würden.

Bevor ich diese erschreckende Nachricht las, hatte ich den Eindruck, 1946 in Gütersloh unvergleichlich bessere Erfahrungen gemacht zu haben als vierzig Jahre später die beiden Reporter Uwe Heitkamp und Michael Herl in mehreren bundesdeutschen Anstalten. Das perfekte Unterdrückungssystem mit am Bett montierten Bauchgurten, Handbinden und Fußfesseln, von dem sie 1986 in »Report« berichteten, habe ich in Gütersloh nicht erlebt. Auch in den anderen Häusern dort kann es die Fesselungen kaum gegeben haben, denn alle arbeiteten.

Heute – seit 1984 – kämpft Klaus Dörner in Gütersloh gemeinsam mit vielen anderen, besonders aus der Deutschen Gesellschaft für Soziale Psychiatrie (DGSP), für die Rehabilitierung der im NS-Staat getöteten »Euthanasie«-Opfer und der Zwangssterilisierten und um ihre Anerkennung als NS-Verfolgte. Daß diese Initiative nach fünfzig Jahren aus der Psychiatrie selbst kommt, die mit ihrem Dogma von der erblich bedingten »endogenen« Psychose die Voraussetzungen für die Ausrottungsmaßnahmen schuf, finde ich sehr ermutigend.

Die steinerne Blüte

Nach drei Monaten war ich entlassen. Meine Mutter holte mich ab und brachte mich für einen Monat in ein Einzelzimmer in der neurologischen Station eines offenen Betheler Hauses. Es lag gegenüber dem geschlossenen Haus, in dem ich 1936 gewesen war. Ein Bethel-Pfarrer, der mit meinen Eltern befreundet war, hatte ihnen das angeboten. Von hier aus sollte ich mir in Bielefeld ein Zimmer suchen, um an der dortigen Werkkunstschule meine Ausbildung fortzusetzen, die 1944 durch die Schließung der Hochschulen unterbrochen worden war.

Nach Bethel hatte ich nie wieder gewollt. Aber auch gegen den Bielefelder Professor hatte ich Bedenken, nachdem ich ihn mit Mutter besucht hatte. Unser Frankfurter Lehrer hatte uns durch seine Bewunderung für die frühe griechische Plastik, durch die Intensität seiner eigenen Arbeiten und durch seine spontanen Reaktionen auf die unsere ein Gefühl für die von innen her erfüllte Form, für ihre Spannung und ihre Sinnlichkeit vermittelt. Nach diesem überzeugenden Menschen und Lehrer zu einem anderen zu gehen, dessen Formensprache zum Dekorativen neigte, würde mir nicht leicht fallen. Ein Zimmer war 1946 schwer zu finden, aber ich bemühte mich auch wenig darum und fand keins.

Von meinem Fenster aus sah ich auf das geschlossene Haus gegenüber mit der »unruhigen Station«, in der ich die beklemmendsten Erfahrungen meines Lebens gemacht hatte. Schmerzliche Erinnerungen an die Zwangssterilisation stiegen wieder auf. Dieselben Ärzte von damals betreuten auch diese neurologische Station, die einem Altersheim angeschlossen war.

Dies war nicht der richtige Ort; was meine Eltern für mich ausgesucht hatten, war nicht mein Weg. Dieses Gefühl begünstigte wohl einen Nach-Schub. Und ganz abgeklungen war meine Psychose wohl auch noch nicht. Sonst wäre das Folgende nicht möglich gewesen.

Unter den Patientinnen der Station war auch eine junge Diakonisse, die jeden Tag mehrere Anfälle erlitt. Sie verlor kurzzeitig das Bewußtsein und konnte sich dabei auch verletzen. Ich erlebte einen solchen Anfall mit, als wir draußen im großen Kreis saßen und Erbsen pahlten oder etwas ähnliches taten. In diesem Augenblick durchfuhr mich die Gewißheit, daß dieser Anfall ihr letzter gewesen sei. Ich ging anschließend mit ihr auf ihr Zimmer. Sie wirkte immer noch etwas abwesend. Ich sagte ihr, daß sie jetzt frei von Anfällen sei, und schrieb ihr auf eine Spruchkarte, Jesus habe sie geheilt. Ihre Heilung war mir so gewiß, daß ich ihr erklärte, sie brauche jetzt keine Medikamente mehr, und die Medizin aus dem Fenster schüttete. Wir machten nun weite Spaziergänge miteinander; vorher hatte sie das nicht gewagt. Tatsächlich kam kein Anfall mehr. Bald danach wurde sie entlassen. Solche Gewißheiten durchfuhren mich nur im psychotischen Zustand.

Am Ende dieser vier Wochen machte mich ein Pressefoto des ehemals deutschen, von Hitler ausgebürgerten Juristen Robert Kempner sehr betroffen, der seit 1942 das Internationale Militär-Tribunal in Nürnberg mit vorbereitet hatte und dort jetzt die Anklage vertrat. Kempner lachte auf dem Foto. Man erwartete die Todesurteile. Die Angeklagten, die selbst so viel Tod und Elend über Millionen Menschen gebracht hatten, mußten die Urteile akzeptieren, aber Kempners Lachen empörte mich. Ich fand, daß die Ankläger keinen Grund zur Überheblichkeit hatten. Die Zerstörung unserer Städte, unter deren Trümmern eine wehrlose Zivilbevölkerung umgekommen war, und die Atombomben auf Hiroshima und Nagasaki waren ebenfalls Kriegsverbrechen. Kempners Lachen hatte mit den Todesurteilen vielleicht gar nichts zu tun; vielleicht hatte der Pressefotograf ihn nur zufällig vor die Kamera bekommen, als er über einen ganz banalen Anlaß gerade lachte. Ich aber sah das Lachen ganz selbstverständlich in Beziehung zu seiner Funktion als amerikanischer Ankläger. Hier in Bethel, wo alte Wunden wieder schmerzhaft aufbrachen, war meine Empfindlichkeit wohl besonders gesteigert.

Das Lachen des Anklägers empörte mich so sehr, daß ich bei der Bielefelder Zeitung eine Anzeige aufgab, mit der ich zu einer Versammlung auf einem Platz der Stadt einlud. Als Thema gab ich an: »Der wahrhaft Schuldige des ersten und zweiten Weltkriegs«. Als Sprecher nannte ich meinen ehemaligen Kollegen aus der Malklasse an der Frankfurter Kunsthochschule; sein Name schien mir zugkräftiger als meiner als Frau. Und da die Anzeige eines Insassen von Bethel wohl kaum erschienen wäre, nannte ich als Adresse die Straße von Bethel nach Bielefeld und als Hausnummer irgendeine Zahl, die mir gerade einfiel. Später stellte ich fest, daß ausgerechnet diese Nummer in dieser Straße fehlte. Soviel ich weiß, ist die Anzeige erschienen, obwohl ich keinen Zweifel gelassen hatte, daß bei dieser Versammlung auch gegen die Kriegsverbrechen der Alliierten protestiert werden würde.

In der folgenden Nacht wurde ich von der Oberärztin – unserer Assistenzärztin von 1936 – aus dem Bett geholt und ins Ärztezimmer gebracht. Dort saßen Engländer in Uniform. Sie wollten von mir wissen, wer denn der wahrhaft Schuldige sei. Ich konnte in dieser Nacht besser englisch sprechen als jemals sonst in meinem Leben und erklärte ihnen, daß sie durch das Versailler Diktat die Voraussetzungen zu Hitlers Aufstieg mitgeschaffen und damit auch seinen Krieg mitverursacht hätten. Eine nicht ganz überzeugende Beweisführung. Aber zu meinen eindrücklichsten Kindheitserinnerungen gehörten die Milliardenbeträge der Kriegsschulden, die Deutschland nach dem Versailler Vertrag aufzubringen hatte; auf den Wegen zum Bäcker hatte ich die Zahlen in großer weißer Schrift auf einer langen roten Gartenmauer aus Backstein gelesen, und daß damals täglich so viele Bettler zu uns kamen, hatte ich mit diesen Riesenschulden in Verbindung gebracht. Nach dem Gespräch wurde ich noch in der Nacht in das gegenüberliegende geschlossene Haus gebracht und entging wohl so einer Verhaftung.

Heute, wo ich über meine Anstaltserfahrungen berichte, könnte ich für meine erneute Einweisung in dieses Haus fast dankbar sein. Und Bethel wohl auch. Denn ohne sie wären meine überwiegend negativen Eindrücke von Bethel unverändert stehen geblieben. Vieles hatte sich seit 1936 gewandelt. Es gab nun auch ein Aufnahmeprotokoll: Eine junge Assistenzärztin im weißen Kittel saß vor mir und tippte in ihre Schreibmaschine, was ich ihr sagte. Ein Gespräch war das allerdings immer noch nicht. Ich wurde nicht gefragt, was mich zu dieser Anzeige getrieben hatte. Das interessierte überhaupt nicht, denn man vertrat nach wie vor die Lehre, daß Psychosen körperliche Ursachen haben und folglich sinnlos sind.

Da ich mich schämte, erneut in dieses Haus eingewiesen zu werden, behauptete ich, ein Engel habe mir zuhause zu diesem zweiten Aufenthalt hier geraten. Und sie tippte den Engel in ihre Maschine, ohne weitere Fragen zu stellen. Einen wahren Kern enthielt meine Engelsgeschichte in dem Traumgesicht von Molt, das mich getrieben hatte, von zuhause fortzugehen.

Ich kam auf die halboffene Station, in der ein fester Stamm von Dauerpatienten zusammen mit etwa ebensovielen Durchgangspatienten in wohnlichen Einzel- und Zweierzimmern lebte, die Haus- und Gartenarbeiten, das Nähen und Ausbessern verrichtete und die Besorgungen erledigte. Mit den sympatischen beiden Schwestern, die auch für das Labor zuständig waren, bildeten wir eine Stationsgemeinschaft. Am Ende des langen Flures mit den

Schlafzimmern und der Teeküche lag das Wohnzimmer, am anderen Ende das Nähzimmer.

Der liebevoll gepflegte Garten mit seiner überdachten, von Ranken überwucherten Pergola, die die Mauern an seiner Breitseite verdeckte, förderte lebendige Kontakte zwischen den Patienten dreier Stationen. Nur die Patienten der »unruhigen« und der »stillen« Station waren aus dieser Gemeinschaft ausgeschlossen; sie hatten ihre eigenen hochummauerten Gärten. Ich finde diese Abgrenzung nicht gut. Je mehr Kontakte der kränkere Patient zum weniger kranken hat, desto günstiger für ihn. Den Gesünderen das Zusammensein mit Kränkeren ersparen zu wollen, scheint mir nur bei Jugendlichen angebracht. Schizophrene Patienten können sehr viel Verständnis füreinander haben, weil sie ähnliche Erfahrungen machen; durch Gruppengespräche könnte dieses Verständnis vertieft werden.

Mitpatientinnen erzählten mir, daß die »unruhige Station« jetzt von einer liebevollen, fröhlichen Schwester geführt werde und darum bei manchen fast begehrt sei. Das war gut zu wissen, denn das Klima einer Anstalt hängt davon ab, wie die kränkesten Patienten behandelt werden. Solche Erfahrungen tauscht man natürlich untereinander aus.

Die Schwestern wohnten im Haus, es war ihr Zuhause. Das gab ihm seinen familiären Charakter. Das Mittag- und Abendessen nahmen sie gemeinsam mit den Patienten der offenen und unserer halboffenen Station ein; auch einige Patientinnen der Station für Depressive kamen dazu. Für alle gab es das gleiche Essen, nicht wie in Gütersloh das bessere für die Schwestern und das schlechtere für die Patienten. Nach dem Essen las die Hausmutter einen Abschnitt aus einem Buch vor, zum Beispiel aus den *Jugenderinnerungen eines alten Mannes* von Wilhelm von Kügelgen. Schon solche Kleinigkeiten können dem Anstaltsleben etwas von seiner Einförmigkeit nehmen.

Zum Haus gehörte auch etwas Land. »Wir ernten jetzt das letzte, das vor dem Frost herein muß«, schrieb ich an meine Eltern: »Riesige Kohlraben, rote Beete, die letzten Tomaten, das Obst ist herunter, aber schön bunt sieht der Gemüsegarten doch noch aus mit dem Indiviensalat, roten, grünen und weißen Kohlköpfen, Porree usw. Die Arbeit im Garten und auf dem Land beglückt mich sehr.«

Ich war zuständig für den Speisesaal mit seinen hufeisenförmig gestellten Tischen, für das tägliche Fegen, Wischen und Bohnern und für das Tischdecken zu den Mahlzeiten; ich hatte zu den Bibelstunden die Stühle aufzustellen und begleitete die Choräle auf dem Klavier. Auch für die Hausbücherei war ich wohl zuständig, und dort stieß ich gleich in den ersten Wochen auf *Das Jahr des Herrn* von Karl Heinrich Waggerl. Der österreichische Dichter schildert in diesem Roman das bäuerliche Leben eines Gebirgsdorfes mit seinen katholischen Festen.

Die lebendige, weltliche Frömmigkeit dieses Buches zog mich im damaligen Bethel besonders an. Denn für die Welt mit ihren Freuden war in der »Gottesstadt« kein Raum. Anders als in Gütersloh gab es hier keine Vergnügungen wie Tanzen oder Fußball; auch Mädchen durften nicht miteinander tanzen. Jede Gestalt des Buches ist mit Verständnis und Liebe plastisch gezeichnet. Der alte Dorfpfarrer, der seinen Garten und seinen Acker selbst bestellt, trägt keine Bibelworte im Mund, wenn er die kranke Monika besucht, sondern hinter dem Rücken in jeder Hand einen Apfel: »Rechts oder links?« Am meisten bezauberte mich der kleine David, Monikas Sohn, der allein im Armenhaus des Dorfes aufwächst, während seine Mutter weitab in der Stadt lebt. Immer fällt ihm etwas ein oder ihn etwas an, das sein ärmliches Leben mit Abenteuern, mit Glanz oder auch Mißgeschicken erfüllt.

In einem Brief an meine Eltern finde ich die Wirkung dieses Buches und seines Autors auf mich gespiegelt. Und auch das starke Selbstbewußtsein, das ich in allen meinen Schüben hatte. Etwas verrückt finde ich mich in diesem Brief auch; in den späteren nicht mehr. Meine Psychose klang diesmal ohne Medikamente ganz langsam ab; die starken Impulse des akuten Schubes bildeten sich allmählich in einen nur mehr schwachen Instinkt zurück. Das war für mich eine wichtige Erfahrung; nach der medikamentösen Unterbrechung der vorausgegangenen Schübe in Ilten und Frankfurt hatte ich das nicht erlebt. Nun konnte ich verstehen lernen, daß die in allen Schüben aufgebrochenen starken Impulse, die ich als »Führung«, im ersten Schub als den »treibenden Geist« nach Paulus bewertet hatte, mit einem Instinkt zu tun hatten, der aus mir selber kam. Der Psychiater macht sich meist nicht klar, wie wichtig es für den Patienten ist, diesen Zusammenhang zu verstehen. Der Schizophrene erlebt den inneren Impuls – oder die innere Stimme, jeder nennt das etwas anders – zunächst als eine so starke treibende Kraft, daß er sie als von außen »eingegeben« empfindet.

Es war Anfang Dezember, also kurz vor Weihnachten, als ich diesen Brief schrieb: »Liebe Eltern! Nun kommt mein Wunschzettel zu Weihnachten, d.h. am liebsten hätte ich die Dinge sobald wie möglich, weil wir sie zu unseren Plänen brauchen. Es sind auch alles *meine* Sachen, die ich nur gern von Euch geschickt hätte, aber anderes möchte ich gar nicht haben. Fräulein A. und ich wollen nämlich zusammen ein Märchenbuch machen: die Märchen ich, Frl. A. die Ausgestaltung. Und dazu brauchen wir nun viel von meinem schönen weißen und gelben Papier, von den Rollen, nicht das Ingrespapier. Außerdem von meinen Aquarellfarben, die in dem Karton mit der Aufschrift ›Material‹ liegen, von allen Farbnäpfen vielleicht 3 Stück. Dann sollte feste Pappe dabei sein. Dann für Transparente, die Frl. A. zeichnen will, von meinem durchsichtigen Transparentpapier. Ihr müßt mal sehen, was Ihr findet. Frl. A. muß jetzt mal durch ihre Arbeit innerlich ganz in Anspruch genommen werden, damit sie weiter kommt.

Dann hätte ich gern für meine kleine Freundin Liese-lotte, der Fall hier, der mich am intensivsten beschäftigt, meine Blockflötenschule, und, sollten wir ganz leichte Klaviernoten haben, diese. Ich arbeite jetzt mit ihr Noten, die sie noch nicht kannte (13 Jahre ist sie), und die ganz simplen Dinge auf dem Klavier und habe Wunder an dem Kind dadurch erlebt, daß man seine Intensität von seiner Krankheit weg auf etwas sie sehr Interessierendes lenkt. Vorher kriegte ich nur von ihren Rückenschmerzen, schweren Füßen, Spulwürmern u.s.w. zu hören. Jetzt ist das alles ganz in den Hintergrund getreten. ›Sie haben mich ja gesund gemacht, gar nicht die Ärzte‹, sagte sie heute morgen. Aber so weit ist es doch noch nicht.

Eigentlich hänge ich außer mit Karl Heinrich Waggerl mit keinem Menschen so zusammen wie mit ihr, sehr merkwürdig eigentlich. Mit niemandem, außer natürlich mit Karl Heinrich konnte ich mich je so unterhalten. Wir empfinden fast genau gleich, das macht mich sehr glücklich. Sollte ich mal genügend Geld verdienen, was ich glaube, werde ich ihre ganze musikalische Ausbildung übernehmen, denn es überrascht mich, wie stark ihr Gefühl für Schönheiten in Melodien usw. ist. Sie arbeitet mit sehr starker Intensität, und darum glaube ich, wird sie es in der Musik zu etwas bringen. Denn dieser Ernst zur Arbeit auf dem Klavier wird sie aus dem Grunde nie verlassen, weil sie durch ihre ererbte Schwermut die Musik *braucht*. Etwas anderes, als wenn ein Mensch aus Begabung die Musik ergreift. Und die Begabung wird bei ihr wachsen. Die Stimme ist auch sehr schön.«

Über meine Unterhaltung mit Karl Heinrich Waggerl werden meine Eltern wohl beunruhigt gewesen sein, aber natürlich unterhielt ich mich mit ihm nur in Gedanken. Wenn man sich die Situation eines von der Außenwelt Isolierten vergegenwärtigt – ich hatte keine Ausgeherlaubnis –, dann wirken solche Gespräche mit einem weit entfernten Unbekannten schon etwas weniger merkwürdig. Auch die unrealistische Einschätzung meiner finanziellen Zukunft wird meinen Eltern Sorge gemacht haben; immerhin traute ich mir zu, einmal die Kosten von Lieselottes musikalischer Ausbildung übernehmen zu können.

Fräulein A., mit der ich das Märchenbuch machen wollte, gehörte zu den Langzeitpatienten. Sie litt an einer vergrößerten Schilddrüse; Jahre später wurde eine Operation vorgenommen, an der sie starb. Ihre Eltern hatten im Osten einen Hof gehabt; sie hatte den Garten und die Kleintiere versorgt. Den Verlust ihres heimatlichen Hofes und ihres Wirkungskreises konnte sie nicht verwinden; sie war oft sehr verzagt. Ihr Vater besuchte sie öfters.

Eindreiviertel Jahre blieb ich in dem Betheler Haus, und es wurde mir lieb, denn diesmal überwogen die guten Seiten. Bald durfte ich auch modellieren, wenn ich nach dem Frühstück den Speisesaal sauber gemacht hatte, und aus dem Erlös meiner gebrannten Tonarbeiten konnte ich nun auch meinen Aufenthalt (zu einem sehr ermäßigten Satz) selbst bezahlen. Ich fand Freunde unter den Mitpatienten und Schwestern und freundete mich auch mit der Familie des Chefarztes an. Manche entlassenen Patienten standen mit dem Haus noch Jahre lang in brieflicher Verbindung.

Nach Lieselotte teilte ich das Zimmer mit Schwester H., einer Diakonisse. Sie erklärte mir ihr Hiersein mit einer unheilbaren Gefäßverengung, an der sie leide. Über die Auswirkungen sagte sie mir nichts Näheres, aber sie lebte in ständiger Angst vor dieser Krankheit. Eines Nachts erlebte ich dann mit, wovor sie sich gefürchtet hatte. Wie aus dem Traum heraus oder noch in ihm befangen geriet sie in einen schweren psychotischen Zustand. Das Merkwürdigste war für mich, daß sie eine andere Sprache sprach. Sie betonte die Worte auf der zweiten Silbe statt wie im Deutschen üblich auf der ersten. Die Sprache klang französisch, war es der Wortbildung nach aber offenbar nicht. Als Volksschülerin hatte diese Patientin kein Französisch gelernt; sie konnte es auch nicht von ihren Eltern gehört haben, die ebenfalls die Volksschule besucht hatten. Ich wußte aber, daß sie aus einer Hugenottenfamilie stammte. Der Erscheinung nach – sie war zierlich und dunkel – hätte sie Französin sein können. War in ihrer Psychose ein alter, ererbter Sprachrhythmus aufgebrochen?

Schwester H. wurde sehr unruhig. Sie fürchtete sich offenbar vor Schlangenhalluzinationen. Ich rief die Stationsschwester, aber auch sie konnte sie nicht beruhigen. Schwester H. wurde in die »unruhige Station« gebracht, die vielleicht gar nicht mehr so unruhig war. Als sie nach Wochen zurückkam, mochte sie mir über ihre Psychose-Erfahrungen nichts Näheres mitteilen. Sie sagte nur, sie seien schrecklich gewesen. Unter den vielen Mitpatientinnen, die ich während meiner Anstaltszeiten kennenlernte, war Schwester H. eine der wenigen, die unter ihrem Psychoseerleben nur gelitten haben, und ich gewann den Eindruck, daß gerade ihre Angst vor einem unabwendbaren Geschick ihre Erfahrungen so quälend und beängstigend machte. An ihr erlebte ich eindrücklich, wie verhängnisvoll es sich für den Patienten auswirken kann, wenn er der ärztlichen Auffassung Glauben schenkt, die Psychose sei eine unheilbare körperliche Krankheit. Die Gefäßverengung, an der sie zu leiden glaubte und vor der sie sich fürchtete, war vielleicht einfach ihr persönliches Bild für diesen unheilbaren und unbegreiflichen Prozeß, der sich nach Ansicht der Ärzte im Körper des Psychotikers abspielt. Sie fühlte sich von Gott mit einem unheilbaren Leiden geschlagen. Hätte sie ihre Psychose als seelisch bedingt verstehen können, als etwas, das sie durch ihr Vertrauen zu Gott beeinflussen konnte, dann hätte sie wohl auch die positiven Seiten ihres Unbewußten erfahren.

Als körperlich verursacht und daher unheilbar finden wir die Schizophrenie auch in heutigen Lexika erklärt.

Wahrscheinlich wird es nur wenige Patienten geben, denen dieses psychiatrische Urteil nicht zur schwersten Belastung ihres Lebens wird. Auch mir half es im Grunde wenig, daß ich die Entwicklung meines ersten Schubes bis zu seinem Ausbruch nach fünf Wochen bewußt erlebt hatte und den Zusammenhang der psychotischen Inhalte mit dem vorausgegangenen seelischen Konflikt erkannte. Die Diagnose traf mich trotzdem vernichtend, und neue Schübe mußten mich immer wieder von dem Gefühl befreien, als »Geisteskranke« kein vollwertiger Mensch zu sein. Denn ich wußte noch nicht, daß die Quelle meiner Psychose in meinem eigenen Unbewußten lag. Ich wußte auch nicht, daß es zur Eigenart dieses Unbewußten gehört, gewaltsam ins Bewußtsein einbrechen zu können und dort jene Veränderungen des normalen Denkprozesses zu bewirken, die wir als »Eingebung« bewerten.

Dieses Verständnis gewann ich erst nach meinem fünften Schub, der darum mein letzter bleiben konnte. Aber die Begegnung mit Schwester H. war dazu ein wichtiger Schritt. Die fremde Sprache, die sie in ihrem psychotischen Schub sprach und die so auffällig an die Sprache ihrer hugenottischen Vorfahren anklang, brachte mich zum erstenmal zu der Vermutung, daß es ein eigenes Unbewußtes geben müsse, in dem sehr alte Erfahrungen gespeichert sind und das in der Psychose aufbricht. Aber ich wußte noch viel zu wenig von den Eigenarten und Fähigkeiten dieses Unbewußten, um die bisherige Bewertung meiner Psychose-Erfahrungen als Eingebungen zu korrigieren. Solange ich sie für eingegeben hielt, nahm ich sie einfach als Wirklichkeit und vertraute ihnen, ohne mir klar zu machen, daß sie symbolisch verstanden werden müssen.

Trotz ihrer Ängste hatte Schwester H. sich nicht ganz verlassen gefühlt. »Er hat alles mit mir getragen. Er hat um alles gewußt«, sagte sie mir, als sie von der »unruhigen« Station zurückkam. Sie meinte damit den Chefarzt.

Ich verstand, daß sie dieses Gefühl bei ihm haben konnte. Auch er führte nicht die Gespräche, die zu einem bewußten Verstehen nötig wären, aber er schien aus einer breiten menschlichen Substanz zu leben, so daß Schwester H. sich aufgenommen und verstanden fühlen konnte, obwohl er von ihrem Erleben kaum etwas gewußt haben kann. Er und der Gütersloher Stationsarzt waren unter den 20 Anstaltsärzten, Professoren und Assistenzärzten, die ich erlebte, die einzigen, die einen wortlosen Kontakt zu den Patienten hatten, und vielleicht war ihnen das gar nicht bewußt. »Wir wissen nichts«, sagte dieser Chefarzt mir einmal. Auch diese Aufrichtigkeit machte ihn für uns vertrauenswürdig. Andere Anstaltsärzte gaben sich so wissend und sicher.

Zu einer erklärenden Hilfe war von allen diesen Ärzten keiner imstande. Auch hier nicht. Über unsere Psychose-Erfahrungen wurde auch jetzt nicht gesprochen. An ein einziges kurzes Gespräch mit der Oberärztin erinnere ich mich. Wir waren im Garten; ich erwähnte die erhöhte Sensibilität in der Psychose. »Das haben mir auch schon andere Patienten gesagt, daß es so ist, als habe man nur noch eine ganz dünne Haut«, meinte sie. Aber das war alles. Auch die Zwangssterilisationen und ihre Folgen für uns blieben unerwähnt.

Aber wir waren als Menschen geachtet. Was der Einzelne zur familiären Gemeinschaft des Hauses beitrug, war wichtiger als seine »Krankheit«. Natürlich gab es auch Schwierigkeiten. In einem meiner Briefe an meine Eltern lese ich: »Es ist ja doch kein Wunder, daß die Menschen in ihren oft so verworrenen Lebenslagen an einem zehren, helfen kann man doch nicht, versucht mans, wird man an seinen Platz als Patientin zurückgewiesen und einem die äußeren Möglichkeiten zum Helfen genommen. Ihr müßt Euch auch etwas in diese schwierige Situation hineindenken.«

Der Arzt machte den Vorschlag, ich solle ab 1. August

für sechs Wochen nach Worpswede gehen, um mal andere Luft zu atmen. »Etwas Schöneres hätte er mir gar nicht sagen können«, schrieb ich an die Eltern. »Finanzieren kann ich die Sache nun gut . . . Meine Arbeitsflaute ist übrigens schon vergangen, und da in Worpswede auch ein Töpfer ist, will ich die beiden Krippen für O. möglichst dort machen, damit ich mit meinen Aufträgen noch fertig werde. Daß ich danach wieder hier sein kann, vor allem im Winter, freut mich auch sehr, denn immer mehr scheint mir dieses Haus doch ein passender Rahmen für mich. Ich kann mir gar nicht mehr recht ein Leben in einer kleinen Lebensgemeinschaft z. B. Familie vorstellen, vielleicht einfach darum, weil dort immer nur ein Teil von einem zum Schwingen gebracht wird, in einer sehr vielseitigen Lebensgemeinschaft mit vielen verschiedenen Naturen, wie es nun mal hier ist, natürlich viel mehr Saiten.«

Erst hatte ich gar nicht in Bethel sein wollen, nun hatte ich mich gut eingelebt. Aber ging es nur um Bethel? Der Brief geht weiter: »Ich denke oft, daß ein Grund meiner Krankheit das ewige sich Reduzieren war, denn jedesmal vor allen Ausbrüchen war ein Bemühen um Aussprachen oder Abgaben von Gedanken u. s. w., auch beim letzten. Nur wurde niemals geantwortet. Jetzt ist schon darum kein Ausbruch mehr zu erwarten, weil der innere Raum größer geworden ist und irgendwie, ohne viele Worte, Gegenpole da sind, Spannungen und Explosionen also gar nicht mehr in dem übertriebenen Maße entstehen können. Und das danke ich nun mal diesem Haus.«

Mit dem Keine-Antwort-Erhalten habe ich wohl das Fehlen von Gespräch gemeint, das Ausklammern-Müssen meiner Psychose-Erfahrungen, mit dem »ewigen sich Reduzieren« das Sich-Bescheiden-Müssen mit der erlaubten Norm. Darum wurde mir Waggerls kleiner David so wichtig mit seinen phantasievollen Verwandlungen und Umdeutungen der Wirklichkeit. Sein Dichter konnte ihn nur aus dem Erleben seiner eigenen Kindheit heraus erfunden haben. Aber auch die Gespräche mit meinen Mitpatientinnen gaben mir viel. Vor allem eine Langzeitpatientin unserer Station, die ich besonders liebenswert fand, steht noch lebendig vor mir mit ihren »freien Assoziationen«, deren Sinn ich nur ahnen konnte.

Eine hierarchische Rangordnung – oben die Ärzte als Akademiker, darunter die Schwestern und Pfleger und ganz unten die Patienten – gab es hier schon deshalb nicht, weil das Haus der Schwesternschaft gehörte. Unsere Hausmutter, die ich schon 1936 als älteste Schwester im Haus erlebt hatte, war sicher zwanzig Jahre älter als der Chefarzt. Beide waren überzeugende Persönlichkeiten mit einer natürlichen Autorität und schätzten einander sehr. Seit dem Ende der »Euthanasie« waren 1946 und 47 erst wenige Jahre vergangen, und die gemeinsamen Bemühungen um gefährdete Patienten, das tage- und nächtelange Umschreiben sämtlicher Krankengeschichten der Dauerpatientinnen, das Wegbringen besonders Gefährdeter in Familien- oder Privatpflege werden Ärzte und Schwestern eng miteinander verbunden haben.

Unser Chefarzt war gleich nach dem Eintreffen der Meldebogen im Juni oder Juli 1940 mißtrauisch geworden und gemeinsam mit Pastor Fritz von Bodelschwingh den Hintergründen nachgegangen. Als er seinen Verdacht bestätigt fand, erstattete er Strafanzeige wegen Mordes bei der Stapo-Stelle in Bielefeld und bei der Gestapo in Berlin. Er informierte die Leiter und Ärzte anderer Anstalten, führende Ordinarien und auch die Ärztekammer und versuchte sie für eine gemeinsame Ablehnung der »Euthanasie« und gemeinsamen Widerstand gegen die Erfassung der Patienten durch Meldebogen zu gewinnen. Durch ihn erfuhr Ende Juli 1940 auch Bischof von Galen von den »Euthanasie«-Morden. Aber das hörte ich erst viele Jahre später.

Hier wurde mir klar, daß eine menschliche Psychiatrie schon bei der architektonischen Planung beginnt. Durch den Speisesaal als Zentrum des Hauses und den gemeinsamen Garten wurde eine Hausgemeinschaft erst möglich. Ohne die beiden geschlossenen Stationen für »unruhige« und »stille« Patientinnen, die aus der Gemeinschaft ausgeschlossen waren – auch ihre Gärten waren durch eine hohe Mauer vom gemeinsamen Garten getrennt – hätte dieses zweistöckige Haus das Modell einer kleineren psychiatrischen Klinik sein können, die in jeder Stadt Platz finden würde. Die überdachte Pergola könnte Glasschiebetüren erhalten, im Winter beheizt sein und Arbeitsräume für musische und andere Tätigkeiten aufnehmen; die Patienten hätten dann den Garten vor Augen und kämen sich weniger eingesperrt vor. Viel schlimmer als Mauern finde ich es übrigens, nur zu bestimmten Stunden und in Begleitung aus dem Bau heraus und an die frische Luft zu kommen und beim heutigen Mangel an Pflegekräften vielleicht tage- oder gar wochenlang überhaupt nicht.

Man entwickelt sich durch sein Tun. Je mehr es den ganzen Menschen beansprucht, umso weniger Raum bleibt für belastende seelische Erfahrungen. Aus einem vielseitigen, von den Patienten selbst vorgeschlagenen Angebot von bildnerischen, musikalischen und handwerklichen Tätigkeiten jeden selbst herausfinden zu lassen, was ihn befriedigt und erfüllt, scheint mir eine wichtige Aufgabe der Psychiatrie. Entlassene Psychiatrie-Patienten sind häufig arbeitslos oder Frührentner; sie müssen die Fähigkeit entwickelt haben, ihre Tage sinnvoll zu gestalten. Dazu müssen sie erprobt haben, wo ihre Interessen und Begabungen liegen. Wohn- und Arbeitsstätte sollten aber wie im normalen Leben möglichst voneinander getrennt sein. Auch die Patienten einer geschlossenen Station, für die ein tägliches sinnvolles Tun als Hilfe besonders notwenig ist, könnten den Weg durch den Garten alleine gehen.

Die 13jährige Lieselotte überwand ihr Leiden, indem

sie ihr Interesse vom Leiden weg auf das Erlernen des Klavierspiels richtete. Die gleiche Erfahrung hatte ich nach der Zwangssterilisation an mir selber gemacht. Anfangs hielt mich nur der Gedanke an die Freiheit zum Selbstmord aufrecht. Doch als ich mit der Töpferei begann, das Drehen auf der Scheibe lernte und im Modellieren eine Möglichkeit fand, mich auszudrücken, trat meine Verzweiflung allmählich in den Hintergrund. Meine Arbeit erschloß mir ganz neue Erfahrungen im Ausdruck der Formen, nicht nur in der Plastik, sondern auch in der Natur. Wird durch die Erkrankung etwas Neues gewonnen – die Entfaltung bisher ungenutzter eigener Fähigkeiten, ein neues Selbstverständnis durch das Verstehen der Psychose-Inhalte –, dann kann die Krankheit zu einem positiven Wert für den Betroffenen werden. Sie stärkt dann das Selbstvertrauen, statt es zu schwächen, wie es ohne solche Hilfen in der Psychiatrie zwangsläufig geschieht – vor allem dort, wo auch heute noch Patienten nur verwahrt und unter Medikamente gesetzt und damit zur Verkümmerung gezwungen werden.

Auch in tief beängstigenden Psychose-Erlebnissen wie den Schlangenhalluzinationen von Schwester H. kann ein Sinn erkannt werden. Und nur wenn man ihren symbolischen Sinn nicht erkennt, müssen sie unheimlich sein. »Es geht eine Schlange aus meinem Mund«, sagte eine schizophrene Patientin. In Ernst Kretschmers *Medizinischer Psychologie* lese ich: »Die aus dem Körper fliehende Seele wurde bei nordwestamerikanischen Eingeborenen bildlich dargestellt durch eine auf einem vogelähnlichen Schiff sitzende menschliche Gestalt, aus deren Mund eine Schlange hervorkommt.« Die Schlange ist ein Symbol der Lebenskraft, die den Menschen im Tode verläßt. Die sich häutende Schlange ist ein Symbol der Erneuerung. Der Vogel, der sich aus dem Reptil entwickelte wie das Bewußtsein aus dem Unbewußten, ist nicht mehr wie die Schlange an die Erde – den Leib – gebunden und kann daher die dem Körper entfliehende Seele darstellen, hier als vogelähnliches Schiff auf dem Weg zur anderen Welt, die dem irdischen Leben folgt. Die den Körper verlassende Schlange – »es geht eine Schlange aus meinem Mund« – kann aber auch den Tod des alten Menschen meinen, der der Erneuerung und Wiedergeburt vorausgehen muß, und wird damit zum Entwicklungssymbol. Bei mir drückte sich dieser symbolische Tod vor der Wiedergeburt nicht als entweichende Schlange, sondern als Versinken im Wattenschlick aus.

Aus Worpswede wurde nichts; ich fand keine Unterkunft. Im Winter zeichnete ich viel auf der Schiefertafel, die ich von einer Mitpatientin bekommen hatte. »So spare ich beim Zeichnen mein Papier«, schrieb ich nachhause, »und man arbeitet wohl auch freier, wenn man es gleich wieder wegwischen kann.« Wir saßen alle im Eßsaal nahe am Ofen, denn es war bitterkalt.

Doch dann gab es einen neuen Plan: für vier bis sechs Wochen nach München zum Aktzeichnen. Falls ich dort eine Unterkunft fände. Und auf jeden Fall noch vor der Geldentwertung, die jetzt für Juni 1948 erwartet wurde. Ende April 1948 stieg ich in den Zug nach München. Die Stationsschwester und eine weitere Schwester kamen zum Abschied noch an die Bahn und brachten mir Butterbrote, Bonbons und Keks.

»Nun bin ich also in München nach 24stündiger Fahrt, die aber trotzdem angenehm war«, schrieb ich an die Eltern. »München wirkt ziemlich trostlos und gänzlich verändert. Dazu irrsinnig teuer . . . Zudem ist die Akademie erst teilweise wieder in Gang, die Zeichenklassen sind noch alle in Dachau. So werde ich morgen früh in die Berge fahren und dort wandern. Davon werde ich mehr haben als in dieser trostlosen Stadt. Vielleicht kann ich unterwegs zeichnen.«

Neun Tage später schrieb ich schon aus Salzburg: »Seit dem 3. bin ich in Österreich und habe schon viel gezeichnet. Ich komme richtig wieder rein und bin sehr glücklich darüber. Wir sind zu viert: 2 junge Frauen aus Wolfenbüttel und eine aus Hamburg, geborene Wienerin. Wir haben eine feine Kameradschaft und teilen alles miteinander. Ich hoffe sehr, daß ich noch bis nach Pfingsten in Österreich bleiben darf, was ja heute so erschwert ist. Dieses Land und seine Menschen gefallen mir so gut. Von hier aus will ich dann erst nach Berchtesgaden und Königssee und dann nach München . . . Wir sind alle Vier schwarz über die Grenze, ich ganz von selber, ohne zu wissen, daß ich schon auf österreichischem Boden sei.«

Daß ich aus dem Gefängnis schrieb, wo wir für zehn Tage saßen, verschwieg ich meinen Eltern lieber. Wegen »unerlaubtem Grenzübergang« waren wir inhaftiert worden. Der Polizist, der die Ausweise kontrolliert hatte, war so taktvoll, mir auf dem Weg zum Gefängnis noch einige Salzburger Sehenswürdigkeiten zu zeigen.

Ende Mai mußte ich nach München zurück wegen einer Wurzelbehandlung beim Zahnarzt. Ich ging auch in die Akademie, die von Bomben stark zerstört worden war. Unser Frankfurter Professor hatte nach dem Krieg einen Ruf an die Münchner Akademie erhalten; ich traf ihn aber nicht an, er war verreist. »Es wird nicht übermäßig gut gearbeitet«, schrieb ich nachhause, »die Ernährung ist wohl zu schlecht. In den anderen Klassen würde noch schlechter gearbeitet. So denke ich daran, mich in den nächsten Monaten mehr aufs Zeichnen zu verlegen und so weit zu kommen, daß ich Porträtaufträge darin bekomme.«

Ich sah im Haus der Kunst die Bilder aus der zerstörten Pinakothek, eine Ausstellung mit Plastiken von Marcks, Maillol und Lehmbruck und eine Paul-Klee-Ausstellung im Haus eines Bildhauers. Und schon war ich wieder in den Bergen. Von der Roßfeldhütte schrieb ich an die Eltern: »Eben komme ich von Österreich zurück, wo ich ein ganz herrliches Wochenende gehabt habe und wunderbar verpflegt worden bin . . . Ohne jeden Zwischenfall bin ich von der Hütte hier rüber gekommen und auch zurück. Das erste Lastauto mit einem neuen Jauchewagen, das ich anhielt, fuhr nach Wagrain, wo der Dichter Karl Heinrich Waggerl lebt. Ich traf ihn ganz zufällig auf der Dorfstraße, und da ich sein Buch ›Das Jahr des Herrn‹ so liebe, kamen wir gleich ins Gespräch. Eigentlich wollte ich nun nach St. Johann, doch meinte er, ich solle lieber in Wagrain bleiben, was mir natürlich auch viel lieber war . . . Ein Filmregisseur und eine Schauspielerin vom Wiener Burgtheater, die einen Film gedreht hatten, in der sie die Hauptrolle spielte, waren auch da, und abends trafen wir uns bei Waggerls zum gemütlichen Beisammensein.«

So »ganz zufällig« war meine Begegnung mit Waggerl natürlich nicht. In meinem Rucksack hatte ich neben einem Beutel mit Haferflocken und einem Glas Marmelade auch eine steinerne Blüte, die ich ihm bringen wollte; ich hatte sie auf dem Platz vor dem Mainzer Dom zwischen den Trümmern aufgelesen. Und die Begegnung war auch nicht ganz ohne Hindernisse zustande gekommen. Ich stand vor dem Haus, in dem Waggerl lebte, und sah hinter dem offenen Fenster einen Mann an der Schreibmaschine sitzen. Nein, ich sah ihn nicht nur, ich hörte ihn auch. Offenbar sprach er das Getippte beim Schreiben mit, wie ich es auch tue. In der Stimme schien mir etwas Eitles zu schwingen. Tief enttäuscht kehrte ich um. So viel hatte ich unternommen, um Waggerl und sein Gebirgsdorf kennenzulernen. Von Salzburg aus hatte ich den Zug nach St. Johann genommen. Aber es war nicht das richtige St. Johann gewesen. Der Schaffner im Zug klärte mich auf, daß Wagrain bei St. Johann im Pongau liegt. Einen weiten Weg mußte ich nun nach Salzburg zurücklaufen. Als es dunkel wurde, fand ich zum Schlafen etwas abseits der Landstraße eine Höhle, in die ich gerade hineinpaßte. Am Morgen kroch unter dem Stein, den ich als Kopfkissen benutzt hatte, eine große Spinne hervor. Kein gutes Omen, dachte ich. Und dann kam die Ausweiskontrolle im Salzburger Bahnhof und meine Verhaftung. Meine wundgelaufenen Füße konnten aber im Gefängnis gut ausheilen, und Lebensmittelmarken brauchten wir für die Verpflegung auch nicht abzugeben.

All diese Abenteuer, und dann eine solche Enttäuschung! Mit gesenktem Kopf ging ich betrübt die Dorfstraße zurück. Eine tiefe Stimme sprach mich an – Karl Heinrich Waggerl stand vor mir. Diesmal war es der richtige Waggerl. Im *Jahr des Herrn* vergleicht er den einzelnen Tag mit einem Stein, den wir aus Gottes Hand empfangen, um ihn mit unseren Taten zu behauen und in das Bauwerk des Lebens einzufügen. Darum hatte ich die kleine steinerne Blüte aus den Trümmern des Krieges mitgenommen; ich fand, sie paßte gut in sein Bauwerk. Die Phantasie der alten Dome schien aus unserem Leben gewichen. Für steinerne Blüten war kein Raum mehr; man baute mit genormten Steinen. Aber die Dichter bewahrten diese Phantasie. Und vielleicht lebt sie manchmal auch in uns Psychotikern fort.

Nach meiner Rückkehr überließ mir Bethel ein Nähzimmer in einem offenen Haus zum Arbeiten und Wohnen. Das bedeutete damals viel, denn nach der Währungsreform war mein Verdienst sehr unsicher. Da Stoffe und Garn knapp und teuer waren, hatte ich den Raum meist für mich. Unvergeßlich ist mir die Leiterin des Altersheimes, dem das Haus angeschlossen war, eine noch relativ junge Schwester, die bis in ihre Bewegungen hinein eine verhaltene Freude ausstrahlte. Zur Wesensechtheit dieser natürlichen und sensiblen Frau gehörten wohl auch die depressiven Phasen in ihrem Leben; vielleicht wäre ohne diesen Hintergrund von Schwere ihre beschwingende Freude gar nicht möglich gewesen. Im Rückblick wird mir bewußt, wie wichtig für die verschiedenen Lebensphasen die Menschen waren, die sie begleiteten. Im eigenen Tun und Fühlen löst Eines das Andere ab; die Menschen dagegen bleiben unverrückt in der Erinnerung als das, was sie waren, und können so weiter wirken. Besonders wichtig wurde mir in dieser Zeit die warmherzige Frau des Chefarztes, eine ganz ursprünglich begabte Malerin. Wir zeichneten gemeinsam Porträts der alten Damen im Heim, und sie gab mir gute Korrekturen. Die freundschaftliche Verbindung zur Familie des Chefarztes ersetzte mir ein wenig die eigene Familie, die ich nur zu Weihnachten für einige Wochen besuchte.

Ich zeichnete, wo immer Menschen saßen und stillhielten, im Bahnhofswartesaal, bei einer Wachhundprüfung oder in der Betheler Gärtnerei während der Mittagspause. Dort machte ich von einigen Mitarbeitern auch Tonköpfe; auch die Köpfe vieler Kinder modellierte ich. »Ich muß noch viel lernen, bis ich die Formen von innen und außen begreife«, schrieb ich nachhause. »Wie schwer es ist, einen Beruf ohne die dazu notwendige Grundlage auszufüllen, wird mir immer klarer.«

Eigentlich wollte ich nur den Winter über in Bethel bleiben und dann meine unterbrochene Ausbildung fortsetzen. Es wurden dann doch noch einmal eindreiviertel Jahre, weil meine Eltern nicht die Ausbildung zweier Töchter gleichzeitig bezahlen konnten. Jetzt ging es erst einmal darum, zu versuchen, finanziell auf eigenen Füßen zu stehen. Verkaufen ließen sich in dieser Zeit nach der Währungsreform nur kleine und billige Dinge, und so machte ich Tausende von Kerzenhaltern. In eine Tonkugel drückte ich zweimal beide Daumen tief hinein, so daß um das Kerzenloch herum eine Blütenform entstand. Das ging schnell; mühsamer war es, den Ton heranzuschaffen, die vielen Kerzenhalter und Kleinplastiken auf einem Handwagen zur acht Kilometer entfernten Ziegelei zum Brennen zu fahren und danach an Krankenhäuser und Heime zu verschicken. Vor Weihnachten ging das Geschäft mit Kerzenhaltern und Krippenfiguren recht gut; im Sommer war es schwieriger, etwas zu verkaufen. Ich versuchte mein Glück mit Hexen und Ungeheuern als Sparbüchsen; die aufgesperrten Mäuler sollten das Geld verschlingen. »Mit den Sparbüchsen habe ich mich gestern vergeblich abgemüht«, schrieb ich an die Eltern, »zum Schluß kam nach allem Grotesken doch wieder eine Maria heraus . . . Diese Maria ist aber anders als die vorigen, zum ersten Mal kam mir die Form nicht aus Formgefühl, sondern von innen her, ein besserer Weg.«

Diesen Weg versuchte ich nun weiterzugehen, und die Frau des Chefarztes ermutigte mich dabei. Eine Vorstellung davon, wie eine von innen her erfüllte Form sein muß, hatten mir die zwei Monate des letzten Semesters vor der Schließung der Hochschulen 1944 vermittelt, aber ich war weit davon entfernt, diese Vorstellung verwirklichen zu können. Auch unser Professor war nur selten mit seiner Arbeit zufrieden gewesen. Bei einem Porträt seiner Frau hatte er für mein Gefühl diese erfüllte Form in ihrer geistig-sinnlichen Spannung spontan erreicht, aber ihm war sie wohl zu individuell; er veränderte sie ins Allgemeingültigere. Trotzdem ermutigte mich dieses Erlebnis, der unmittelbaren Frische des spontan Entstandenen zu vertrauen.

Zu diesem Professor konnte ich nicht mehr zurück, als ich im Frühjahr 1950 schließlich meine Ausbildung fortsetzte, denn für die Akademie war ich mit fast 33 Jahren inzwischen zu alt. Die Kunsthochschulen hätten mich noch genommen, aber sie verlangten eine handwerkliche Ausbildung als Grundlage. Schüler des Professors, zu dem ich jetzt wollte, rieten mir zu einer Holzbildhauerschule in der DDR; dort konnte ich schon nach eindreiviertel Jahren die Gesellenprüfung machen, in der Bundesrepublik erst nach drei Jahren. Vor dem Abschied von Bethel – diesmal mit Dank erfüllt – sprach ich mit dem Chefarzt über meine Psychose, die mich immer noch verunsicherte. Meinen Eltern schrieb ich über dieses Gespräch: »Das, was man eigentlich sagen möchte, kann man schwer ausdrücken, und das, was man ausdrücken kann, ist im Grunde nicht das Wesentliche. Dr. J.'s Art, diese Dinge zu behandeln, gefiel mir sehr, nicht so sehr ärztlich als menschlich.« Ende April 1950 brach ich in die DDR auf.

Die Schnitz- und Holzbildhauerschule lag in einem kleinen Gebirgsdorf. Sie sollte die Heimindustrie fördern, bereitete die Lehrlinge der umliegenden Schnitzbetriebe auf die Gesellenprüfung und die Gesellen auf die Meisterprüfung vor, hatte aber auch Internatsschüler aus der weiteren Umgebung. Das abgelegene Dorf hatte seine Traditionen bewahrt. Neben Weihnachten waren Lichtmeß und Kirmes die größten dörflichen Feste. Kirmesburschen stellten die »Dorflinde« auf, eine Fichte auf einem langen Pfahl mit bunten Schnüren und Kränzen, und regelten den Tanz unter dieser »Linde«; im Gemeindebackofen wurden dazu riesige runde Plattenkuchen gebacken. Gleich neben einem Wiesenstück meiner Wirtin verlief die Grenze; man konnte sie leicht überschreiten, wenn man wartete, bis der Grenzpolizist vorübergegangen war. Wer geschnappt wurde, mußte vier Tage sitzen – mit dem späteren Stasi-Staat war die damalige DDR noch nicht zu vergleichen.

In der Schule wurde gut und intensiv gearbeitet. Erstaunlich war für mich, mit welch selbstverständlicher Sicherheit einige Meisterschüler lebensgroße Akte aus Buchenstämmen herausschlugen. Groß war die Hilfsbereitschaft untereinander; das Gemeinschaftsgefühl war viel ausgeprägter als im Westen. Sonntags unternahmen wir viel gemeinsam. Unvergeßlich bleiben mir die Feiern zum 200. Todestag Johann Sebastian Bachs, die ich in den Sommerferien in seiner Geburtsstadt Eisenach miterlebte: die Kranzniederlegung am Bach-Denkmal mit dem Kurrendegesang der Jungen in schwarzen Umhängen und

Baretten und den vielen Kindern drumherum, das Läuten aller Glocken zur Todesstunde, die nächtliche *Kunst der Fuge* in seinem Geburtshaus im Kerzenschein und der abschließende Festgottesdienst, bei dem dreitausend Menschen in einem überwältigenden Chor den Choralsatz »Jesu meine Freude« sangen.

Neben Schnitzübungen führten wir auch Aufträge aus. Ein Uhrenbetrieb brauchte zum Beispiel Ideen für neue Uhrengehäuse. Ich arbeitete einen Bergmann aus Eichenholz für ein Lehrlingsheim und eine Mahntafel für den Frieden. Heftige Auseinandersetzungen gab es um den Auftrag eines Frauenbundes: ein Geburtstagsgeschenk für Stalin, das die Verbundenheit der deutschen Frau mit »Genosse Stalin« zum Ausdruck bringen sollte. Gegen den Lehrer, der als einziger den stalinistischen Kommunismus vertrat, war die Schülerschaft sich einig. Doch die freie Arbeitsphase ging auch schon zu Ende. Ab 1952 sollte die figürliche Arbeit der Kunsthochschule vorbehalten sein. Als Ende Januar 1952 meine Gesellenprüfung begann, war schon kein selbstgewähltes Gesellenstück mehr zugelassen. Als Aufgabe wurde mir eine Arbeiterfigur gestellt; Größe und Arbeitszeit waren genau vorgeschrieben. Auch der gesellschaftspolitische Unterricht gewann an Bedeutung. Ein strengeres politisches Klima breitete sich aus.

Trotzdem wurde mir die Rückkehr nicht leicht. Das stärkere Zusammengehörigkeitsgefühl, das ich in der DDR erlebt hatte – würde es mir daheim in der Bundesrepublik nicht fehlen?

Die große Kälte

Seit ich 1941 auf die griechische Plastik der archaischen Zeit gestoßen war, hatte sie mich nicht wieder losgelassen mit der Selbstverständlichkeit ihrer gespannten, von innen her erfüllten Form und der Freude in den lächelnden Gesichtern. Standbein und Spielbein gibt es noch nicht; mit beiden Beinen stehen diese Menschen in der Welt, meistens ein Bein vor dem anderen, als gingen sie auf ein Ziel zu. Wie Kinder in die Arme ihrer Eltern laufen, scheinen sie auf dem Weg zu ihren Göttern zu sein. Man spürt diesen frühen Gestalten den Einklang mit der Schöpfung und den Göttern an. Dieses vertrauensvolle Lebensgefühl war verwandt mit dem Gefühl des Geleitetseins, das mir der Instinktaufbruch im psychotischen Schub vermittelt hatte. Aber würde ich jemals eine so von innen her gespannte Form verwirklichen können?

Nun war ich wieder Schülerin an der Kunsthochschule, in der Klasse eines Bildhauers, dem das Lehren ein Anliegen war. »Viel Wert legt er auf das Hören von Musik, damit ›Schwung in unsere Seelen‹ käme«, schrieb ich an die Eltern. »Noch macht mir das Glück, bei einem solchen Mann lernen zu können, Schwung genug. Fein ist, wie seine Korrektur auf den Einzelnen eingeht, etwa beim Zeichnen, das sehr intensiv und nur mit der Feder geschieht.« Aber die sechs Wochenstunden Akt nach Modell fand ich zu wenig. Und in diesen sechs Stunden wurde auch nur gezeichnet. Nachdem ich in den letzten Jahren Figürliches immer aus der Vorstellung gearbeitet hatte, wollte ich nun endlich nach der Natur modellieren, um sie zu begreifen und mich dann auch wieder von ihr lösen zu können. Sonnabendnachmittags, wenn ich allein im Klassenatelier war, modellierte ich vor einem großen Spiegel nach mir selber. Im Wintersemester 1952 teilte ich mir die hinterste Ecke des langen Ganges, in den unsere Klasse wegen Reparaturarbeiten ausquartiert war, mit einem Vorhang ab und konnte nun unbekleidet ein lebensgroßes Relief nach dem Spiegelbild modellieren.

Daneben machte ich auch Arbeiten, die ich verkaufen konnte; die Hochschule vermittelte Aufträge. In den Sommerferien ging ich auch als Verlagsvertreterin von Tür zu Tür und verkaufte Bücher. Die Arbeit in der Gruppe war anregend, und die Hilfsbereitschaft war groß; als ich an dem Aktrelief modellierte, bauten meine Kollegen mir ein Gestell und hoben es hinauf, damit ich besser an die Füße kam. Zum Wohnen teilte ich mir mit vier anderen ein Zimmer in einem Heim für Studentinnen, Berufstätige und Lehrlinge in der Nähe unserer Hochschule. Fünf in einem Zimmer waren eigentlich zu viele, aber es ging gut, bis eine von uns, die im Büro arbeitete, ein Radio mitbrachte. Frühmorgens Radio, abends Radio – sie brauchte das wohl als Ausgleich bei ihrer eintönigen Arbeit, aber ich hatte das Bedürfnis, mich nach dem Aufwachen in Ruhe auf den Tag und meine Arbeit einzustellen, und kam völlig aus dem Rhythmus. Ich konnte mich nicht mehr entspannen und fand keinen Schlaf mehr. Ich nahm Schlaftabletten, denn ein anderes Zimmer zu finden war damals schwierig, und die kostbare Semesterzeit wollte ich mit der Suche nicht vergeuden; ich mußte immer mehr Tabletten nehmen, weil ich mich rasch an sie gewöhnte, und schlief trotzdem nicht. Auch zuhause in den Semesterferien wollte sich der Schlaf nicht wieder einstellen. Ich mußte ein ganzes Semster aussetzen und konnte auch zwei Aufträge nicht ausführen.

Unter fachärztlicher Aufsicht machte ich eine Schlaftablettenkur: alle zwei Stunden eine Schlaftablette, auch über den Tag hinweg. Ich taumelte nur noch, aber schlafen konnte ich nicht. Mein Vertrauen in die Nervenheilkunde hatte einen weiteren Schlag erlitten. Mit abendlichen heißen Fußbädern gewann ich schließlich langsam einen stundenweisen Schlaf zurück. Aber für Jahre blieb ich beeinträchtigt. »Sie haben so großartig angefangen, und was ist nun?« fragte mich unser Professor. Es dauerte lange, bis ich wieder Kraft in mir spürte.

Im Dezember 1954 starb mein Vater, zweieinhalb Jahre nach ihm auch meine Mutter. Ihre ganze Fürsorge hatte ihren Kindern und ihrer Gemeinde gegolten. Nicht nur mit Worten – in den Notzeiten nach dem Krieg bauten sie ein eigenes Hilfswerk auf. Im Frühjahr 1955 starb auch unser Professor. Ein guter, experimentierfreudiger Bildhauer übernahm bis zur Neubesetzung der Professur unsere Klasse. Er versuchte, jeden Schüler in seiner Art zu fördern.

Mich bewegte in dieser Zeit – und auch später – immer wieder das Thema »Mutter und Kind«, die Beziehung beider, das Zueinander der großen und der kleinen Form. In vielen Skizzen variierte ich das Thema. Mal war die Beziehung spielerisch, mal das Kind geborgen in den umfassenden Armen der Mutter. Nach vielen kleineren Versuchen modellierte ich schließlich eine überlebensgroße Gruppe. Das Kind wagt seine ersten Schritte heraus aus der Geborgenheit bei der Mutter, die wie eine dunkle Höhle hinter ihm steht und es behutsam an den Händen führt. »Das müßte in einer Kapelle stehen«, meinte unser Lehrer spontan, als er die Plastik zum ersten Mal sah. »Machen Sie am Kind nichts mehr!« Tatsächlich sah es glücklich aus an der leitenden Hand der Mutter. Daß der Lehrer für diese unsakrale Plastik einen sakralen Raum vorschlug, traf genau das, was ich hatte ausdrücken wollen. Diesmal fühlte ich mich selbst wie ein Kind von unsichtbarer Hand geleitet.

Ein neuer Professor war 1958 an unsere Hochschule berufen worden und übernahm unsere Bildhauerklasse. Zum ersten Mal modellierten wir jetzt nach dem Aktmodell; bisher hatten wir nur einige Stunden in der Woche Akt gezeichnet. Das Modellieren verlangt ein noch viel eingehenderes Erspüren und Verstehen des Körpers, und so begannen mir nun Gesetzmäßigkeiten aufzugehen, die ich beim Zeichnen nicht erkannt hatte. Mir wurde klar, daß diese Gesetzmäßigkeiten auch die Grundlage für das freie Gestalten sind. Nun hatte ich ein jahrelanges Studium hinter mir und mußte kurz vor seinem Ende erkennen, daß mir das Wesentliche noch fehlte. Wir hatten gelernt, nach der Natur Porträt zu modellieren und im freien Arbeiten aus der Vorstellung unsere eigene Ausdrucksweise zu entwickeln. Aber die Grundlage fehlte: das Modellieren nach dem Aktmodell.

Eigentlich wäre es Aufgabe der Hochschule gewesen, uns diese Grundlage zu vermitteln; durch das Aktzeichnen allein war sie nicht zu gewinnen. Auch unsere Professoren waren durch ihr eingehendes Aktstudium zur freien Gestaltung gelangt. Aber Künstler lassen ihre Schüler häufig dort beginnen, wo sie selber stehen; das ist für beide anregend, vernachlässigt aber die Fundamente. Nur ein einziges Semester blieb mir jetzt noch, und ein Aktmodell zum Selbststudium konnte ich mir nicht leisten, obwohl ich schon seit einiger Zeit von Aufträgen lebte. Wie sollte ich da das Versäumte nachholen? Der Professor riet mir, ein zusätzliches Semester zu beantragen. Aber ich hatte die Semesterzahl schon überzogen, mein Antrag wurde von der Hochschulleitung abgelehnt.

Es war nicht nur das fehlende Aktstudium, die Krise ging tiefer, stellte erneut mein Selbstbewußtsein in Frage. Mein Beruf war für mich doppelt wichtig, weil er so vieles andere ersetzen mußte, das mir nach der Zwangssterilisation verschlossen blieb: Ehe, Kinder, Familie. Nun war meine Ausbildungszeit fast abgelaufen, und ich hatte versäumt, das Wesentliche zu lernen. Würde ich da jemals eine gute Bildhauerin werden können; würde mich die

Arbeit noch befriedigen, wenn ich immer wieder feststellen müßte, daß mir Grundlagen fehlten?

Meine tiefe Enttäuschung darüber löste meinen fünften Schub aus. Verunsichert und in meinem Selbstwertgefühl erschüttert, wie ich war, brauchte ich wohl wieder die innere Sicherheit durch die Impulse aus dem Unbewußten. Sie waren am Anfang noch schwach, aber sie gaben mir wieder das Gefühl eines engen Verwobenseins mit dem Ganzen, und Schwieriges gelang wie von selbst.

Bevor dieses für mich letzte Semester zu Ende ging, hatte ich für ein Theaterstück *Das Ehekarussell* eine Aktplastik von knapp ein Drittel Lebensgröße aufzubauen. Die Schauspielerin hatte mir im Theater nur kurz zu ein paar Zeichnungen Modell gestanden. In vier Tagen mußte die Figur fertig sein. Wie beim Stricken des Kindermantels im vorausgegangenen Schub überließ ich mich einfach den aufgebrochenen Impulsen meiner Hände. Pünktlich war die Plastik abgeschlossen; im normalen Zustand wäre mir das schwer gefallen.

Auch in den kleinen Dingen des Alltags erlebte ich das Aufgehobensein im Ganzen. Es war, als stünde die Welt mit mir im Bündnis. Nie mußte ich, wie sonst, auf die Stadtbahn warten; sie fuhr immer gerade vor mir ein. Ein Zufrüh- oder Zuspätkommen schien es nicht zu geben, wenn ich mich den Impulsen zum Aufbruch überließ. Auch die Gewißheit verborgener Sinnzusammenhänge brach wieder auf. In diesem Frühjahr 1959 gab es in den Sommerkleidern und -stoffen zum ersten Mal die ungewohnte Farbkombination Grün mit Violett. Grün war die Farbe der pflanzlichen Natur, Violett die Vereinigung zwischen dem Blau des Himmels und dem Rot der Liebe wie in der evangelischen Kirchenfahne. In dieser Farbverbindung von Grün und Violett sah ich das vorausscheinende Zeichen einer kommenden Entwicklung zur Einheit von Natur und Geist, ähnlich wie in der »Viereinigkeit« meines ersten Schubs. Die Stoff-Designer, so schien mir, hatten diese Entwicklung unbewußt vorausgenommen.

Vor allem aber war gleich zu Anfang über Nacht eine fremde, elementare Sprache in mir aufgebrochen. Sie lag meiner Zunge mehr als unsere deutsche Sprache; ich konnte sie daher schneller sprechen und kann das auch heute noch. Einen Kollegen, dem ich sie vorsprach, erinnerte sie an das Altgriechische; ein lettischer Patient, dem ich in der Anstalt in meiner Sprache antwortete, fühlte sich heimatlich berührt. Mich erinnerte sie natürlich an die französisch klingende Sprache, die bei Schwester H. aus dem Traum heraus aufgebrochen war. Aber ich verglich sie auch mit dem »Zungenreden«, von dem Paulus als von einer »geistlichen Gabe« berichtet. Sie mußte einen Sinn haben, denn warum sollte Gott sich einer Sprache ohne Sinn bedient haben, wo es doch die verständliche gab? War das Zungenreden nicht ebenso wie meine Sprache als Begleiterscheinung einer seelischen Erschütterung aus dem eigenen Inneren aufgebrochen? Kam der treibende Geist nicht auch aus derselben Quelle?

»Das Himmelreich ist *in* Euch«, hatte Jesus gesagt. Nur ist es schwierig, etwas als aus dem eigenen Inneren kommend zu erkennen, das dem normalen Erleben so wenig entspricht. Worte wie »Eingebung« und »Inspiration« gäbe es nicht, wenn solche Erfahrungen nicht allgemein als so fremdartig empfunden würden, daß man sie zunächst für von außen kommend halten muß, eben für eingegeben, für inspiriert, was ursprünglich »eingeblasen« bedeutet. Die Psychiatrie hält Gedanken und Impulse, die als »eingegeben« empfunden werden, für den Ausdruck einer seelischen Spaltung und spricht darum von »Schizophrenie«, was »Spaltseele« oder »Spaltungsirresein« heißt.

In meiner aufgebrochenen Sprache hatte ich weniger das Bedürfnis, gültige und feststehende Lautsymbole für

Dinge und Begriffe zu bilden, als aus dem Fluß der Sprache das mir im Augenblick gerade Auffällige in entsprechenden Lauten auszudrücken, am Baum zum Beispiel das Knorrige seiner Äste oder das lichte Grün seiner Blätter. Dadurch wurden mir auch die Eigentümlichkeiten unserer deutschen Sprache viel bewußter. In wenigen Lauten kann unsere Sprache das Wesen des Benannten ausdrücken. Das Wort »Baum« läßt in der vollen Rundung des »aum« die Wölbung der Krone erspüren und in der Festigkeit des »B« den Stamm. Beim englischen »tree« stellte ich mir eher eine schmale Tanne oder einen biegsamen jungen Baum vor, ohne den umwölbten Raum, den die Baumkrone umgreift. »Blume« klingt geheimnisvoll, in sich ruhend, ganz anders als »Blüte«, in der der Übergang anklingt, der Übergang zur Frucht, die auch im kernigen Laut das Fruchtige hat. Im biblischen Schöpfungsbericht läßt Gott den Menschen das von ihm Erschaffene benennen. Baum, Blume, Blüte, Frucht schienen mir Worte zu sein, die das Wesen des Erschaffenen unmittelbar spüren lassen.

»Im Anfang war das WORT«, heißt es im Johannesevangelium, und schon in den Lauten oder Schriftzeichen ist der SINN ausgedrückt. In Gedanken ließ ich das WORT von Kindern in vier Gruppen als Vierklang singen, als Septakkord: in der Tiefe das vibrierende WWWWWW, darüber das offene OOOOOO, über disem das rollende RRRRRR, und noch höher das helle TTTTTT. Wie eine Lokomotive, wie eine dynamisch nach vorne drängende Kraft würde sich das anhören.

Gesungen klingt das WWWW wie zitternde Wellen noch ohne Gestalt. Ein Laut der Bewegung und Weite in Wind und Wolken, Wogen und Wasser. Der Geist im Anfang. Die Zickzack-Wellenlinie im W besteht aus zwei gleichen Komponenten: ein V und noch ein V, negativ und positiv geladene Kraft, eine männliche und eine weibliche, aus deren Vereinigung die runden Weltkörper im O entstanden, wie man im Altertum glaubte. Als Omega war das O das Symbol für Gott. Dem Kreis entnommen war das R, aber es war nicht der ganze Kreis, sondern enthielt nur Kreisausschnitte; im »INRI« über dem Kreuz stand es für »Rex«, für den König. Im T steckt dann die Länge und Breite der Welt. TTTT klingt wie ein Fortschreiten in Zeiteinheiten, ohne das es keine Entwicklung gibt, die an ein Vorher und Nachher gebunden ist. Ohne das T klingt WOR wie ein zeitloser, in sich ruhender Dreiklang. Und so zeitlos in sich ruhend wurde die Dreieinigkeit wohl auch gedacht.

»Ich sah Sie heute aus dem Fenster auf der Straße vorbeigehen. Sie gingen so gebeugt«, sagte mir eine ältere Freundin. Gebeugt von der Last sonst nicht gespürter Sinnzusammenhänge – so fühlte ich mich auch. Wie anstrengend wäre es, wenn man sie immer spürte, dachte ich. Oder man müßte mit ihnen aufgewachsen sein. Nichts schien mehr zufällig; nichts schien mehr nur einen Zweck zu haben, ohne zugleich einen über diesen Zweck hinausweisenden Sinn zu erfüllen. Unser Körper mit seinen vielen Zehen und Fingern, den doppelten Armen und Beinen, den Hälften des Leibes, der Einform von Hals und Kopf schien zugleich unser Ziel auszudrücken: uns aus der Vielfalt in die Einheit und aus ihr in den geistigen Raum zu entwickeln, so wie der Baum nur aus der Einform des Stammes seine weitverzweigte Krone ausbreiten kann.

»Beziehungs- und Bedeutungsideen« nennt die Psychiatrie dieses Denken und Erleben in Symbolen und umgreifenden Sinnzusammenhängen: für sie ist es einfach ein Krankheitssymptom und hat weiter nichts zu bedeuten, als daß der von dieser Krankheit Befallene »schizophren« ist. Ich nannte es nun »Zentralerleben«. Wie bei einem Fächer schienen alle Erscheinungen des Lebens, die sonst beziehungslos wirken, von einer gemeinsamen Mitte auszugehen und in ihr miteinander verbunden zu sein. Das normale Weltgefühl gleicht wohl eher dem Fächersystem eines Schreibtisches: alles hat seinen Platz, bleibt aber isoliert, und auch Gott hat sein eigenes Fach, das Religionsfach.

Ein Gefühl kommender Befreiung erfüllte mich. Ich meinte damit vor allen die Befreiung von der nur negativen Sicht der Psychose, von unserer Entwertung durch die Psychiatrie. Ich zerriß alle meine Holzperlenketten, als wären sie Ketten aus Metall – die Ketten, in denen wir uns durch die Verständnislosigkeit der Psychiater gebunden fühlen. Die Perlen sprangen im Zimmer herum. Ich sammelte sie ein und füllte sie in ein leeres Marmeladenglas. Dabei überließ ich mich wieder ganz meinen Händen und beobachtete, wie sie die Perlen in das Glas füllten. Es war wie bei der Befragung des I Ging, des altchinesischen Weisheitsbuches, wo der Ratsuchende sich im wiederholten Teilen eines Schafgarbenstengelhaufens auch ganz seinen Händen überläßt, um unter den 64 Zeichen des *Buches der Wandlungen* das zu seiner gegenwärtigen und zukünftigen Lebenslage passende zu finden. Auf die letzten schwarzen Perlen legten meine Hände einige rote, leider nur wenige. Als ich viele Jahre später das verschraubte Glas im Keller wiederfand, konnte ich es doch nicht lassen, nun alle roten Perlen obenauf zu legen. Aber echte Symbolhandlungen als vorausgenommene Zeichen einer kommenden Entwicklung sind nicht aus dem Willen heraus möglich, sondern nur aus den instinktiven Impulsen des Unbewußten.

Ein Hans würde uns helfen, durchfuhr es mich. Welcher Hans könnte das sein? Mir fiel nur Bischof Hanns Lilje ein. Ich fühlte vor und schickte der Redaktion seines *Sonntagsblattes* zwei Bücher über Heilung durch Glauben und Gebet von Agnes Sanford und Rebecca Beard. Ich legte die Besprechung einer mir bekannten evangelischen Theologin aus der DDR bei und bat, im *Sonntags-*

blatt auf die beiden Bücher hinzuweisen. Daß Rebecca Beard als Ärztin die Zusammenhänge zwischen Körper und Seele verständlich machte, schien mir als Einführung in geistige Heilweisen hilfreich zu sein. Ich blieb ohne Antwort und erhielt auch die Bücher nicht zurück. Hanns Lilje würde es also nicht sein.

Im Juni 1959 fuhr ich zu einer auswärtigen Barlach-Ausstellung. Als ich in der Eingangshalle des Kunsthauses die breite Treppe hinaufstieg, stand oben ganz allein der Täufer Johannes von Rodin. In einer Ausstellung »Plastik im Freien« hatte ich ihn schon einmal gesehen, aber erst hier, wo er ganz von Ruhe umgeben war, kam seine Bewegung voll zum Ausdruck. Ich war tief beeindruckt. Wie eine Bach'sche Fuge entwickelte sich die Plastik aus ihrem Kontrapunkt.

Dies war ein wichtiges Erlebnis, das viel in mir bewegte. Als ich wieder zuhause war, hatte ich eine Woche lang morgens nach dem Aufwachen spontane Einsichten. Es war wie vor meinem ersten Schub 1936. Diesmal waren es Einsichten in den Aufbau der Natur.

Am ersten Morgen ging es um den Aufbau der Pflanzen aus einem statischen und einem dynamischen Element. Das statische Element war der Stiel, das dynamische das Blatt; in der Blüte kehrte beides verwandelt wieder. Darauf hatte ich nie geachtet. Gleich nach dem Frühstück verglich ich in den Anlagen die grünen Blätter von Blumen und Sträuchern mit den Blütenblättern.

Am nächsten Morgen folgte der Aufbau des menschlichen Körpers nach dem gleichen Prinzip. Der Stiel war zum Knochen, das Blattgewebe zum Muskelgewebe geworden. Wo aber steckte das Fugenthema, das die Gesamtform durchzieht und alle Teilformen miteinander verbindet? Bei der Pflanze hatte ich es in der verwandelten Wiederkehr des grünen Blattes im Blütenblatt gefunden. Aber beim menschlichen Körper fand ich es noch nicht. Voller Spannung wartete ich auf den nächsten Morgen. In der Innenseite des Fußes würde ich das Thema finden, wußte ich nach dem Aufwachen. Ich sah mir meinen Fuß an, zeichnete die Innenseite und drehte die Zeichnung dann so, daß der Fuß auf der Ferse stand. Aufrecht stehend wurde der Fuß zum seitlich gesehenen Rumpf. Der große Zeh wurde zum Hals, der vordere Fußballen zum Schulterblatt, die Ferse mit dem Hacken zum Gesäß. Oberes und unteres Fußgewölbe wurden zum gewölbten Bauch und zum eingezogenen Rückgrat. Ich setzte einen nach unten gedrehten zweiten Fuß daran. Ferse und Hacken als Gesäß waren beiden gemeinsam, das verlängerte Fußgewölbe wurde zum Oberschenkel, der vordere Fußballen zur Wade und der große Zeh zum Unterschenkel. Nun zeichnete ich noch einen richtigen Fuß darunter, und der Mensch aus drei verschieden langen Füßen stand vor mir. Hände und Arme lassen im Formenablauf einen sehr in die Länge gezogenen Fuß noch so eben erkennen.

Da hatte ich nun die Einsicht in die Gesetzlichkeit im Aufbau des menschlichen Körpers, die ich in meiner Ausbildung vermißt hatte. Zweifellos wollten diese morgendlichen »Eingebungen« mein ungenügendes Aktstudium kompensieren. Mein Unbewußtes kam mir zu Hilfe, um mein erschüttertes Selbstvertrauen wieder ins Gleichgewicht zu bringen.

Nun wurde mir auch klar, woher der Aufbau der musikalischen Fuge stammen konnte, die ich nach den kleinen Präludien von Bach oft gespielt hatte. Auch die Fuge variiert ein Thema durch alle Stimmen, um am Schluß in der »Engführung« alle Stimmen zugleich erklingen zu lassen – so wie bei der Pflanze in der Blüte und bei uns in Kopf und Gesicht alle Formen und Farben sich auf engstem Raum vereinigen. Die Gesetze der Kunst werden unbewußt aus den Formgesetzen der Natur übernommen worden sein.

Am vierten Morgen folgte der Rhythmus der Entwicklung: Einheit – Reihung – zentrale Zusammenfassung in eine größere Einheit – zentrale Stufung. Zuerst ging er mir bei der einzelnen Pflanze auf. Aus der Einheit des Samens dehnt sie sich im Wurzeltrieb mit seinen gereihten Wurzelfasern in die Tiefe der Erde und zugleich im Stengel- und Blattrieb dem Licht entgegen; sie treibt in die Reihung der Stengel und Blätter, um schließlich die zentral zusammengefaßten Blüten hervorzubringen.

In den Anlagen überprüfte ich diesen Entwicklungsrhythmus an den Blattstellungen und Blütenständen der Blumen, Sträucher und Bäume. Ob die grünen Blätter gefingert waren wie bei der Lupine oder der Roßkastanie, ob sie gegenständige Paare bildeten wie beim Flieder oder eine Rosette wie beim Wegerich oder dem Fingerhut – immer waren sie auf eine Mitte bezogen, und diese gewonnene Mitte schien die Voraussetzung für die zentral gestuften Blütenstände zu sein, die den grünen Blättern folgten.

Am fünften Morgen ging mir derselbe Rhythmus in der Entwicklungsgeschichte der gesamten Natur auf. In der Urzeit reihten sich gleiche und ähnliche Formelemente aneinander oder aufeinander, wie wir sie in den Farnen und Schachtelhalmen, im Tierreich bei den Gliedertieren wie Regen- und Bandwürmern, den Gliederfüßlern und anderen kennen. Auch das Fischskelett, das dem Farn ähnelt, erinnert mit den aneinandergereihten Gräten an diese frühe Zeit der Reihung, während die Wirbelknochen dem Schachtelhalmprinzip entsprechen. Erst später entwickeln sich die Zentralformen in der Blüte und im Tierreich in Schädel und Becken, und der Embryo wird nach innen genommen.

Im *Gesundheits-Brockhaus* sah ich mir die Entwicklung des Menschen an. Die Ernährungsschicht des Embryos um den Fruchtwassersack, in dem er geborgen liegt, scheint diesen Entwicklungsrhythmus der urzeitlichen Pflanzenwelt zu wiederholen. Die pflanzenähnlichen Zotten erinnern in ihrer ersten Phase an algen- und moosähnliche Formen, die sich über zentral zusammengefaßte zu zentral gestuften entwickeln.

Pflanze, Strauch, Baum – auch hier wieder die Abfolge vom Gereihten über das zentral Zusammengefaßte zum zentral Gestuften. Dieses Streben nach Raumgewinn schien allen Wesen gemeinsam zu sein. Auch in der geistigen Entwicklung, der aufbauenden wie der zerstörenden. In der sakralen Baukunst folgt auf die anfängliche Reihung von Findlingen im Norden oder von Säulen im Süden, die der Vielzahl der Götter entsprachen, später der Zentralbau des einen Gottes mit schließlich gestuften Türmen. Der gleiche Rhythmus auch bei den Wurfwaffen: von den Speeren über die Kanonenkugel zur gestuften Rakete.

Am sechsten Morgen gingen mir die Grundbewegungen auf, aus denen der Entwicklungsrhythmus hervorgeht: Ausdehnen, Zusammenziehen, Kreisen. Ausdehnung aus der Einheit in die Reihung – Zusammenziehung zur größeren Einheit der Zentralformen – Ausdehnung in den Raum als Stufung, die durch die kreisende Bewegung zur Spirale wird. Später fand ich in einem Pflanzenbuch die ersten Formen des Lebens abgebildet: stäbchenförmige, kugelförmige und spiralige Bakterien. Sie erschienen mir als Urvertreter der Grundbewegungen, die sie in ihrer Form ausdrückten: die Ausdehnung in der Stäbchenform, die Zusammenziehung in der Kugelform und das Kreisen in der Spirale.

Form als Folge von Bewegung war mir vom Töpfern auf der Drehscheibe und vom Modellieren her vertraut. Dort war es aber meine Bewegung, die die Form bestimmte. Daß jede Gestalt die Folge einer dominierenden inneren Bewegung sein wird, davon spürte ich erst jetzt etwas. Mit unserem Körper führen wir die gleichen Bewegungen aus. Nicht nur unsere Gelenke und Muskeln sind auf die drei Grundbewegungen Ausdehnen, Zusammenziehen und Kreisen angelegt.

Ich gewann einen Eindruck davon, daß allem Lebendigen, aller körperlichen und geistigen Entwicklung ein ständiger Wechsel der Bewegungsrichtung wie beim Atmen zugrunde liegt – angefangen vom Pendeln zwischen Schlaf (Zusammenziehen) und Wachsein (Ausdehnung) bis zu den Zeitströmungen auch in den Stilrichtungen der Kunst, wo mehr nach innen gewandte Ausdrucksformen mit mehr nach außen gerichteten abwechseln.

Am siebten Morgen folgte der Aufbau des Weltalls nach dem gleichen Rhythmus von fortschreitender Entwicklung und Steigerung: Einheit – Ausdehnung der Gase – Anziehung und Zusammenziehung zu den größeren Einheiten der Sternsysteme – Ausdehnung dieser Systeme in den Weltenraum, vergleichbar den gestuften Blütenständen. Die um ein Zentrum rotierenden Sternsysteme der Galaxien, aufgebaut aus kleineren Einheiten, den Planetensystemen, die um ihre Sonne kreisen, und rotierend noch in der kleinsten Einheit, der Kugel des einzelnen Planeten, schienen mir wie ein Symbol unseres Entwicklungsziels: ein großes, um seine Mitte kreisendes WIR, bei dem das ICH der einzelnen Kugel voll erhalten bleibt.

Nach dem Aufstehen schlug ich den kleinen Knaur auf und fand einen Kugelsternhaufen abgebildet, der diesem Entwicklungs- und Steigerungsrhythmus widerspricht. Die Grundeinheit ist eine Kugel, die größere Einheit ist wieder kugelförmig, und auch die Verteilung der Kugelsternhaufen um unser Milchstraßensystem herum ergibt eine Kugel. Das erinnerte an die Wiederholung gleicher und ähnlicher Formen bei Pflanzen und Tieren in der Urzeit der Erde. Diese Kugelsternhaufen rotierten offenbar nicht mehr oder nur noch schwach, sonst könnten sie nicht kugelförmig sein. Mußten sie aber nicht einmal rotiert haben? Hätten sie sich sonst zu diesen Einheiten zusammenschließen können? Alles beginnt bewegt. Das Leben begann im bewegten Wasser. Auch wir selbst begannen im Fruchtwasser und kamen auf die Welt als strampelnde Säuglinge. Waren die Kugelsternhaufen die Greise des Weltalls, die ihre rotierende Bewegung um ihr Zentrum eingebüßt hatten?

Ans Wasser trieb es mich an diesem Vormittag hinaus. Und dort überfiel mich schlagartig eine furchtbare Gewißheit: Eine große Kälte würde kommen. Schnee und Eis bedeckten die Erde. Das »letzte Gericht« war zum »letzten grünen Gericht« geworden: Es gab fortan kein Gericht, keine grüne Mahlzeit mehr, denn es gab keine Wärme mehr, die Blätter und Früchte wachsen läßt. Ganz plötzlich durchfuhr es mich: Der Mensch selbst tut sich das an. Die große Kälte kam, weil wir unser Entwicklungsgesetz nicht eingehalten hatten.

Ich war tief bestürzt. Die Sonne würde sich verfinstern – anders konnte ich mir die große Kälte nicht erklären. Ich dachte an die Worte Jesu vom Ende der Welt und seiner Wiederkunft, wo »Sonne und Mond ihren Schein verlieren und die Sterne vom Himmel fallen«, bevor Christus »in den Wolken des Himmels mit großer Kraft und Herrlichkeit« wiederkehrt. Ich hatte mir diese Weissagung immer nur aus dem damaligen Weltbild erklären können, das die Erde als Mittelpunkt annahm, von der Sonne umkreist; nichts deutet darauf hin, daß Jesus dieses Weltbild nicht geteilt hat. Nach dem biblischen Schöpfungsbericht hatte Gott die Welt und ihre Geschöpfe wie ein Bildhauer erschaffen, sie nicht in unendlich langen Zeiträumen sich entwickeln lassen, wie wir heute annehmen. Man mußte wohl glauben, daß er sie ebenso plötzlich wieder beenden würde.

Nun durchfuhr es mich, daß Jesus immer unter uns war und unser Leben teilte in vielerlei Gestalt. Er war nicht der verheißene Weltenrichter, er war unser Bruder. Er war unter uns gewesen in Johann Sebastian Bach und in Vincent van Gogh, der an sich selbst verzweifelte. Und nun war er in mir, der »Geisteskranken«, der Zwangssterilisierten. Damit war er mitbetroffen von meiner Sterilisation: Er konnte nicht wiedergeboren werden.

Tief beunruhigt schrieb ich meiner Schwester, die in Bonn lebte, einen Eilbrief, sie solle die Regierung von der kommenden großen Kälte informieren. Sicher habe ich ihr auch geschrieben, daß die Sonne sich verfinstern würde, daß Jesus immer unter uns gewesen war und nun in mir von meiner Zwangssterilisation mitbetroffen war.

Meinem Professor schrieb ich, er solle sich mit genügend Kohlen und Nahrungsmitteln eindecken. Trockenerbsen wärmten besser als Reis, fügte ich hinzu. Ich hatte die Vorstellung, daß die große Kälte lange anhalten würde. Der Sommer 1959 wurde sehr heiß – mein Brief muß recht seltsam gewirkt haben.

Ein Gefühl für die Zeit hatte mir auch gefehlt, als ich im März 1936 von der Gewißheit eines kommenden »ungeheuerlichen« Krieges überfallen wurde. Auch ihn hatte ich in unmittelbarer Nähe vermutet; tatsächlich brach er erst nach dreieinhalb Jahren aus. Um einen Krieg schien es sich diesmal nicht zu handeln. Längst wissen wir, daß ein Ende des Lebens auf der Erde nicht durch den Willen Gottes oder die Kräfte der Natur kommen wird, sondern durch den Menschen, wenn die Waffen, die alles Leben auslöschen können, nicht vernichtet werden. Wir wissen, daß eine Kette von Atombombenexplosionen die Sonne hinter dichten Wolken von Staub, Rauch und Asche völlig verschwinden lassen und eine lange andauernde große Kälte bewirken kann. Und wir wissen, daß die gelagerten Atombomben auch durch eine Verkettung von Zufällen gezündet werden können. Daß meine Gewißheit, die mich blitzartig und gewaltsam überfiel, unsinnig war, glaube ich auch heute nicht. Unsinnig waren nur meine Reaktionen – damals meine untauglichen Versuche, den Krieg zu verhindern, und diesmal meine Phantasien über die Ursache der kommenden großen Kälte.

Trotz meiner Vorstellung, daß Jesus immer unter uns

lebte und jetzt in mir war, erfüllte mich dann doch wieder die biblische Verheißung seiner Wiederkunft »in den Wolken des Himmels mit großer Kraft und Herrlichkeit«. Ich sah das leuchtend goldene Wikingerschiff mit geblähten weißen Segeln am grünen Abendhimmel auftauchen und in schneller Fahrt näherkommen, gefolgt von einem Schwarm kleiner Boote mit farbigen Segeln. Sachte senkten sie sich auf die Erde vor die Haustüren derer, die mitfahren wollten. Und es waren viele, die mitwollten und mitgenommen wurden: es waren nicht nur die »Auserwählten«, die nach Matthäus und Markus von den Engeln des Herrn »von den vier Winden, von dem Ende der Erde bis zum Ende des Himmels« versammelt werden. Die kleinen Boote schwankten unter ihrer Last dem großen Schiff zu. Für alle hatte es Platz.

»Es kommt ein Schiff geladen/bis an den höchsten Bord,/ trägt Gottes Sohn voll Gnaden,/des Vaters ew'ges Wort« – ganz wörtlich wurde die Verheißung dieses alten Kirchenliedes Wirklichkeit. Und dann trat der Kapitän an den Bug des Schiffes, reckte seinen Arm aus und rief: »Sonne, folge unserer Spur!« Und die Sonne begleitete das Schiff durch die Kälte des Weltraums zu einer neuen Erde. Deshalb also verlor die Sonne ihren Schein für eine Weile. Deshalb würde es während dieser Zeit kalt werden. Das zu glauben, machte mir jetzt keine Schwierigkeit. Wer die Welt geschaffen hat, kann sie auch verändern, sagte ich mir. Das Sammeln der leibhaftigen Menschen durch geistige Engel »von den vier Winden« schien mir schwieriger zu sein. Die farbigen Segel der Boote ersetzten die Engelsflügel.

Als es einige Tage später nach Mitternacht an der Haustür klingelte und zwei Polizisten und ein Arzt vom Gesundheitsdienst vor der Tür standen, warf ich dem Arzt den Schlüsselbund vor die Brust. Da kam er nun mitten in der Nacht mit Polizisten wie zu einem Verbrecher! Er verzog sich gleich wieder, ohne mit mir gesprochen zu haben. Den beiden Polizisten zeigte ich noch im Flur in meiner alten messingbeschlagenen Bibel die Stelle im Matthäusevangelium von der Wiederkunft Christi. »Das wird bald geschehen!« sagte ich vollkommen überzeugt. Als sie lachten, warf ich im Zorn die Bibel so heftig auf den Boden, daß ihr Beschlag sich verbog. Ich hob sie wieder auf, führte die Polizisten in das Wohnzimmer meiner Wirtin, die zum Glück verreist war, und bot ihnen Tee an, denn es würde etwas dauern, bis ich angezogen sei.

Der Eilbrief hatte meine Schwester beunruhigt. Da sie selbst nicht kommen konnte, hatte sie den Gesundheitsdienst angerufen – ohne zu ahnen, daß der sich der Amtshilfe der Polizei bedienen würde. Ich mußte noch dankbar sein, daß sie in der Nacht kamen; so sahen wenigsten die übrigen Hausbewohner nicht, daß ich von Polizisten abgeholt wurde.

Beim Aufnahmegespräch in der Anstalt sagte ich der sympathischen jungen Ärztin, ich müsse der blitzartig über mich gekommenen Gewißheit eines kommenden Kälteeinbruchs Glauben schenken, denn bei meinem ersten Schub im Frühjahr 1936 sei ich mit der gleichen Wucht von der Gewißheit eines bevorstehenden »ungeheuerlichen Krieges« überfallen worden, und dreieinhalb Jahre später sei dieser Krieg tatsächlich ausgebrochen. Ich war noch immer tief beunruhigt. Die Ärztin hörte mir teilnahmsvoll zu. Doch gleich nach dem Gespräch – ich lag inzwischen im Saalbett – kam sie mit der Betäubungsspritze. Das war nun die einzige Antwort, die uns die Anstaltsärzte auf unsere Erfahrungen zu geben wußten.

Ich lag im großen Aufnahmesaal mit mehreren Bettreihen hintereinander. Die Patientinnen lagen Bett an Bett, nur durch einen Nachttisch voneinander getrennt. Alle wurden unter betäubende Medikamente gesetzt. Das hatte ich noch nicht erlebt: Daß wir nach einem kurzen Aufnahmegespräch sofort mit Psychopharmaka stillgelegt wurden und dann ständig unter der betäubenden Wirkung von Medikamenten blieben. In kürzester Zeit waren wir auch körperlich so geschwächt, daß ich auf unsicheren Beinen zum Klo taumelte. Ich mußte mich an den Bettkanten festhalten, um nicht hinzufallen. Meine Hand zitterte so, daß ich die Tasse kaum halten konnte und den Kaffee verschüttete.

»Stellen Sie sich nicht so an!« fuhr die junge Schwester eine Patientin an, die auf dem Weg zum Bad in die Knie brach. Das war das Unheimlichste, was ich in einer Anstalt erlebt habe: ein großer Saal voll absichtlich geschwächter, halb oder ganz betäubter Patienten. Die Ärzte hatten kaum eine Ahnung von dem, was wir erlebten, aber sie besaßen die Macht, uns im geschlossenen Haus zwangsweise auch noch die letzte Freiheit zu nehmen: die Freiheit über unsere Gedanken, unser Bewußtsein und unseren Körper.

Auch wenn wir in Bethel 1936 ins Dauerbad gesteckt worden waren oder eine Betäubungsspritze verpaßt bekommen hatten, waren wir nach dem Aufwachen doch wieder ganz da und körperlich nicht geschwächt. Wir brauchten unsere Angst und unseren Widerstand nicht herunterzuschlucken, sondern konnten sie erneut äußern. Ist diese erzwungene Stille wirklich ein Fortschritt gegenüber den »unruhigen Stationen« von früher mit ihrem berechtigten Widerstand gegen psychiatrische Methoden, die den Patienten und seine Erfahrungen bekämpfen und entwerten?

Ich protestierte gegen die aufgezwungenen Spritzen, ich versuchte zu erklären, daß mein vorangegangener Schub ohne Medikamente von selbst abgeklungen sei und gerade dadurch eine schubfreie Pause von dreizehn Jahren möglich geworden sei, während nach medikamentöser Unterbrechung der Psychose schon nach fünf und drei Jahren neue Schübe aufgebrochen seien. Es half alles nichts. »Das überlassen Sie nur uns«, meinte einer der Ärzte dieser Aufnahmestation. »Wir sehen Ihnen schon an, was mit Ihnen los ist.« Das Erleben des Patienten und der Sinn, den es für ihn hat, interessierten unsere Psychiater nicht. Sie interessierten sich nur für die Symptome und das von der NORM abweichende Verhalten. Die Macht dieser Psychiater, ihre verengte Sicht mit medikamentöser Gewalt gegen uns durchzusetzen, ist für uns beängstigend.

Zum Glück bekam ich nach drei Tagen einen Hautausschlag, so daß die Spritzen abgesetzt werden mußten. Stattdessen schob die Schwester mir jetzt Pillen in den Mund. Das mußte ich mir gefallen lassen, aber sie zwang mich nicht, die Pillen auch zu schlucken, wie das heute geschehen kann. Ich behielt sie unter der Zunge und wartete auf eine Gelegenheit, sie unbeobachtet ins Klo zu spülen. Keiner der Ärzte bemerkte, daß ich von da an bis zu meiner Entlassung nach ungefähr acht Wochen nicht mehr unter Medikamenten stand. Vor der Entlassung sagte ich dem Stationsarzt, daß ich die Pillen nie geschluckt hatte. »Wir müssen medikamentös behandeln«, wandte er ein, »das verlangt schon die Krankenkasse von uns.«

Man nahm uns nicht ernst. Vergeblich suchte ich der Oberärztin bei ihrer Visite in der Aufnahmestation zu erklären, daß ich meine Impulse zwar auch als innere Stimme empfand, aber keine Stimmen hörte. Sie blieb dabei: Ich hörte Stimmen.

In der nächsten Bettreihe lag mir schräg gegenüber eine etwa dreißigjährige Frau. Aus ihren Worten entnahm ich, daß sie Hotelköchin war. Von ihrem Psychoseerleben überwältigt, sprach sie leise vor sich hin. Sie war gerade erst eingeliefert worden und noch nicht betäubt. Ihre Selbstgespräche ließen erkennen, daß Ereignisse ihres Lebens – auch für mein Gefühl belanglose – sich ihr nun zu einem sinnvollen Zusammenhang fügten. Sie hatte offenbar eine Bekehrung erlebt. Immer wieder brach zwischendurch der erstaunte Satz aus ihr hervor: »Es ist ja alles ganz einfach.«

Ihre Monologe waren so leise, daß sie eigentlich niemanden stören konnten. Aber die Schwestern mußten sie unbedingt zum Schweigen bringen. Sie wehrte sich. Die Schwestern schnallten sie mit einem breiten ledernen Leibgurt am Bett fest und zwangen ihr die Betäubungsspritze auf. *Was* sie sprach, interessierte nicht; niemand hatte ihr zugehört. *Daß* sie sprach, auch wenn es nur leise war, verstieß gegen die Anstaltsnorm und genügte, sie ans Bett zu fesseln und die für sie so wesentliche Erfahrung sinnvoller Zusammenhänge in ihrem Leben medikamentös zu ersticken. Auch nach der Entlassung wird sie wohl kaum eine Möglichkeit gehabt haben, ihre Psychose-Erfahrungen mit irgend jemandem zu besprechen. Zu verstehen zu versuchen oder auch nur anzuhören, was wir Patienten erlebten, schien Ärzten und Schwestern nie der Mühe wert zu sein.

Die Ausbildung der jungen Schwestern war in dieser Anstalt so dürftig wie in keiner der anderen, die ich schon erlebt hatte. Am Verhalten der Schwestern und Pfleger läßt sich erkennen, wie Anstaltsleiter und Ärzte zu ihren Patienten stehen. Eine so offen geringschätzige Behandlung wie hier hatte ich noch nicht erlebt. Die Ärzte wußten davon, denn wir beschwerten uns, aber sie änderten nichts. Mir scheint es ganz wichtig, daß Ärzte und Pflegende wissen, wie unvergeßlich sich uns die gute oder schlechte Behandlung in der Anstalt einprägt. Wer als Pflegekraft nur mit halb- oder ganzbetäubten Patienten umzugehen hat und sie auch noch unter Zwangsanwendung in diesen Zustand versetzen muß, wird es allerdings schwerhaben, im Patienten den gleichberechtigten Mitmenschen zu erkennen. Freude wird man an dieser Arbeit nicht haben können. Wie lehrreich könnte dagegen für psychologisch Interessierte der Umgang mit psychotischen Patienten sein, wenn sie ihnen aufmerksam zuhören und verständnisvoll mit ihnen sprechen würden.

Die halboffene Station, in die ich dann verlegt wurde,

war nicht viel besser. Auch hier drangvolle Enge in großen Schlafräumen, die zugleich als Tagesraum und als Eßraum dienten. Hier ging mir auf, daß die vier Anstalten, die ich zuvor erlebt hatte, alle einen besonders guten Ruf hatten und offenbar Ausnahmen waren. Diese Großanstalt mit ihrer lieblosen Unterbringung der Patienten ohne jede Beschäftigung war 1959 und noch weit in die sechziger und siebziger Jahre hinein wohl eher die Regel unter unseren bundesdeutschen Anstalten. »Früher hatte diese Anstalt eine große Landwirtschaft und Werkstätten, eine Weberei, Schusterei, Korbflechterei und andere«, erzählte mir eine alte Schwester. Geblieben war offenbar nur die Korbflechterei. Auch die Langzeitpatienten wurden jetzt unter Medikamente gesetzt.

Zum ersten Mal machten wir aber auf dieser Station den Versuch, uns selbst zu helfen. Der Sommer 1959 war sehr heiß, und so konnten wir uns meistens in dem kleinen Stationsgarten aufhalten. In einer Gruppe von etwa acht Patientinnen saßen wir auf zusammengeschobenen Liegestühlen und sprachen miteinander über das, was uns an unseren Psychose-Erfahrungen besonders beeindruckte. So konnten wir einander in dem Gefühl bestärken, daß unser Erleben sinnvoll war, und uns von dem entwertenden psychiatrischen Urteil lösen, das unser Selbstvertrauen untergräbt. Diese heißen Sommertage, über uns die Kiefernkronen, in deren Schatten wir entspannt unsere Psychose-Erfahrungen und Träume austauschten und ihnen nachsannen, gehören zu meinen guten Anstaltserinnerungen. Es sind die Mitpatienten, durch die eine Anstaltszeit zum Gewinn werden kann, denn sie haben selbst erfahren, was eine Psychose ist, und wissen darum mehr als die Fachleute, die weder eigene Erfahrungen haben noch bereit sind, sich im Gespräch mit den Patienten kundig zu machen.

Für eine Mitpatientin im ersten Schub, die nur einzelne Sätze hörte, war es noch unmöglich, darin einen Sinn zu erkennen; sie konnte den Zusammenhang nicht verstehen. Diejenigen unter uns, die mehrere Schübe erlebt hatten und daher über umfassendere Psychose-Erfahrungen verfügten, hatten es leichter, den Sinn zu erkennen.

Eine Mitpatientin mit schon mehreren Schüben hatte ihr Psychose-Erleben aufgeschrieben und die Aufzeichnungen der Stationsärztin gegeben. Sie hatte auf die Erklärung gehofft, die ihr helfen würde, ihre Erlebnisse zu verstehen. Aber sie bekam nur zur Antwort: »Das ist ja alles ganz schön.« Die Ärztin war freundlich und mitfühlend; wenn sie etwas zum Verständnis hätte sagen können, hätte sie es sicher getan. Aber dazu fehlt an unseren Universitäten eine entsprechende Ausbildung.

Diese Patientin erzählte mir von Allvereinigungserfahrungen, wie ich sie später ganz ähnlich in der Autobiographie eines indischen Weisen berichtet fand. Sie war eine einfache Frau und kann das Buch kaum gekannt haben. Neben solch beglückenden Erfahrungen litt sie unter dem Zwang, den Wert von Menschen nach ihrem Namen zu errechnen, indem sie die Buchstaben in Zahlen umwandelte. Wo nichts mehr ohne Sinn zu sein schien, mußten auch die Namen einen verborgenen Sinn haben. In dem Buch *Mystik und Magie der Zahlen* von F. C. Endres las ich später, als ich die Tiefenpsychologie kennenlernte, daß es die gleiche Umwandlung von Buchstaben in Zahlenwerte und umgekehrt schon vor über zweihundert Jahren bei den Chassidisten gab; daß sie noch weit älter ist, lassen die römischen Buchstaben für Zahlenwerte vermuten. Hätte man dieser Patientin solche Parallelen zeigen können, dann hätte sie ihre zwanghaften Wertberechnungen besser verstehen können: als ein Aufbrechen »alter Vorstellungsmöglichkeiten«, wie es nach C. G. Jung in der Schizophrenie geschieht. Vielleicht hätten sie dadurch für sie das Zwanghafte verloren. Was man verstanden hat, läßt mehr Freiheit.

Ich erzählte dieser Mitpatientin daraufhin, wie ich das

WORT in einen gesungenen Vierklang verwandelt hatte. Das fand sie nun ganz seltsam, das WORT von Kindern in einen Dampfkolben- oder Düsenantriebsklang verwandeln zu lassen und auch noch als ein Symbol der Viereinigkeit zu deuten. Schizophrene unter sich . . .

Im kleinen Garten dieser halboffenen Station vergnügten wir uns auch mit Bewegungsspielen, die wir als Kinder gespielt hatten: »Elefant an der Wand«, »Mutter, wieviel Schritte darf ich?« Die junge Schwester, die uns hier draußen bewachte, luden wir zum Mitspielen ein. Sie wehrte ab. Offensichtlich hatte sie die Anweisung, Distanz zu uns zu halten und nur das Notwendigste mit uns zu sprechen.

Es war eine gute Gemeinschaft unter uns Patientinnen, getragen von Einfühlung und Hilfsbereitschaft. In fast allen meinen Anstaltszeiten habe ich diese selbstverständliche Solidarität erlebt. Die psychiatrische Lehre vom »kontaktlosen Schizophrenen« entspringt einem Vorurteil. Unseren Erfahrungen miteinander wird sie nicht gerecht.

Als ich in diesem Stationsgarten lag, ging mir der Ausdruck zarter Behutsamkeit in jedem Zweig und jedem Blatt im Gebüsch vor mir auf. Sie schienen mir den Geist ihres Schöpfers, das stille Entfaltenlassen, die allmähliche Entwicklung alles Lebendigen auf der Erde ebenso unmittelbar auszudrücken, wie ein Kunstwerk den Geist des Künstlers widerspiegelt.

Mir wurde klar, daß die aufgebrochenen Vorstellungen meiner Psychose Reaktionen auf Vorausgegangenes waren. Die morgendlichen Einsichten in den Aufbau der Natur waren eine Antwort auf meine Verunsicherung, nachdem ich erkannt hatte, daß ich durch das fehlende Aktstudium nicht genügend auf meinen Beruf vorbereitet war. Das von Menschen verursachte »letzte grüne Gericht« war eine Antwort auf meine Zweifel am verheißenen »letzten Gericht« mit Himmelslohn und Höllenstrafe und auf mein langes Fragen, ob ein liebender Vater-Gott seine Kinder wirklich richten und strafen, sie nicht ihre Fehler eher selbst erkennen lassen würde. Die Vorstellung, daß Jesus immer unter uns gewesen war, knüpfte an die Gespräche mit meinem Studienkollegen an, der gemeint hatte: »Er hätte uns ein Leben vorleben müssen, als Ehemann, als Vater, er hätte alt werden müssen.« Sie hing mit meinem Lebensschicksal zusammen. Das mythische Bild, daß Jesus in mir war und an meiner Zwangssterilisation mitlitt, weil er nun nicht wiedergeboren werden konnte, drückte meine Verletzung durch diese Zwangsmaßnahme aus, mit der ich ausgerechnet in der »Gottesstadt« Bethel überrumpelt worden war. Ich wandelte dabei ab, was er selbst in der Verheißung des Gerichts gesagt hatte: »Was ihr einem dieser meiner geringsten Brüder (und Schwestern) getan oder nicht getan habt, das habt ihr mir getan oder nicht getan.« Den Gedanken an seine Wiederkunft »mit großer Kraft und Herrlichkeit« hatte ich offenbar nicht aufgeben können, ohne sie in der Phantasie erlebt zu haben. Daß die kleinen Boote dabei nicht nur die »Auserwählten« aufnahmen, war wieder eine Antwort auf meine Zweifel am göttlichen Strafgericht.

War der Umstand, daß die aufgebrochenen Vorstellungen auf Vorausgegangenes antworteten, auch ein Beweis dafür, daß sie aus mir selber kamen, obwohl ich sie als »eingegeben« erlebte? Ließ sich aus den morgendlichen Einsichten in den Aufbau der Natur aus wenigen Grundbewegungen und einem vielfältig variierten Formen-Thema der Schluß ziehen, daß wir die Gesetzmäßigkeiten der Natur unbewußt in uns tragen und dieses unbewußte Wissen durch die aufgebrochenen Impulse ins Bewußtsein treten kann? Bereiteten diese Impulse auch das Bewußtwerden der anderen Psychose-Inhalte vor? Diese Fragen beschäftigten mich jetzt.

Beim ärztlichen Abschlußgespräch im Offenen Haus, in dem ich zuletzt war, sagte ich dem Stationsarzt etwas von den morgendlichen Einsichten in den Aufbau der Natur. »Das ist nicht krank«, wandte er ein. So können unsere Erfahrungen auf doppelte Weise beiseitegeschoben werden: entweder weil sie »krank« sind, oder weil sie »nicht krank« sind. Den Psychiater interessieren nur Symptome; was nicht eindeutig als »krankhaft« erkennbar ist, hat für ihn mit der Psychose nichts zu tun. Auf diese Weise kann er seine Auffassung der Psychose als ein sinnloses Geschehen aufrecht erhalten: Der Zusammenhang zwischen Symptom und Vorgeschichte wird willkürlich zerrissen. Für mich war dieser Zusammenhang ganz unmittelbar einleuchtend. Für mich begann mein psychotischer Schub eben nicht erst mit der Gewißheit eines kommenden Kälteeinbruchs und meinen Reaktionen darauf, sondern schon Wochen vorher mit den aufgebrochenen, zunächst noch schwachen Impulsen. Im Überfall des Kälteeinbruchs hatten sich diese Impulse nur sehr verstärkt. Ich sah die Psychose als Entwicklungsprozeß und vertrat diese Auffassung hier auch gegenüber den Ärzten. Aber ihnen leuchtete das wenig ein. Sie konnten es nicht einsehen, denn sie führten keine Gespräche mit uns und nahmen uns nicht ernst.

Dieses offene Haus mit kleineren Zimmern und einem eigenen Speiseraum war gut. Auch die Schwestern waren hier freundlich. Den Professor sahen wir nur an uns vorüberhuschen, wenn er zur Privatstation ging.

Unsere Psychosen waren abgeklungen. Bei meinen Mitpatienten waren sie durch Psychopharmaka unterdrückt worden, bei mir hatte sich der Schub ohne Medikamente zurückgebildet. Das normale dicke Fell war uns wieder gewachsen, die enge Gemeinschaft begann sich zu lösen. Ich erlebte wieder das allmähliche Abklingen der starken Impulse des akuten Schubs zu einem nur noch leisen Instinkt wie im vorausgegangenen Schub, der ebenfalls nicht medikamentös unterbrochen worden war.

Wir standen vor der Entlassung.

Tief im Wachsen

Nach der Entlassung fiel mir auf, daß meine Nachtträume seit dem Aufbrechen des psychotischen Schubs ausgesetzt hatten. Oder hatte ich sie morgens nur vergessen? Ich konnte mir das nur so erklären, daß die psychotischen Vorstellungen an die Stelle der Nachtträume getreten waren; sie mußten also auch aus der gleichen Quelle kommen: aus meinem eigenen Unbewußten. Auf diese Spur hatte mich ja schon die französisch klingende Sprache von Schwester H. gebracht, mit der ihre Psychose aus dem nächtlichen Traum heraus aufbrach. Die psychotischen Vorstellungen sind bildhaft wie der Traum, im Unterschied zum abstrakten Denken des normalen Bewußtseins. Ebenso wenig wie der Traum Anzeichen einer Geisteskrankheit ist, kann es die psychotische Vorstellung sein, sagte ich mir. Unsere Krankheit kann nur darin liegen, daß wir unser Psychoseerleben mit der Wirklichkeit verwechseln, was wir beim Traum nur tun, solange wir ihn träumen. Verstand ich die Vorstellungen meiner abgeklungenen Psychose auf der Traumebene, so verloren sie ihren zwingenden Wirklichkeitscharakter, konnten ihren Sinn aber behalten. Als Wirklichkeit erschienen sie mir ja auch nach der Rückkehr in den Normalzustand nicht mehr. Bei meinen früheren Schüben konnte ich hinterher selber nicht mehr verstehen, daß ich so Phantastisches hatte glauben können. Diesmal war es anders: Ich verstand jetzt, daß es sich beim Psychose-Erleben um eine symbolische Wirklichkeit handelt.

Dieses Verstehen der Psychose auf der Traumebene hatte etwas zutiefst Befreiendes für mich. Jetzt war ich endgültig gefeit gegen die Entwertung durch das psychia-

trische Vorurteil, daß die Schizophrenie eine körperlich verursachte, erblich bedingte und unheilbare Geisteskrankheit sei. Wenn ich mich heute mit anderen Psychoseerfahrenen über unser schizophrenes Erleben austausche, wird deutlich, wie beeindruckend diese Erfahrungen eines veränderten Seinszustandes für jeden waren oder sind und wie wenig das nur negative Urteil der Psychiatrie ihnen gerecht wird. Solange wir aber den symbolischen Charakter dieser Erfahrungen nicht erkennen und sie auf die gleiche Weise als wirklich betrachten wie die normale Alltagsrealität, können wir uns der Abwertung durch die Psychiatrie kaum entziehen.
An dieser negativen Bewertung liegt es wahrscheinlich auch, wenn viele Betroffene ihre Psychose als so beängstigend erleben. Viele geraten auch deshalb in Panik, weil sie Angst haben, »geisteskrank« zu sein, in die Anstalt zu müssen, den Partner, die Freunde und den Arbeitsplatz zu verlieren. Als ich zwischen meinem vierten und fünften Schub wieder einmal bedrückt war über meine Abstempelung als »geisteskrank« und die Zwangssterilisierung, die ich deshalb erlitten hatte, sagte meine älteste Schwester fast ungeduldig: »Aber das ist doch nur ein relatives Urteil. Im Altertum wurden die Geisteskranken als den Göttern besonders nahestehend verehrt.« Noch nie hatte mir jemand etwas so Ermutigendes gesagt. Noch heute, Jahrzehnte danach, erinnere ich mich genau an die Stelle des Weges, wo sie das sagte.

Mir wurde klar, daß eine Heilung nur durch ein Verständnis des aufgebrochenen Unbewußten und seine Einbeziehung ins Bewußtsein möglich sein konnte. Ich fing an, Sinnvolles vom Unsinnigen zu scheiden, versuchte aber, mir die abklingenden, nur noch schwachen Impulse zu erhalten, indem ich bei allem, was ich tat, auf sie achtete und ihnen folgte. Ich fühlte mich durch sie lebendiger und sicherer bis in die alltäglichsten Verrichtungen hinein. So im Einklang mit dem Ganzen wünschte ich mir bleiben zu können. Ich sagte mir: Wenn du dein Unbewußtes nie mehr unterdrückst, sondern aus seinen Impulsen lebst, wird es nicht mehr als gestaute Kraft in einem neuen Schub aufbrechen müssen. Deshalb war es für mich so wichtig, daß mein letzter Schub nicht medikamentös verdrängt wurde, denn so konnte ich mir ebenso wie beim vorausgegangenen Schub die Impulse erhalten.

Den letzten Impuls zu einer mir selbst unverständlichen Handlung, an den ich mich erinnere, erlebte ich im April 1961. Am frühen Morgen drängte es mich – einen Trainingsanzug über dem Nachthemd –, einen Rittersporn in meinem Garten von einem Beet auf ein anderes zu verpflanzen. Wozu, das wußte ich selber nicht. Es lag etwas in der Luft, das nach diesem Ausdruck verlangte. Als ich wieder im Bett war und die Frühnachrichten hörte, erfuhr ich, daß an diesem Morgen Gagarin in den Weltraum gestartet war. Eine typisch schizophrene Symbolhandlung, den Beginn der Raumfahrt mit der Verpflanzung eines Rittersporns von einem Beet auf ein anderes zu begleiten. Ein Rittersporn hatte es sein müssen!

Dann kam trotz aller Versuche, mir den Instinkt zu erhalten, der Morgen, an dem ich vergebens auf den Impuls zum Aufstehen wartete. Nun mußte ich mich wieder im normalen Zustand einrichten. Aber ich hatte mich von dem entwertenden psychiatrischen Urteil befreit. Ich war mir sicher, daß die nur negative Bewertung der Psychose falsch sein mußte.

Eine morgendliche Folge von »aufgebrochenen Erinnerungen an eine frühere Kindheit«, wie ich sie während dieser Woche nannte, schloß meine Psychose endgültig ab. Ich glaube, es war im November 1959. Diese symbolische Kindheit ersetzte mir alles, was ich in der wirklichen entbehrt hatte. Ich erlebte sie auf einem anderen Planeten, wo alles weiter entwickelt war als auf der Erde. Am letzten Morgen dieser Erlebnisfolge kam mein Vater – er war von dunkler Hautfarbe wie ein Afrikaner – von einem seiner wochenlangen Raumflüge nachhause. Als ich jünger war, hatte er mich zuweilen zu diesen Raumflügen mitgenommen und mir an einem linsenförmigen, durchsichtigen Modell der Galaxis mit verschiedenfarbig leuchtenden Punkten erklärt, daß diese Punkte belebte Planeten seien und die verschiedenen Farben den jeweiligen Entwicklungsstand kennzeichneten. Er war Fachmann für alles, was sich drehte. Zuhause war er Karussell- und Spieluhrenbauer.

Ich war an diesem Morgen inzwischen achtzehn Jahre alt, benahm mich aber wie ein Kind. Ich saß inmitten meiner Puppen und Teddybären und ließ mich durch seine Heimkehr kaum stören. »Wenn du doch erwachsen werden würdest!« sagte er verstimmt. Ich spielte ruhig weiter. Dann lag er auf dem Fußboden, um seine Kugeln unter den Schränken hervorzuangeln, unter die ich sie hatte rollen lassen. »Ich habe einen Gedanken, den ich mit dir besprechen möchte«, sagte er. Er hatte seine Gedanken oft mit mir besprochen, aber noch nie einen solchen Gedanken: »Ich glaube, wir sollten uns für eine Weile trennen. Ich möchte dich dahin schicken, wo du erwachsen wirst.« – »Und das Lamm?« fragte ich nur. Er hatte mir ein Schäfchen geschenkt, das ich sehr liebte. »Das Lamm bekommst du mit.« Ich hoffte, daß es ihm nicht gelingen würde, das muntere Lämmchen einzufangen, aber es gelang ihm, und wir verschwanden beide.

Mit wankenden Knien stand ich an diesem Morgen auf. Ich war tief bestürzt, daß ich mit meinem liebevollen Vater so hatte umgehen können. Konnte das Wirklichkeit gewesen sein? Meine Vertreibung aus dem Paradies auf die Erde, die dieser Ort des Erwachsenwerdens war?

Am nächsten und letzten Morgen dieser Erlebnisfolge gab sich der Vater, der mich durch die phantasierte Kindheit begleitet hatte, als Psychotherapeut zu erkennen. Nach dem Schrecken des vorausgegangenen Morgens war ich darüber sehr erleichtert. Lächelnd entfernte er sich dann von mir, bis wir uns aus den Augen verloren. Ich wußte nun, daß alles Spiel oder Psychotherapie gewesen war, aber dadurch büßte diese von Liebe erfüllte Kindheit kaum etwas von ihrer heilsamen Wirkung auf mich ein. Nun hatte ich mich auch als Kind voll angenommen und geliebt erfahren. Nur eine Woche lang für ein oder zwei Stunden am Morgen nach dem Aufwachen. Aber es war genug. Die Intensität des Erlebens ist offenbar entscheidender als seine Dauer. Nun fühlte ich mich geheilt.

In den folgenden Wochen spann ich diese Kindheit weiter aus mit unseren Spielen und den Begegnungen und Ereignissen, zu denen die gänzlich anderen Verhältnisse auf jenem fernen Planeten reizen mußten. Schließlich wurde eine regelrechte Kindheitsgeschichte daraus. Meiner wirklichen Kindheit, deren Erlebnisse sich über viele Jahre verteilen und daher nicht so gegenwärtig sind wie die Ereignisse oder doch der Geist meiner erdichteten Kindheit, stand sie lange gleichwertig gegenüber.

So ganz konnte ich mir doch nicht vorstellen, daß die zusammenhängende morgendliche Erlebnisfolge nur meinem eigenen Unbewußten entsprungen sein sollte. Mußte nicht doch jemand dahinterstehen, der wußte, daß mir diese Erfahrung notwendig gewesen war? Entsprang sie aber meinem eigenen Unbewußten, dann war sie ein Beweis für die ausgleichende und heilende Natur des Unbewußten. Dann war die Psychose ein Heilungsversuch, so wie viele Symptome von Körperkrankheiten Heilungsversuche sind. Und als Heilungsversuch – nicht nur als Befreiung von der Entwertung als Geisteskranke – hatte ich sie in meinen Schüben auch erfahren.

Die morgendlichen Einsichten in die Bedeutung der Grundbewegungen hatten mein Interesse für die Natur geweckt. In einem populärwissenschaftlichen Buch las ich staunend, daß alle Atome unseres Körpers eng zusammengepackt nicht einmal einen Stecknadelkopf ausfüllen würden. Alles andere war Zwischenraum, Bewegungsraum der um die Atomkerne aus Protonen und Neutronen kreisenden, von inneren Bahnen auf äußere und von äußeren auf innere wechselnden Elektronen. Unsere Physik- und Chemielehrer hatten studiert, bevor Niels Bohr sein Atommodell entwickelte und 1922 den Nobelpreis erhielt; vom atomaren Aufbau der Materie hatten sie uns nichts erzählt. Bei diesem dynamischen Aufbau der Materie schien es mir nur folgerichtig, daß den Grundbewegungen eine ebenso große Bedeutung zukommt wie den Grundsubstanzen. War nicht schon im Atom das Wesentliche im Ansatz vorhanden? Ruhe im Kern und Bewegung in den kreisenden Elektronen, schwer und leicht, positive und negative Ladung – überall ein harmonisches Zusammenspiel gegensätzlicher Kräfte. Wie eine Atomfamilie, aus der sich die vielfältigen Erscheinungen der Welt entwickelt hatten.

Im Mai 1960 bezog ich ein Atelier mit einem kleinen Garten. Nun konnte ich das Wachstum der gesäten Sommerblumen von ihrem ersten Keimblatt an beobachten. Dieses erste und das zweite Keimblatt schienen mir für die spätere Gestalt der Blüte und für die stärkeren oder schwächeren Formkontraste der Pflanze von Bedeutung zu sein. Die Cosmea, die nadelfeines Laub und dann eine breitblättrige Blüte entwickelt, schien dabei auf die Form ihres ersten Keimblattes zurückzugreifen. Bei der Bauernmalve dagegen ist schon das erste Keimblatt gebuchtet, ähnlich wie ihre späteren Blätter; schon das Fehlen eines primitiven Keimblattes läßt keine stärkeren Formkontraste bei der entwickelten Pflanze erwarten. Die Sonnenblume wiederum mit ihrer kontrastreichen Gestalt scheint bei der Blütenbildung auf die längliche Form ihres zweiten Keimblattes zurückzugreifen, während die breiten grünen Blätter dem primitiven ersten Keimblatt entsprechen.

Nach der Heilung versuchte ich nun, mir über das Wesen der Psychose klarer zu werden. Ich schrieb dazu einige Aufsätze. Da keiner der vielen Psychiater, die ich erlebt hatte, uns irgend etwas zum Verständnis der Psychose hatte sagen können, mußte ich den Eindruck gewinnen, mit meiner Herleitung der Psychose aus dem Unbewußten und ihrem Verständnis auf der Traumebene der Wahrheit näher gekommen zu sein als sie. Ich versuchte nun festzustellen, ob andere diese Einsicht schon vor mir gefunden hatten. Ich stieß auf Theodor Bovets Buch *Die Person – ihre Krankheiten und Wandlungen* . Es behandelte zwar nur Neurosen, keine Psychosen, aber Bovets Ansicht, die Psychiatrie sei »in die Sackgasse geraten«, ermutigte mich. Ende Mai 1960 schickte ich ihm einen Aufsatz »Entstehung und Verlauf einer Psychose« und fragte ihn, ob ihm meine Sicht einleuchte.

Bovet anwortete: »Ihre Sicht ist vollkommen richtig, aber sie ist seit ca. 10 Jahren von einigen Psychiatern bereits aufgenommen worden. Der Gedanke, Geisteskrankheiten, insbes. eine Schizophrenie, seelisch, durch Einfühlung und Analyse des Unbewußten zu behandeln, kam übrigens von einer Nichtmedizinerin, Frau Séchehaye in Genf, die ihn an einer Patientin verwirklichte. Seither wurde eine Reihe von Fällen bekannt (Prof. Benedetti, Basel, Dr. Chr. Müller, Zürich, Dr. Siirala, Zürich u. a.). Nur braucht vorläufig eine solche Behandlung fast einen Arzt pro Patienten, so daß sie noch nicht im Großen durchführbar ist.«

Bovets Brief ermutigte mich. Nun beschäftigte mich die Frage, ob nicht doch auch »im Großen« ein Psychoseverständnis erarbeitet werden könnte. Gruppengespräche schienen mir ein guter Weg; unsere Gespräche im Anstaltsgarten waren ein erster Anfang gewesen. Mir hatte es zur Klärung sehr geholfen, meine Psychose-Erfahrungen zu formulieren und in Aufsätzen zusammenzufassen: indem ich sie aufgeschrieben vor mir hatte, gewann ich Distanz zum eigenen Erleben. Eine ähnliche Wirkung müßte in der Gruppe durch eine von den Patienten gemeinsam erarbeitete »Fibel der Schizophrenie« zu erreichen sein. Man entwickelt sich an dem, was einen bedrängt, wenn man sich damit auseinandersetzt und es gestaltet. Ich stellte mir diese Fibel als Bilderfibel mit knappen Untertexten vor. Jede Gruppe würde sie neu entwickeln, jedes Mal wäre sie anders, bis aus allen diesen Gruppen-Fibeln oder kurzen Aufzeichnungen der einzelnen Betroffenen eine Zusammenfassung des Wesentlichen publiziert werden könnte – eine allgemeine Schizophrenie-Fibel, mit der auch diejenigen Psychiatriepatienten eine Orientierungshilfe hätten, denen in der Klinik oder Anstalt ein Verstehen ihrer Psychose und damit ein vertieftes Selbstverständnis weiterhin versagt bleibt.

Denn trotz großer Verschiedenheit der Psychose-Inhalte scheint das Grundmuster immer ähnlich zu sein. Bei jedem ging offenbar ein seelischer Konflikt, eine Lebenskrise oder schwere Belastung voraus, die er vergeblich zu bewältigen versuchte, bis eine Grenze erreicht war, an der es nicht mehr weiter ging. Mit der Psychose bricht eine Kraft auf, die die Führung übernimmt. Wohl jeder Schizophrene hat in dieser Situation das Gefühl, nicht mehr selbst zu denken und zu handeln. An die Stelle des Denkens aus eigenem Willen treten »eingegebene«, zuweilen auch »entzogene« Gedanken; an die Stelle des Handelns aus eigenem Wollen treten innere Impulse oder auch gehörte »Stimmen«, die den Betroffenen und sein Tun nicht nur bewertend und kommentierend begleiten, sondern ihm auch sagen, was er zu tun hat. Das Weltgefühl ist dabei grundlegend verändert: Die aufgebrochenen Psychose-Inhalte wirken zwingend als glaubwürdige Wirklichkeit.

Der Einbruch dieser anderen Wirklichkeit hinter der vertrauten Realität löst bei vielen Betroffenen tiefe Ängste aus. Als beängstigend kann aber auch der Verlust der Selbstkontrolle erlebt werden, wenn der eigene Wille sich dagegen sträubt. Ich hatte diese Ängste nicht, weil das

Psychose-Erleben mich mehr überzeugte als das vom eigenen Willen bestimmte normale Sein. Für ein Psychoseverständnis ist es wichtig, die psychotischen Erfahrungen als aus dem eigenen Inneren kommend zu erkennen. Sonst fühlt der schizophrene Patient sich entweder als verfolgtes oder als auserwähltes Objekt seiner »Eingebungen« und »Beeinflussungen« ohne eine Möglichkeit des Zweifelns und selbstkritischen Verarbeitens. Sagen die Stimmen zum Beispiel etwas Negatives über den Patienten, so ist das viel weniger beängstigend, wenn er weiß, daß die Stimmen aus ihm selber kommen, und überlegen muß, was das eigene Selbstvertrauen so beeinträchtigen konnte.

Es genügt allerdings nicht, dem Patienten nur zu sagen: »Deine Psychose-Erfahrungen kommen aus dir selbst.« Wenn das so leicht zu erkennen wäre, könnten wir uns das auch selber sagen. Eine Brücke zum Verständnis kann der Traum sein; tatsächlich erleben manche Betroffene ihre Psychose wie eine Art Traum. Unser Unbewußtes wendet in der Psychose die gleichen Mittel an wie im Traum. Auch im Traum spielen Symbole eine große Rolle. Auch im Traum können wir uns mit Symbolen, von denen wir uns ergriffen fühlen, oder mit anderen Personen identifizieren; die in unseren Träumen auftretenden Personen meinen häufig uns selber. Aber nur im Zusammenhang mit der Vorgeschichte läßt sich erkennen, daß die Schizophrenie ein Versuch ist, eine Lebenskrise zu lösen. Der Patient müßte so viel Vertrauen in die Verständnisbereitschaft unserer Psychiatrie haben können, daß er über die seiner Psychose vorausgegangenen Konflikte und Krisen sprechen mag. Wenn sein Psychose-Erleben nur medikamentös verdrängt wird, kann er dieses Vertrauen nicht haben, denn er muß daraus schließen, daß seine Erfahrungen als krankhaft und unsinnig bewertet werden.

Der für den schizophrenen Patienten so notwendige

Einblick in das Wesen unserer unbewußten Seele, in ihre Tendenzen und Ausdrucksmittel läßt sich im Gruppengespräch aus den so vielfältigen Psychose-Erlebnissen der Teilnehmer sicher leichter gewinnen als im Einzelgespräch. Über die Verarbeitung ihrer eigenen Psychose hinaus könnten die Patienten dabei auch wichtige Hinweise für die Psychose-Forschung geben. Wenn sie erleben, daß die Fachleute sie mit Achtung behandeln und ihre Erfahrung anerkennen, wäre das für sie sehr ermutigend; auch ihr Selbstvertrauen könnte in den Gruppengesprächen wachsen.

Bovet riet in seinem Buch, die Schriften C. G. Jungs zu lesen. So stieß ich auf Jung. Schon 1912 hatte er die Schizophrenie als Einbruch des Unbewußten ins Bewußtsein erkannt und in seinem Buch *Wandlungen und Symbole der Libido* (in späterer Auflage: *Symbole der Wandlung – Analyse des Vorspiels zu einer Schizophrenie*) den Sinn aufgebrochener Symbole dargestellt. Ich war sehr betroffen darüber, daß unsere Psychiater sich dieser Einsicht der Tiefenpsychologie von Freud und Jung jahrzehntelang verweigert hatten und unbeirrt ihre These von der sinnlosen, erblich bedingten Somatose weiter vertraten. Ihr Festhalten an einer Irrmeinung mußten wir mit der Zwangssterilisation bezahlen. Auch in den heutigen psychiatrischen Lehrbüchern findet sich von den grundlegenden tiefenpsychologischen Einsichten kaum eine Spur.

C. G. Jung schreibt in seinem Buch *Symbole der Wandlung*: »Eine konsequente Regression bedeutet eine Rückverbindung mit der Welt der natürlichen Instinkte, welche auch in formaler, d.h. ideeller Hinsicht Urstoff darstellt. Kann dieser vom Bewußtsein aufgefangen werden, so wird er eine Neubelebung und Neuordnung bewirken. Erweist sich das Bewußtsein dagegen als unfähig, die einbrechenden Inhalte des Unbewußten zu assimilieren, so entsteht eine bedrohliche Lage, indem dann die neuen Inhalte ihre ursprüngliche, chaotische und archaische Gestalt beibehalten und damit die Einheit des Bewußtseins sprengen. Die daraus resultierende geistige Störung heißt darum bezeichnenderweise Schizophrenie, d.h. Spaltungsirresein.«

Mit dem Beibehalten der »archaischen Gestalt« meint Jung zum Beispiel das Wortwörtlichnehmen der Symbole. Meine Identifizierung mit dem biblischen Symbol der »Braut Christi« war dafür ein Beispiel. Nur über die Identifikation mit dem Symbol hatte ich erkannt, daß ich meine eigene Natur entwickeln mußte; hätte ich diesen Sinn des Symbols für mich erkennen können, ohne mich mit der »Braut Christi« zu identifizieren, dann hätte ich ihn ohne geistige Störung integrieren können. Die geläufige Deutung der »Braut Christi« als Ausdruck für die »Gemeinschaft der Heiligen« sagte mir dagegen nichts. Ich glaube, wir sollen nicht heilig sein, sondern natürlich. Das Streben nach Heiligkeit hat einen Pferdefuß, der in Bethel nicht zu übersehen war. Nach einer bestimmten Idealvorstellung, wie wir sein sollten, leben zu wollen, führt leicht zur inneren Unaufrichtigkeit, weil wir nur das wirklich sein können, was wir von innen her sind, was wir von Gott als unsere Natur empfangen haben. Gerade die Schizophrenie bietet eine Chance, durch die »Rückverbindung mit der Welt der natürlichen Instinkte« die eigene Natur zu erleben. Helfen müßte man den Betroffenen, »die einbrechenden Inhalte des Unbewußten zu assimilieren«, damit eine »Neubelebung und Neuordnung« möglich wird.

Ein Beispiel für das Wachstum durch die Schizophrenie bei einfühlsamer psychotherapeutischer Hilfe ist der bewegende Bericht Gaetano Benedettis über die Behandlung seines Patienten Otto Lehner von 1954 (wiedergegeben in Martti Siiralas Buch *Die Schizophrenie des Einzelnen und der Allgemeinheit* von 1961). Am Ende seiner Therapie sagt Otto Lehner: »Ich bin jetzt tief im Wachsen drin . . . Ich bin heute im Schlafe wieder durch mein ganzes Leben gewandert. Ich habe meine Entwicklung Punkt für Punkt zusammengefaßt. Es war mir, als ob ich durch ein Labyrinth ginge und nun alles in dem richtigen Zusammenhang fände. Gestern war manches noch locker, da eine Schraube, dort ein Nagel; heute ist jedes Ding an seinem Ort, das Zifferblatt ist ganz und fest.«

C. G. Jung schreibt in *Symbole der Wandlung*: »Unsere Kultur hat ja schon längst vergessen, symbolisch zu denken, und selbst der Theologe weiß mit der Hermeneutik der Kirchenväter nichts mehr anzufangen . . . Für Patienten in dieser Situation kann es allerdings eine Lebensrettung bedeuten, wenn der Arzt sich solcher Produkte annimmt und den darin angedeuteten Sinn dem Patienten zugänglich macht. Auf diesem Wege ermöglicht er es nämlich letzterem, wenigstens ein Stück des Unbewußten zu assimilieren und damit die gefahrdrohende Dissoziation um ebensoviel abzubauen. Zugleich schützt die Assimilation des Unbewußten vor der gefährlichen Isolierung, die jeder empfindet, der mit einem unverstehbaren, irrationalen Stück seiner Persönlichkeit konfrontiert ist. Die Vereinsamung führt nämlich zur Panik, und damit beginnt nur zu oft die Psychose . . . Wer . . . dergleichen Dissoziationen behandeln will, der muß notgedrungenerweise etwas von der Anatomie und Entwicklungsgeschichte des *Geistes*, den er zu kurieren sich anschickt, wissen. Man verlangt vom Arzte, der körperliche Krankheiten behandelt, auch die Kenntnis der Anatomie, Physiologie, Embryologie und der vergleichenden Entwicklungsgeschichte.«

Der Unterschied zu der Bewertung und Behandlung schizophrener Patienten in unserer Anstaltspsychiatrie liegt auf der Hand. Für C. G. Jung und Benedetti ist das *Erleben* des Patienten, sind die Inhalte seiner Psychose und ihre Vorgeschichte und der sich aus ihr ergebende *Sinn* entscheidend. Die Heilung besteht darin, dem Patienten den Sinn seines Erlebens zugänglich zu machen, damit er ihn seinem Bewußtsein integrieren kann. Unsere deutschen Psychiater begnügen sich dagegen damit, Symptome zu beobachten und ein von der Norm abweichendes Verhalten zu registrieren (»Wir sehen Ihnen schon an, was mit Ihnen los ist«). Die Psychose wird in der Regel nur medikamentös verdrängt – auch unter Zwang. Nicht von »Heilung«, sondern von »Unauffälligkeit« ist daher die Rede.

Ein psychiatrischer Gutachter erklärte mir 1974 auf meinen Hinweis, daß ich seit fünfzehn Jahren durch Verstehen meiner Psychose geheilt sei: »Es gibt keine Heilung, sondern nur eine Symptomverdrängung.« Die medikamentöse Unterdrückung des Psychose-Erlebens, womöglich unter Zwang und ohne Hilfe zur Verarbeitung, kann wohl wirklich nur eine »Symptomverdrängung« bewirken. Es liegt dann aber an den Psychiatern, wenn es keine Heilung gibt, denn sie lassen den Patienten ohne die Hilfe, die notwendig und möglich wäre.

Welcher schizophrene Patient kann bei uns wie Otto Lehner von sich sagen: »Ich bin jetzt tief im Wachsen drin«? Ein solches Wachstum durch Sinnverständnis wird durch die medikamentöse Verdrängung nicht nur nicht gefördert, es wird schon im Keim erstickt. »Pillen statt Gespräche! Pillen statt Therapie!« lauten die ungehörten Klagen der Psychiatriepatienten schon sehr lange.

In einem Erfahrungsbericht, den mir kürzlich eine Betroffene zuschickte, heißt es: »Mein zweiter ambulant behandelnder Nervenarzt . . . hat ein getipptes Manuskript über meine psychotischen Erlebnisse mit einer leisen Bewegung seines Bleistiftes von sich weggeschoben; in der Klinik, wo ich später wegen des Zeitmangels auf das Manuskript verwies und man solle es anfordern beim Zuvorbehandler, wurde es nie angefordert.« Dieses Wegschieben mit dem Bleistift – den Bericht auch nur anzufassen, war offenbar schon eine Zumutung – ist wohl typisch für das Ignorieren der Patientenerfahrungen. Wie aber wollen unsere Psychiater verstehen, was eine Schizophrenie ist, wenn sie sich auf das Psychose-Erleben nicht einlassen? Und wie sollen die Patienten ihnen vertrauen, wenn sie merken, daß die Fachleute, die ihnen angeblich helfen können, gar nicht erst zu verstehen versuchen?

Vor nun schon fast achtzig Jahren wurde die Einsicht gefunden, daß die psychotischen Inhalte als Einbruch des Unbewußten ins Bewußtsein einen Sinn enthalten, der verstanden werden kann und muß. In welchem anderen Bereich wäre es möglich, daß so fundamentale Erkenntnisse jahrzehntelang ignoriert werden? Daß auch in der Praxis längst bewährte Reformen wie die Arbeitstherapie für alle Patienten, die Hermann Simon schon 1923 einführte, nicht verbindlich werden? Es gibt keine Stelle in unserer Bundesrepublik, die die Anliegen und Interessen der Patienten vertritt; ihre Bedürfnisse bleiben weithin unbeachtet. Niemand ist dafür zuständig und kann dafür zur Rechenschaft gezogen werden, daß in den Anstalten zahllose Langzeitpatienten ohne Arbeit und Beschäftigung medikamentös »stillgelegt« und zur Verkümmerung gezwungen werden. Dabei geschieht dies sogar auf die Gefahr hin, daß sie dement werden, denn im Betheler *Lehrbuch der Geistes- und Nervenheilkunde* von 1975 heißt es: »Nach Untersuchungen von Grahmann, Boeters und Moeltgen und auch nach unseren eigenen Beobachtungen ist es wahrscheinlich, daß langjährige hochdosierte Gaben von Neuroleptica auch zu Demenzen führen können.«

Dieses hartnäckige Ignorieren längst gefundener Einsichten drückte uns das Stigma der unheilbaren Geisteskrankheit auf und gab uns der Diskriminierung preis. Wer mit diesem Makel behaftet ist, kann sich nicht als betroffen zu erkennen geben und hat daher keine Möglichkeit, an der Situation in den Anstalten und der Verweigerung wirksamer Hilfe öffentlich Kritik zu üben. Nur an den Treffpunkten ehemaliger Patienten werden Unmut und Resignation laut in Worten wie: »Jeder Handwerker muß sein Metier verstehen, der Psychiater braucht das nicht.« Aber nicht nur die heute Betroffenen sind durch das Stigma zum Schweigen verurteilt. Auch die Überlebenden der »Euthanasie«-Anstalten und die rund 400 000 Zwangssterilisierten konnten und können sich auch Jahrzehnte nach dem Ende der NS-Herrschaft nicht als Betroffene zu erkennen geben – von den wenigen abgesehen, die ihre Diagnose als irrtümlich glaubhaft machen konnten. Bis heute fehlt eine öffentliche Rehabilitierung durch die Ärzteschaft; das Sterilisationsgesetz von 1933 wurde nicht annulliert.

Bezeichnend für die Situation heutiger Patienten in der Psychiatrie ist der Brief, den vier katholische und evangelische Klinikseelsorger der Psychiatrischen Universitätsklinik München am 10. Dezember 1989 an den Klinikdirektor Prof. Dr. Hanns Hippius schrieben: »Bei unseren Begegnungen mit Patienten dieser Klinik erfahren wir häufig ein Verhalten von Anpassung und Gehorsam, ja Unterwürfigkeit allen psychiatrischen Einrichtungen und Personen gegenüber. Wir spüren ihre Befürchtungen und Ängste vor disziplinären Maßnahmen bei Ungehorsam und Verweigerung.«

Es ist die Verbindung von psychiatrischer Macht und fehlender Einsicht in Wesen und Sinn des Psychose-Erlebens, die den eingesperrten und, oft unter Zwang, mit Medikamenten vollgepumpten Patienten ängstigen muß. Wer von uns kennt diese Angst nicht? Wir konnten 1936 in Bethel noch gegen die unmenschliche Verwahrung protestieren. Die heutigen Patienten können das nicht mehr, denn sie werden sofort nach ihrer Einweisung unter Medikamente gesetzt. Da mit ihrer Ohnmacht auch ihre Aggressionen wuchsen, wurden zusätzlich zu den Leibgurten auch noch Hand- und Fußfesseln eingeführt. Ein wahrhaft perfektes Unterdrückungssystem!

Wir leben im Atomzeitalter. Wir wissen vom atomaren

Aufbau aller Materie. Aber wir haben wohl noch wenig realisiert, daß wir selbst aus Atomen und ihren Bewegungen bestehen. Jedes dieser Atome folgt den Grundbewegungen Anziehung, Abstoßung und Kreisen, und diese Grundbewegungen kehren wieder auf der Ebene der Organe, der Muskulatur und der Gelenke und dann offenbar auch auf der des Verhaltens, in der Art unseres Reagierens, unserem Typus. Daß wir durch die überall wiederkehrenden und alles bewegenden Kräfte des atomaren Aufbaus der Materie ganz elementar mit dem Ganzen verbunden sind, liegt eigentlich nahe. Vielleicht wird diese Verbundenheit aber nur dann wahrgenommen, wenn die Abgegrenztheit des Ich-Bewußtseins sich lockert und die Kräfte des eigenen Willens zurücktreten, wie das in der Psychose geschieht. Viele Schizophrene erleben eine viel unmittelbarere Verbindung zum Ganzen als im normalen Sein.

»Zentralerleben« nannte ich dieses Erspüren von Sinnbezügen in der Psychose. Etwas ganz Ähnliches stellte Sigmund Freud auch beim Traum fest: »Da ist vor allem eine auffällige Tendenz zur Verdichtung, eine Neigung, neue Einheiten zu bilden aus Elementen, die wir im Wachdenken gewiß auseinandergehalten hätten« (*Abriß der Psychoanalyse*). Ist da nur ein psychischer Mechanismus am Werk oder jene einigende Triebkraft des Lebens, die Freud »Eros« nannte?

»Das Ziel des Eros ist es, immer größere Einheiten herzustellen und so zu erhalten«, schreibt Freud. Diese einigende Kraft zu immer größeren Einheiten erleben wir jetzt im Streben nach einem vereinten Europa und im Zerfall der Diktaturen und ihrer Enwicklung zu Demokratien. Da ist es an der Zeit, daß auch die psychiatrische Diktatur einer demokratischeren Haltung weicht. Das hieße: Nicht die NORM ist Maßstab aller Dinge, sondern der Mensch mit seinen Bedürfnissen. Dann könnten die Psychiater gemeinsam mit ihren Patienten, auch von ihnen lernend, ein Verständnis der Psychose erarbeiten.

Der gläserne Sarg

1977 habe ich Bethel wiedergesehen, vierundzwanzig Jahre, nachdem ich zuletzt hier war, einundvierzig Jahre nach meiner ersten Anstaltserfahrung. Nach einundvierzig Jahren stand ich wieder vor dem Haus, in dem sich mein Geschick entschieden hatte, in dem ich meine Hoffnungen auf Liebe, Ehe, Kinder und den lange geplanten Beruf begraben mußte, ohne eines Gesprächs gewürdigt worden zu sein. Der *Bote von Bethel* berichtet seit Jahren von heilpädagogischen, von bewegungs- und beschäftigungstherapeutischen Erfolgen auch bei den kränksten Kindern im »Patmos«-Haus. Vom geplanten Neubau »Siloah« am Waldrand. Von mehr Demokratie in Bethel. Ob es die Ärzte und Schwestern wohl interessieren würde, wie ich zu einem Verständnis meiner Psychose und zur Heilung gelangt war? Obwohl ich mich nicht erinnere, daß jemals ein Psychiater von uns hätte wissen wollen, wie wir die Psychose erlebten und welchen Sinn sie für uns hatte?

Es ist Sonnabend, kein Arzt ist zu sprechen. Die Frau an der Pforte gibt nicht eben bereitwillig Auskunft, aber allmählich kommen wir doch ins Gespräch, als ich mich als frühere Patientin des Hauses zu erkennen gebe. Ich frage nach den heutigen Behandlungen. Werden Gruppengespräche durchgeführt? – Ja, sagt sie, und natürlich Medikamente. Und Beschäftigungstherapie. An der Tür zu dem Raum, in dem ich damals eine große Tonkrippe aufbaute, habe ich im Vorbeigehen das Schild »Beschäftigungstherapie« gelesen. Ein von Patienten gebatikter großzügiger Wandbehang hängt am Eingang. Er gefällt mir sehr.

Ich möchte die von Patienten gestaltete Keramikwand im neuen Bruderhaus »Nazareth« sehen. Der neue »Dankort« mit seinen Werkstätten ist am Wochenende geschlossen; so wird diese Wand das einzige sein, was ich von Patienten sehen kann. Bethel-Führungen gibt es nicht mehr. »Wir sind doch keine Besichtigungsobjekte«, hatten die Patienten ihre Ablehnung begründet. Man hörte auf sie – auch das ist neu.

Das Bruderhaus »Nazareth« ist ein langgestreckter großzügiger Betonbau, durch den Bethels Hauptstraße hindurchführt. Die moderne architektonische Gestaltung springt in Bethel sofort ins Auge. Der neue Bau der Hauptverwaltung ist mit dunkelgoldfarbenen Metallplatten verkleidet. Sonst tragen Verwaltungsgebäude eine Sachlichkeit zur Schau, die der Nüchternheit ihrer Funktion entspricht. Sollte im goldschimmernden Metall die für Bodelschwingh so bedeutsame Schmelzhütte als Stätte der Läuterung zum Ausdruck kommen und die Tradition fortgesetzt werden, in Bethel eine Gottesstadt darzustellen? Der Anblick ist gut, aber betroffen bin ich, als ich abends in Raimund Hoghes Bethel-Bericht *Schwäche als Stärke* von 1976 über das Haus »Morija« für psychisch kranke Männer lese: »Warten (auf die staatlichen Zuschüsse) müssen zum Beispiel die Schwerstkranken in den abstoßenden Schlafsälen. Kranke, die in dieser Situation nach Ansicht eines Arztes einen ›Vorteil‹ gegenüber nicht so schwer Behinderten haben: ›Sie können ihre Umwelt ja doch nicht mehr erfassen.‹«

Menschenwürdige Lebensumstände scheinen mir wichtiger als ein Verwaltungsneubau. Ob die Ärzte 1936 auch von uns oder von den »Schwerstkranken«, die ständig auf der »unruhigen Station« lebten, glauben konnten, daß wir oder sie die Umwelt nicht mehr erfaßten? Wohl kaum, denn außer dem apathischen Mariechen waren wir dazu alle zu unruhig, zu lebendig. Zu unserem Glück gab es noch keine Psychopharmaka, so daß wir unser volles

Bewußtsein und unsere Initiative behielten, auch wenn wir diese Initiative nicht ausleben durften. Wer geringer geachtet wird als ein Tier, dem man das Erfassen seiner Umwelt nicht abspricht, dem gibt auch »Gottes Wort« die Menschenwürde nicht zurück. So teilnahmslos und abgestumpft, wie es von den Patienten in »Morija« angenommen wurde, kann man werden, wenn man jahrelang unter Medikamente gesetzt und nur verwahrt wird.

Vergebens suche ich im Haus »Nazareth« nach der Keramikwand. Sie ist im verschlossenen Sitzungssaal. Ja, ich darf sie mir ansehen; ein junger Bruder schließt mir auf. Am Ende des langgestreckten Raumes ist die etwas mehr als vier Meter breite farbenfroh glasierte Wand eingelassen. Ein warmes Rot ist der Grundton. In jeder der gut ziegelgroßen Kacheln ist eine Szene aus dem Alten oder Neuen Testament eingegraben, so frisch und selbstverständlich, wie es einem »Gesunden« kaum möglich wäre. 183 biblische Szenen auf ebenso vielen Kacheln. Manche Geschichten sind in mehreren Bildern dargestellt, andere nur in einem. In gelber, weißer, dunkelgrüner, blauer und brauner Glasur stehen die einzelnen Bildelemente im warmen Rot. Die Farbgebung und die Zusammenstellung der Platten hatte das Ehepaar übernommen, das die Keramikwerkstatt leitet. Entworfen hatte dieses urwüchsige Werk ein ganz junger Patient, der damals siebzehn Jahre alt war, wie ich in dem Buch lese, das der Bruder mir mitgab; etwa zwanzig weitere haben mitgearbeitet.

Als ein weißes oder gelbes Dreieck mit Strahlenkranz ist Gott dargestellt. In der Geschichte von Abrahams Gehorsamsprobe erscheint dieses Symbol gleich zweimal. Im Buch berichtet Johannes Busch von einer Auseinandersetzung unter den Patienten: »Hartmut Gnass hat das Symbol für Gott, das kleine Dreieck, zunächst an den Himmel gemalt, halb verdeckt noch von einer Wolke. Bewußt oder unbewußt hatte er das Empfinden, Gott sei weit weg von jenem unmenschlichen Geschehen. Darüber aber entstand unter den Mitarbeitern der Keramikwerkstatt eine spontane Diskussion. Gott, so meinten einige, sei in der Abraham-Erzählung nicht fern und für die Menschen verborgen. Er sei vielmehr auf dem Wege Abrahams und Isaaks zu finden, genau an der Stelle, wo von den beiden Gehorsam und Opfer erwartet werde. Sie hätten lange darüber gesprochen, erzählt Hartmut Gnass. Sie hätten schließlich sogar darüber abgestimmt, an welcher Stelle Gott zu finden und deshalb auch zu zeichnen sei. Und dann habe er sich entschlossen, das Symbol für Gott noch ein zweites Mal in die Kachel einzugraben. Das erste Dreieck, das Zeichen für den fernen, unsichtbaren, unbegreiflichen Gott, ließ sich nicht mehr ganz von der Kachel entfernen; vielleicht soll es den Betrachter sogar an entsprechende Glaubenserfahrungen erinnern. Das zweite Symbol aber, hell und klar genau an der Stelle gezeichnet, wo von Abraham und Isaak ein geradezu gewagter Glaube erwartet wird, kommt einem persönlichen Bekenntnis gleich: Auch dann, wenn ich keinen Zusammenhang mehr erkenne zwischen Gott und dem Weg meines Lebens, gerade dann will ich ihn auf meinem Weg erwarten und mit seiner Nähe rechnen.«

Wie sollte ich da nicht an die Erschütterungen meines ersten Schubs denken, als ich das Unbegreifliche und Widervernünftige als Gottes Führung erlebte? Hieß das nun, daß die religiöse Erfahrung in der Psychose nicht mehr bekämpft wurde?

Wie schade, dachte ich, daß dieses aus unmittelbarem Erleben der Patienten entstandene Kunstwerk unter Verschluß gehalten wird und nur für die zwanzig bis fünfundzwanzig Diakone und Pfarrer da ist, die sich um den langen Tisch in diesem Raum versammeln. Weit über ein Jahr hatten die Patienten an dem Werk gearbeitet. Würde es nicht das Selbstvertrauen der Patienten stärken können, wenn es für alle zugänglich aufgestellt wäre? Später lese ich im Bethel-Bericht *Schwäche als Stärke* von einem

Experiment, das die Schweizer Kunst-Aktionsgruppe »Col« 1973 in Bethel begann: »Vier Wochen Arbeit mit Patienten, mit Menschen, die anders reagieren als andere, anders sind. Beim gemeinsamen Malen, Musik machen, miteinander Sprechen äußerte sich dieses Anderssein zum Beispiel so: ›Die Patienten können sich schlechter verstellen als andere Menschen, ihre Persönlichkeit kommt stärker zum Vorschein, sie sind natürlicher.‹ Eine andere Feststellung der Col-Gruppe: ›In Bethel könnte man einige hundert Menschen mit bedeutenden kreativen Fähigkeiten finden.‹«

Wo wird das neue »Siloah« gebaut? Der *Bote von Bethel* berichtete von dem Plan und bat um Spenden. Kleine Wohngruppen mit jeweils einer Küche, damit die Patienten sich auch selbst etwas zubereiten können. Unterwegs treffe ich einen Patienten und frage ihn nach dem Weg. Er ist schon über fünfzig. Zum Herbst wird er in das neue Hochhaus »Emmaus« für Ältere umziehen. »Es ist freier geworden in Bethel«, sagt auch er.

Ich gehe am Wald entlang und treffe vor »Morija« zwei Patienten des Hauses. Ihre Resignation, nicht mehr vollwertig zu sein, klingt im Gespräch stark durch. Mir tut es gut, mich als eine von ihnen zu erkennen zu geben – hier darf ich offen zeigen, was ich sonst verbergen muß. Aber wie schwierig ist es, gegen ihre Minderwertigkeitskomplexe anzukommen! Welche seelischen Schäden hinterläßt die ausschließlich negative Bewertung jeder von der Norm abweichenden seelischen Erfahrung! Was führe ich nicht alles ins Feld, um sie vom Wert unserer Erfahrungen zu überzeugen! »Eigentlich haben Sie recht«, sagt schließlich der eine der beiden. Von »Siloah« ist noch nichts zu sehen.

Am nächsten Morgen – es ist Sonntag – gehe ich in die Sarepta-Kapelle. Patienten gestalten den Gottesdienst. Ein großer Mundharmonika-Chor im Altarraum begleitet den Gesang anstelle der Orgel. Dann spielen die Patienten das Gleichnis von den Arbeitern im Weinberg. Es geschieht in unseren Tagen, und am intensiven und natürlichen Spiel der Patienten erleben wir, welche Überzeugungskraft die Gleichnisse Jesu für seine Zeitgenossen gehabt haben müssen. Noch nie war mir dieses Gleichnis vom Himmelreich so lebendig geworden. Als alle hinausgehen, drängt es mich, den Spielern zu danken. Vor Bewegung bringe ich kaum ein Wort heraus. »Warum spielen Sie nicht in der größeren Zionskirche?« frage ich. – »Der Prophet gilt nichts in seinem Vaterland«, antwortet eine kleine weißhaarige Dame, die ich für eine Schwester gehalten hatte. – »Sie sind auch Patientin?« – »Seit sechzig Jahren bin ich als Patientin in Bethel. Jetzt bin ich zweiundsiebzig.« Auch die anderen Gäste sind von dem unmittelbaren Spiel der Patienten ergriffen. »Vielleicht erkennen wir erst nach dem Tod, was die Patienten waren«, meint eine Schwester.

Müssen wir dazu wirklich erst gestorben sein?

Ein paar Wochen später nahm ich mir das *Bethel-Arbeitsheft 3* vor: *»Einführung in die Psychiatrie, Psychiatrische Grundfragen, Psychopathologische Systematik, Psychische Abnormitäten (Abweichungen)«.* Ich geriet alsbald in Zorn, denn was ich hier las, unterschied sich nur durch etwas größere Vorsicht von dem, was die Somatiker schon vor Jahrzehnten über die »endogenen Psychosen« geäußert hatten. Immer noch ist von »unverstehbaren und uneinfühlbaren seelischen Veränderungen« die Rede, aus denen »auf ein tiefergreifendes, eben somatisches Geschehen« geschlossen wird. Mit einer solchen Auffassung konnten Bethels Schwestern und Pfleger nicht zu einem Verständnis der Psychose als Aufbruch des Unbewußten nach seelischen Konflikten und Belastungen angeleitet werden, und ohne ein solches Verständnis konnte auch ein noch so selbstloser Einsatz keine wirkliche Hilfe bringen.

Die Bethel-Arbeitshefte werden von vielen in Bethel

Arbeitenden gelesen und wohl auch akzeptiert, da die Verfasser als Fachleute Autorität genießen. Das regte mich so auf, daß ich beschloß, meinen Bericht mit einem Brief an den damaligen Leiter Bethels abzuschließen. Ich möchte ihn beim Wort nehmen, hat er doch geschrieben, daß »das Heil des Kranken oberstes Gesetz« in Bethel sei. Ich möchte ihn bitten, seinen psychotischen Patienten ein erarbeitetes Psychose- und Selbstverständnis zu ermöglichen und damit die Erfahrung, daß ihnen wirklich »alle Dinge zum Besten dienen« – auch und gerade die Psychose. Aber ich vertippe mich ständig und kann das Geschriebene selber kaum lesen. Geh lieber in den Garten und rupf Unkraut aus, sage ich mir nach dem sechsten Entwurf und tue es.

Aber dann erlebe ich etwas Befreiendes. Am Abend kommt eine Sendung im Rundfunk: »Reise zum Wahnsinn – Musik, Gedichte, Bilder von Schizophrenen«. Die Gedichte Schizophrener aus dem Psychiatrischen Krankenhaus in Klosterneuburg bei Wien beeindrucken mich sehr. Daß ihr Arzt Leo Navratil ihre Erfahrungen so ernst nimmt und des Nachdenkens für wert erachtet, scheint mir ein verheißungsvoller Ansatz. Und die verständnisvollen Kommentare des Autors der Sendung, Dieter Schlesag, erfüllen mich mit Erleichterung und Hoffnung.

Danach stand ich vor meiner Badewanne, in der ich duschen wollte, und atmete immer wieder tief aus. Es war, als fiele die Entwertung von mehr als vierzig Jahren von mir ab. Und dann heulte ich los, ein befreiendes Weinen. So glücklich hast du dich schon lange nicht mehr gefühlt, dachte ich danach. Daß ich mich in die Runde dieser Schizophrenen einbezogen fühlen konnte, mit den ihren auch meine Psychose-Erfahrungen verstanden und akzeptiert wußte, so daß ich mich ganz mit ihnen identifizieren konnte, läßt mich immer wieder tief aufatmen, als wäre dadurch erst meine Heilung endgültig geworden. Sie sprachen von so vielen Erfahrungen, die mir vertraut waren und die ich bisher mit niemandem hatte teilen können: der »Rosette«, den »Zentralformen«, dem Spüren verborgener Sinnzusammenhänge.

Ich griff wieder nach Navratils Buch *Schizophrenie und Kunst* und las einige Stellen, die ich mir vor Jahren angestrichen hatte, weil seine Sicht der Schizophrenie meinen Erfahrungen nicht entsprach. Auch den Erfahrungen seiner Patienten aus der Sendung entsprach sie nicht. »Der Schizophrene erlebt den totalen Zusammenbruch seines Ichs und damit der Welt«, schrieb Navratil. Er meint die Ordnungsfunktionen des Ichs wie Vernunft und Wille. Aber was meint er mit dem »Zusammenbruch der Welt«? Und ist dieses Ich so unbedingt erhaltenswert? Oder muß es in manchen Fällen zusammenbrechen, damit eine Weiterentwicklung möglich wird? Ich habe meine psychotischen Schübe als Erweiterung der Persönlichkeit und als Sensibilisierung erlebt, und davon sprachen auch die Patienten der Sendung.

Bestimmt auch Leo Navratil, was der Schizophrene erlebt, anstatt es von ihm in Erfahrung zu bringen? Er erwähnt einen Ausspruch Manfred Bleulers, das Wesen der Schizophrenie bleibe »eines der größten Rätsel unserer Zeit«. Wenn dieses Rätsel einsichtiger werden kann, dann wohl nur durch uns Betroffene selbst.

Achtzehn Jahre waren damals seit meiner Heilung vergangen, inzwischen sind es über dreißig. Die Heilung war endgültig; ich hatte keinen psychotischen Schub mehr. Ich brauchte keinen Schub mehr, denn ich hatte die Botschaft des Unbewußten angenommen und in mein Leben integriert. Meine psychotischen Erfahrungen haben mein Leben sehr bereichert. Der Schock aber, wegen dieser Erfahrungen bekämpft, entwertet und zwangssterilisiert zu werden, war einschneidend und wirkt bis heute nach. Noch 1978, fast zwanzig Jahre nach meiner Heilung, hatte ich einen Angsttraum, in dem ich wieder in der Anstalt war.

Wieder in Bethel, aber in einem anderen Haus. Meine Mutter (sie war vor über zwanzig Jahren gestorben) und meine Schwester hatten mich hergebracht. Ich weiß nicht, warum sie mich als Patientin hierlassen wollten. Gerade hatte ich noch frühmorgens im Bett an meinem Bericht über meine Anstaltserfahrungen getippt. Der rote Schnellordner mit dem Manuskript liegt im Traum neben mir. Ein Arzt im weißen Kittel, groß und hager, betritt das Wartezimmer und bedeutet mir schweigend, mitzukommen. Einen Augenblick überlege ich, ob der Bericht im roten Ordner mich nicht vor der Betäubungsspritze bewahren könnte, denn aus ihm müßte der Arzt erkennen, daß meine Psychose seelisch bedingt und nicht medikamentös zu bekämpfen ist. Nein, sage ich mir, gib ihm den Text lieber nicht zu lesen; vielleicht versucht er, sein Erscheinen zu verhindern. Ich folge dem Arzt durch die Flure. Hinter einer Tür höre ich den verzweifelten Protest einer Patientin. Ich bin so erregt über meine Einweisung, die mir ganz unverständlich ist, daß ich nur mühsam und mit ganz veränderter Stimme sprechen kann.

Im Sprechzimmer des Arztes. Er sagt kein Wort. Ich liege in einem gläsernen Sarg, an dem außen an allen Seiten das Wasser herunterströmt. Das Wasser ist ein Symbol des Unbewußten, denke ich. Aber warum liege ich in einem gläsernen Sarg? Damit das Wasser des Unbewußten mich nicht erreicht? Ist das der Zweck der psychiatrischen Behandlung? Dann finde ich mich wieder dem Arzt gegenüber. »Sagen Sie ein Wort! Warum soll ich hier bleiben?« Er winkt mir mit dem Zeigefinger, ihm zu folgen. »Winken Sie mir nicht mit dem Zeigefinger! Sprechen Sie mit mir!« bringe ich mühsam hervor.

Ich folge ihm durch die Flure zurück. Noch immer habe ich diese veränderte Stimme. Ich versuche ihm zu erklären, daß sie kein Krankheitssymptom ist, sondern daß ich nur aus Erregung über meine mir unverständliche Einweisung schwer sprechen kann. Wieder im Wartezimmer mit Mutter und Schwester. Sie sehen so freundlich aus. »In diesem Haus kann ich nicht bleiben! Dann bringt mich lieber in das andere Bethel-Haus, das ich kenne!« Sie schweigen.

Ich wache auf. Gott sei Dank, es war ein Traum! Und richtig sprechen kann ich auch wieder. Zur Sicherheit sage ich ein paar Worte laut. Aber was hat der Traum zu bedeuten? Steckt die Furcht, noch einmal ohne ein Gespräch der Betäubungsspritze ausgeliefert zu sein und keinerlei Gehör zu finden, noch immer so tief in mir? Lag ich deshalb im Sarg? Werden wir, die wir die totale Ohnmacht in der Anstalt erlebt haben, diese Angst jemals ganz loswerden können?

Seither habe ich eingehende Gespräche mit anderen ehemaligen Psychose-Patientinnen geführt. Auch sie hatten die veränderte Welterfahrung ganz ähnlich erlebt wie ich; auch sie hatten wie ich das Erspüren sonst verborgener Sinnzusammenhänge erlebt und die aufgebrochenen inneren Impulse als Führung bewertet. »Durch meine Psychose bin ich zum Gottvertrauen gekommen«, sagte mir eine. »Ich lebe noch heute aus der Substanz, die mir meine Psychose-Erfahrungen vermittelt haben«, sagte eine andere.

Wann endlich werden die Psychiater bereit sein, den Patienten auf dem Weg zu einem solchen positiven Psychose-Verständnis einfühlsam und verstehend zu begleiten und dabei behutsam anzuleiten? Wann werden sie aufhören, uns zu entwerten und zu bekämpfen?

Vieles hat sich in den letzten Jahrzehnten geändert. Aber meist nur an der Oberfläche. Und manches ist schlimmer geworden. Die Dauerbetäubung und Reduzierung durch Psychopharmaka ist mir noch erspart geblieben. Auch die Fesselungen habe ich nicht erlebt, von denen Uwe Heitkamp in der »Report«-Sendung vom 9. April 1986 berichtete: »Ich liege in einem der sechzehn Betten auf der Wachstation. In diesem großen gläsernen

Käfig dämmern alle Eingewiesenen unter der Wirkung von Psychopharmaka hin. 5 Uhr 30 war Wecken. Bereits um 7 Uhr gibt es Tabletten. Dann erst das Frühstück. Gewaltanwendung ist hier keine Ausnahme. Gewalt bedeutet: nackt ans Bett fesseln. Auf meiner Station mit zweiunddreißig Menschen wurden täglich zwei so behandelt.«

»Konzentrationslager« nannte im November 1985 auf der Jahrestagung der »Deutschen Gesellschaft für Soziale Psychiatrie« (DGSP) einer der engagierten Psychiater solche gefürchteten Anstalten mit der zwangsweisen medikamentösen Unterdrückung. Er wußte aus seinen Erfahrungen bei der Auflösung der Bremer Anstalt Kloster Blankenburg in Wohngemeinschaften, welche jahrelange Mühe es kostet, derart geschädigte Langzeitpatienten wieder zu einem eigenverantwortlichen, menschenwürdigen Leben zu befähigen.

Wieviele Betroffene ziehen solchen Anstalten den Selbstmord vor? Einige Mitglieder unserer Selbsthilfegruppen versuchten, eine junge Frau, die erst vor kurzem zu uns gekommen war, dazu zu bewegen, sich in der Klinik behandeln zu lassen. Sie fuhren sie noch am Abend hin. Lange saßen sie mit ihr im Auto vor der Klinik, aber sie war nicht dazu zu bewegen, mit ihnen hineinzugehen. Aus einem früheren Klinik- oder Anstaltsaufenthalt wußte sie, was sie dort voraussichtlich erwartete. Hätte sie bei ihrem vorausgegangenen Klinikaufenthalt echtes Verständnis ihrer inneren Probleme gefunden und nicht nur medikamentöse Unterdrückung erfahren, dann hätte sie die Hilfe auch jetzt sicher gerne in Anspruch genommen. Unverrichteter Dinge fuhr die Gruppe schließlich wieder zurück. Am nächsten Tag sprang die junge Frau aus dem Fenster. Sie sprang in den Tod.

Hat die Psychose dieses Leben zerstört? In der Psychose wirken auch heilende Kräfte. Für den verständnisvoll Geführten bedeutet sie eine Entwicklungs- und Reifungsmöglichkeit, eine Chance der Wiedergeburt.

Danksagung

In den Jahren nach meiner Heilung habe ich viele Briefe an Psychiater geschrieben. Ich wollte sie davon überzeugen, daß zur Heilung der Schizophrenie ein Verständnis der psychotischen Erfahrung notwendig ist, das in Gruppengesprächen gemeinsam erarbeitet werden könnte. Alle Versuche waren vergeblich. Mitte der siebziger Jahre gab ich auf. Offenbar fürchteten unsere Psychiater um ihre Kompetenz, wenn Patienten mit ihrer Erfahrung der Psychose zu Wort kamen und ernst genommen wurden.

Aus dieser Ohnmacht des Schweigenmüssens befreite mich Hans Krieger durch sein Interesse, seine Ermutigung, seinen Rat. Ohne seine konstruktive Anteilnahme während vieler Jahre hätte ich diesen Bericht über meine Psychose-Erfahrungen und über meine Heilung durch Verstehen nicht geschrieben.

Auch meinen Schwestern danke ich für ihre Ermutigung und ihren Rat.

Auf den folgenden Seiten
finden Sie den Anhang
zur Neuausgabe:

Dorothea Sophie Buck-Zerchin:
Künstlerische Arbeiten
und
Wie es weiterging

»Schmerz«, 1938, s. im Buch Seite 121

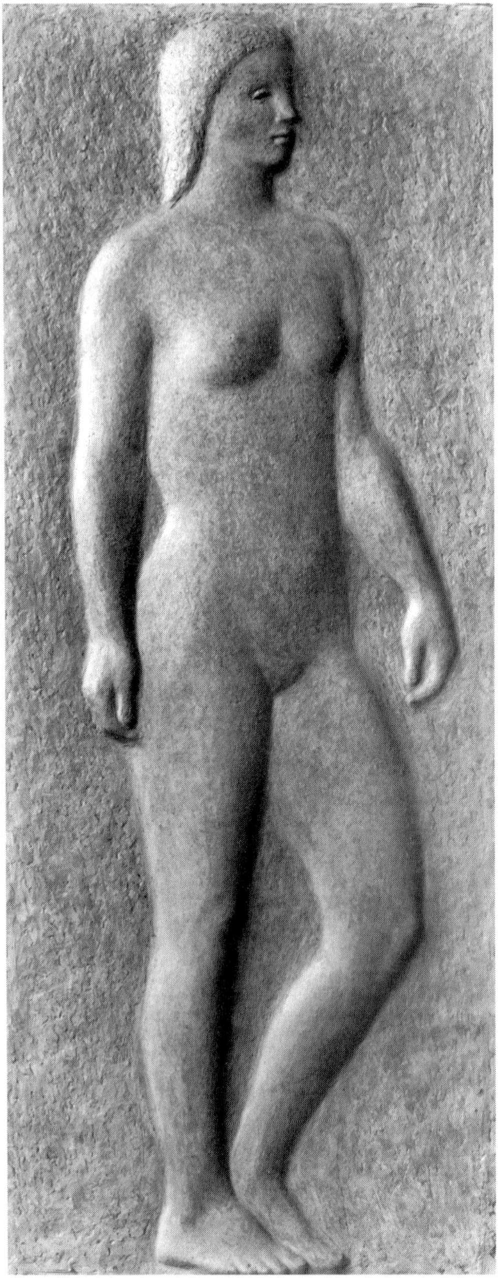

1952, s. im Buch Seite 201

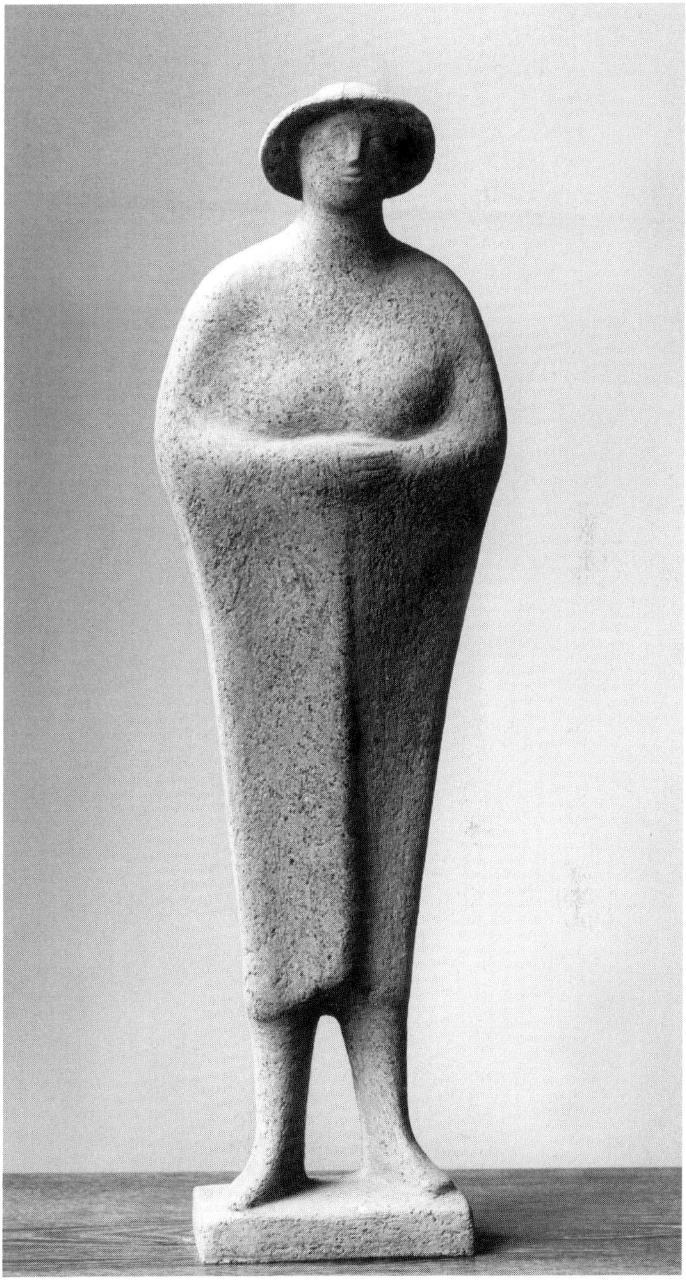

»Frau mit Hut/Hirtin«, 1952, gebrannter Schamotteton

1955, gebrannter Schamotteton

»Kaffeeträgerin« für die Hamburger Kaffee-Börse in der Speicherstadt, Aufbau in 6 cm breiten und 2 cm dicken Schamottetonstreifen, 125 cm hoch, gebrannt

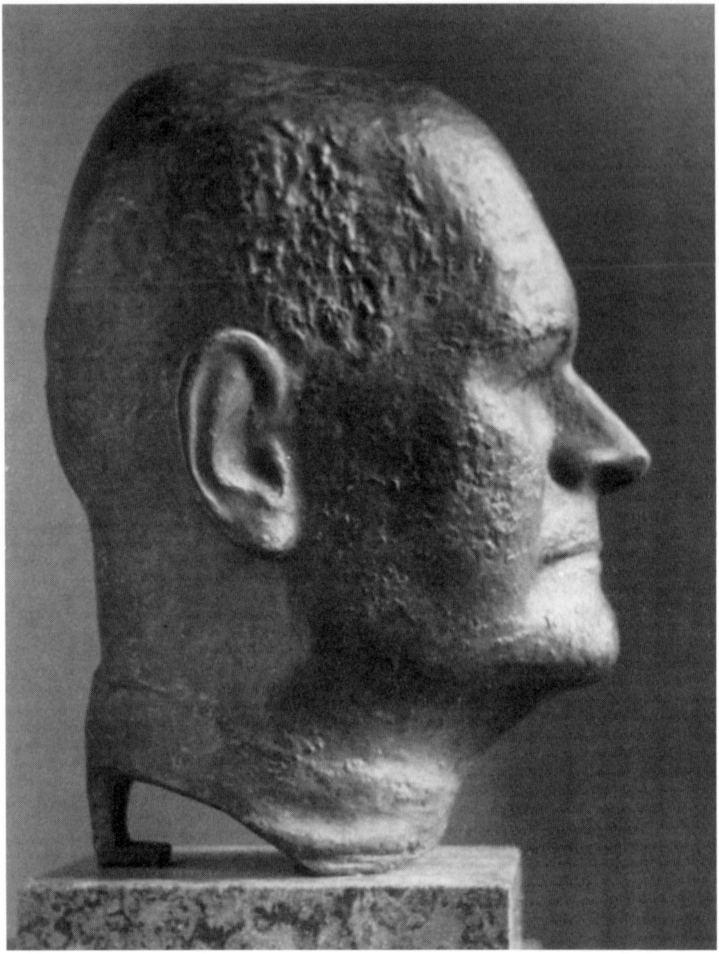

Prof. D. theol. Günther Dehn,
Theol. Institut der Universität Bonn, 1956

Frauenkopf, 1956

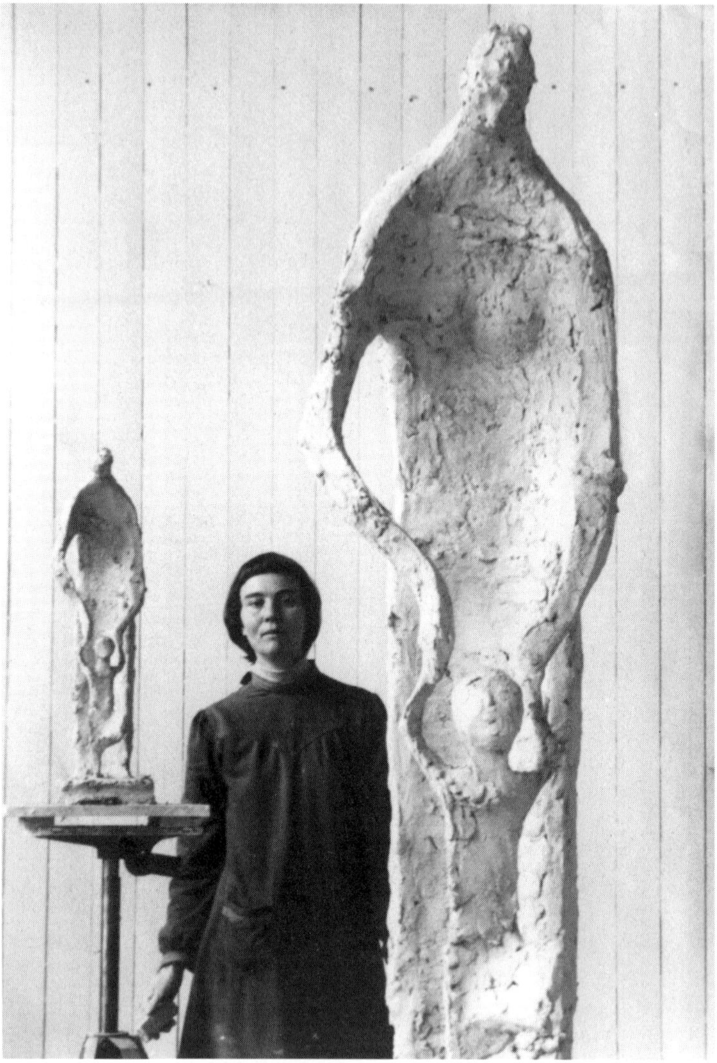

»Geleitetes Kind«, 1956, s. im Buch Seite 202

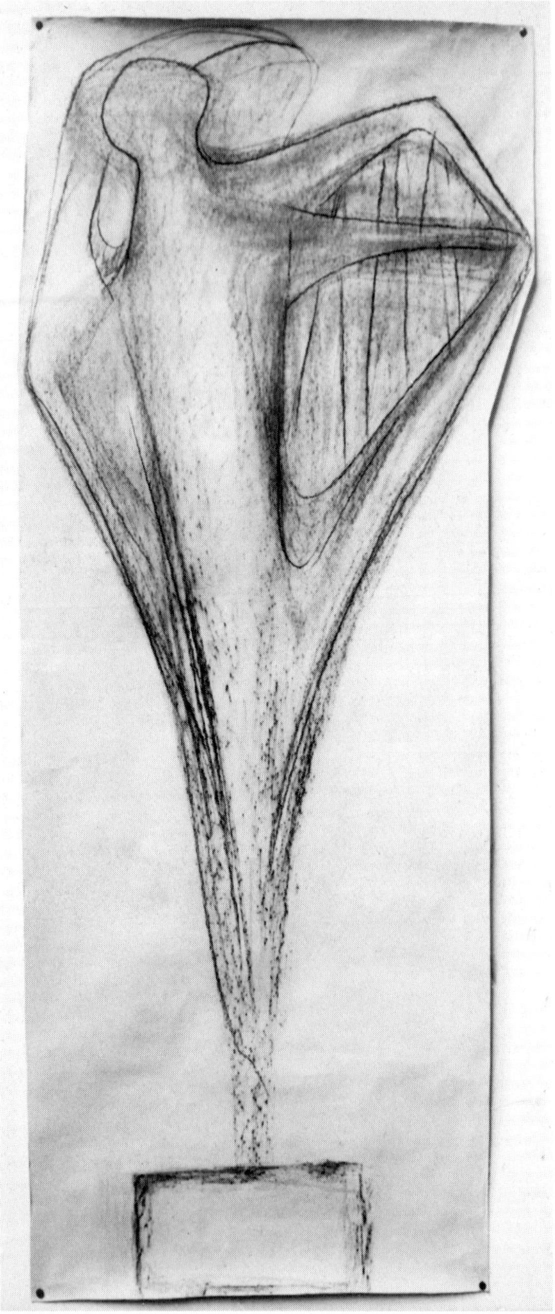

Harfenengel in gebranntem Schamotteton – als Gipsschnitt

»Trauernde« für die im II. Weltkrieg gefallenen Schüler
des Gymnasiums in Eutin.
Ausdruck der Gipsform in hellgelbem gebranntem Ton.

Mit griechischem Jüngling, beide in Bronze,
Entwurf für den umbauten Schulhof der Volksschule mit
integriertem Vorschulkindergarten in Hamburg-Wandsbek

bei der Arbeit, ca. 1964

»Im Gespräch«

Wie es weiterging

1990 erschien mein Bericht – herausgegeben von Hans Krieger – im Paul List Verlag. 1993 folgte die erste Taschenbuchausgabe bei Lübbe/Bastei und 1999 die zweite im inzwischen eigenen Econ & List Taschenbuchverlag.

»Wie ging es denn eigentlich weiter?«, bin ich oft gefragt worden.

Beim Erscheinen des Buches war ich bereits 73. Jetzt bin ich 88. Dazwischen, aber auch davor, lagen bewegte Jahre, seit in meine Zeit als freischaffende Bildhauerin in Hamburg das Wissen um die psychiatrischen Patientenmorde von 1939–45 einbrach. Bis zum Eichmann-Prozess in Jerusalem 1960 waren sie völlig verschwiegen worden.

Über die unverändert unmenschlichen bundesdeutschen Anstalten schwiegen die Medien dagegen nicht. Noch am 20. April 1979 titelte DIE ZEIT auf erster Seite »Die Gesellschaft der harten Herzen – In den Schlangengruben der deutschen Psychiatrie«: »... Keine Minderheit wird so schändlich behandelt wie die psychisch Kranken ... Die rechtliche, besser: die rechtlose Situation vieler psychisch Kranker und geistig Behinderter bedarf sofort einer Überprüfung. Wo es Zwangseinweisungen und geschlossene Abteilungen – mehr Strafkolonien als Intensivstationen – gibt, wo Festbinden, körperliche Strafen, Zwangsunterbringung in tierstallähnlichen Unterkünften an der Tagesordnung sind, wo die unzureichend kontrollierte Verabreichung von Medikamenten durch nichtmedizinisches Personal, aufgezwungene Untätigkeit oder abstumpfende Arbeiten zur ›Normalität‹ gehören – da bedürfen die Patienten dringend des Rechtsschutzes...« – Zur Veranschaulichung dieser Zustände dokumentierte das ZEIT-Magazin vom 20. April 1979 das »Haus Carlsruh« in der Hamburger Evangelischen Anstalt Alsterdorf. Während der Holocaust der Juden Thema vieler Evangelischer Akademien war, setzte Alsterdorf auch noch 34 Jahre nach dem NS-Regime die Erniedrigung seiner Patienten fort, obwohl auch Alsterdorf 629 Kinder, Frauen und Männer mit der Beteiligung des leitenden Pastors Friedrich Lensch zur »Euthanasie« durch überdosierte Medikamente oder systematisches Verhungernlassen geschickt hatte.

Diese verschwiegenen Patientenmorde und menschenunwürdigen Anstalten hatten mich seit Jahren so tief beunruhigt, dass ich 1965 nach der Aufstellung meiner letzten großen Mutter- und Kindplastik meine Arbeit als Bildhauerin aufgegeben hatte. Denn immer wieder hatte es mich von der plastischen Arbeit an die Schreibmaschine gedrängt. Von 1969 bis 1982 unterrichtete ich bis zu meinem 65. Jahr als Lehrerin für »Kunst und Werken« an der Hamburger Fachschule für Sozialpädagogik künftige ErzieherInnen oder KindergärtnerInnen, die ich selbst nicht hatte werden dürfen. Neben dieser Arbeit konnte ich schreiben, was mir neben meiner künstlerischen Arbeit nicht gelang.

Projektwoche »Frieden« 1982

Im Februar 1982 führte unsere Sozialpädagogische Fachschule zum ersten Mal eine Projektwoche zum Thema »Frieden« durch. Ich bot eine Arbeitsgruppe »Diskriminierte Minderheiten – Psychisch Kranke« an. Das Interesse an diesem Thema war groß. Ich begann mit einer Einführung in die Psychose an Hand meiner Fotos von Bildern und Plastiken der Prinzhorn-Sammlung, die 1980 in einer bewegenden Ausstellung in der Hamburger Kunsthalle zu sehen waren. Was hätte näher gelegen, als diese Einführung offen durch meine eigenen Psychoseerfahrungen zu ergänzen, da ich in diesem Jahr ohnehin Rentnerin und damit unabhängig wurde? Doch ich tat es nicht - noch nicht ...

Anschließend besuchten wir das Gemeindepsychiatrische Zentrum in Eimsbüttel und am nächsten Tag die Alsterdorfer Anstalten und informierten uns im Gespräch und in einem Film über die dortige Arbeit. Zwei Tage lang arbeiteten die AG-TeilnehmerInnen in mehreren Werkstätten mit. Am letzten Tag besuchten wir Dr. Emil Thiemanns Wohngemeinschaft in der früheren Schule in Putensen. Bei keinem der vielen Gespräche sagte ich den eigentlich selbstverständlichen Satz: »Ich war selbst psychotisch.« Denn eine ehemals als »schizophren« diagnostizierte und dazu noch als »minderwertig« zwangssterilisierte Lehrerin war undenkbar im Unterschied zu den an den Patientenmorden beteiligten und weiter lehrenden Psychiatrie-Professoren. - »Und sprechen Sie niemals von Ihrer Schizophrenie!«, hatte mir der Psychiater vom Personalärztlichen Dienst vor meiner Anstellung geraten, und in einem Telefongespräch behauptet: »Es gibt keine Heilung«, als ich ihm 1974 erklärte, dass ich seit fünfzehn Jahren durch ein gewonnenes Psychoseverständnis gesund sei. Ist es bei heutigen Anstellungen als Lehrer aber anders?

Aktionskreis 71

Schon lange gehöre ich der ältesten Selbsthilfeorganisation Psychiatrie-Erfahrener, dem 1971 gegründeten »aktionskreis 71« in Hamburg an. Ein Jahr zuvor hatten wir den »Club 70« innerhalb des »Seelsorgezentrums« der Hamburger Sankt Petrikirche mit Pastor Gunnar v.

Schlippe gegründet, den der ehemals langjährige Anstaltspatient Norbert Erdmann initiiert hatte. Aber der Club büßte seinen anfänglichen Selbsthilfecharakter schon bald wieder ein.

Wenn wir die Psychiatrie verändern wollten, würde uns das nur durch ein besseres Verständnis der Psychosen und psychotischer Menschen gelingen, und dieses Verständnis einer anderen Wirklichkeit würden nur wir Psychose-Erfahrene selbst vermitteln können. Dazu schrieb ich den in diesem Buch vorliegenden Bericht, aber der genügte nicht.

Kirchentags-Werkstatt 1985

1985 beteiligte sich unser »ak 71« am 21. Evangelischen Kirchentag in Düsseldorf, der unter dem Motto stattfand: »Die Erde ist des Herrn«. Die fünfzehn Messehallen waren in sechs Themenbereiche aufgeteilt. Zu unserem Thema »Leben in der Schöpfung« bereiteten 42 Gruppen, die sich unter fünf Symbolen in einer Riesenhalle zusammenfanden, ein Jahr lang eine »Werkstatt« vor. Zum Beispiel rüsteten zehn Friedens-, Ökologie- und Dritte Weltgruppen während der drei Tage einen aus dem Bundeswehrbestand gekauften Militärlastwagen in eine komplett eingerichtete Ambulanz um. Zu unserer Gruppe »Soziale Gerechtigkeit« gehörten außer unserem »ak 71« sechs Arbeitskreise, wie »Brot für die Welt«, »Kinderhilfe Chile« und andere Initiativen, die sich für benachteiligte Minderheiten einsetzen.

Unser Symbol war ein Käfig: Eingesperrt – Ausgegrenzt. Wir trafen uns monatlich zur Programmgestaltung für jeden der drei Tage: »Leben in der Bedrohung – Horizonte entdecken« – »Leben im Widerstand – Gewaltfreiheit als neue Orientierung« – »Leben im Miteinander – Beteiligung lernen«.

Ein Liederdichter und ein Musiker texteten und vertonten unsere Lieder zu unseren Käfig- und Befreiungsspielen. Ein Pfarrer aus Leer/Ostfriesland brachte in seinem Anhänger das von ihm konstruierte und zusammengelegte Holzgestänge des fünf mal fünf mal fünf Meter großen Käfigs mit, der nur zusammengesteckt und mit Maschendraht bespannt werden musste.

Dann stand der große Würfel wie ein riesiger Kaninchenstall inmitten einer Wand aus jeweils zwei mal zwei Meter großen, auch mit Maschendraht bezogenen Holzlattenrahmen. An ihnen hingen neben den Plakaten vom »Dachverband Psychosozialer Hilfsvereinigungen« die stark vergrößerten Fotos von jahrelang an Händen und Füßen, an ihre Betten nackt fixierten Patienten der Münchener Anstalt Haar, deren Gelenke von den ständigen Fesseln schon verkrüppelt waren.

Eines dieser Fotos hatte ich in Lebensgröße auf ein Bettlaken projiziert und als Batik mit der Schrift eingefärbt. An zwei Bambusstäben getragen, wurde dieses Symbol menschlicher Erniedrigung mit anderen Protestplakaten zum Signal, wogegen wir uns in dieser Halle für das »Leben in der Schöpfung« wandten: Gegen die medikamentöse »Friedhofsstille« in den Psychiatrien, die der »ak 71« in einem Spielfilm aufgezeichnet hatte, den wir mehrmals am Tag unseren interessierten Gästen vorführten. Vor allem realisierten wir in unserer Werkstatt, wofür wir uns einsetzten: Für Phantasie und Kreativität. Zum Beispiel für die »Bremer Stadtmusikanten« des Ateliers Blaumeier: Esel, Hund, Katze, Hahn, die am Sonnabendmorgen als Überraschungsgäste hoch in die Messehalle hinaufragten.

Sich selbst beim Gestalten in unserer Werkstatt ausprobieren beim Modellieren in einem mit Ton gefüllten Sandkasten, beim lebensgroßen Bauen mit leichten Ytongsteinen, beim Malen, Singen, Tanzen, bei der Pantomime, beim Mitmachen in den fünf Gruppen.

Robert Jungk und Ingeborg Drewitz gehörten zu unseren Referenten. Für die morgendliche Bibelarbeit hatten wir Dorothee Sölle und Luise Schottroff gewonnen. Sie brachten uns jeden Morgen viele Gäste in unsere Werkstatt. Für sie hatten wir in unserer Käfiggruppe alle Adressen von Freundeskreisen für Psychiatrie-Betroffene bereit, für die sich der »Dachverband Psychosozialer Hilfsvereinigungen« einmal gegründet hatte, wie der Name sagt. Diese Informationsgespräche waren das vordringliche Anliegen aller 42 Gruppen. Auch für langerfahrene Kirchentag-Fans war unsere Werkstatt zum »Leben in der Schöpfung« ein besonderes Ereignis.

Unsere Anhörung vor den Politikern 1987

Der »ak 71« gründete sich, während Professor Klaus Dörner die Tagesklinik der Hamburger Uni-Psychiatrie leitete. Immer, wenn in Hamburg gewählt wurde, lud der »ak 71« Politiker aller Parteien zum Thema »Psychiatrie« ein und dazu Klaus Dörner, der seit 1980 die Westfälische Klinik in Gütersloh leitete.

Seit dem Januar 1984 schrieb Klaus Dörner an die Bundesregierung, an die Fraktionsvorsitzenden aller Bundestagsparteien, an die Wohlfahrtsverbände, an die Kirchenleitungen, an Anstaltsleiter und andere, um sie davon zu überzeugen, dass es ohne eine Rehabilitierung durch eine Entschädigung von uns als »minderwertig« Zwangssterilisierten und der als »lebensunwert« Überlebenden der psychiatrischen Tötungsanstalten im NS-Regime keine Psychiatrie-Reform geben könne.

Seine Briefe erreichten schließlich die erste und einzige Anhörung von uns Betroffenen am 24. Juni 1987 vor dem Innenausschuss des Deutschen Bundestages in Bonn. Bereits im Februar 1987 hatten Klaus Dörner, Klara Nowak als Vorsitzende unseres kurz vorher gegründeten »Bund der ›Euthanasie‹-Geschädigten und Zwangssterilisierten e.V.« und ich ein längeres Gespräch mit der damaligen Bundesgesundheitsministerin Frau Prof. Rita Süssmuth über die auch heute noch verdrängten Ausrottungsmaßnahmen.

Unsere Anhörung wurde für mich auch deshalb zu einem Wendepunkt, weil die anwesende Behinderten-Beauftragte des Bundesgesundheitsministeriums, Frau Vogel, mir auf meine Kritik an der damals gesprächslosen und heute immer noch gesprächsarmen Psychiatrie vorschlug, meine Vorstellungen einer verständigeren und menschlicheren Psychiatrie für das Bundesgesundheitsministerium aufzuschreiben. Zum ersten Mal wollte jemand von der Profi-Seite wissen, wie wir die Psychose erleben und verstehen, welchen Sinn sie für uns haben kann und welche Hilfen notwendig wären.

So ernst, wie ich ihren Vorschlag nahm, hatte sie ihn vermutlich gar nicht gemeint und wäre erstaunt zu erfahren, was sie damit in Bewegung setzte. Fast ein Jahr lang arbeitete ich an meinem »Antrag auf einen Arbeitskreis für mehr Mitbestimmung Betroffener in der Psychiatrie«, den ich am 8. Juni 1988 auf 22 Seiten auf unserem »ak 71«-Briefpapier an die Bundesgesundheitsministerin, Frau Rita Süssmuth, schickte. Kopien gingen an acht Fachleute der angeführten Berufe, auf deren Teilnahme an diesem Arbeitskreis ich hoffte. Er sollte sich »aus Psychiatern, Psychologen, Vertretern der Pfleger und Schwestern, je einem theologischen Leiter einer evangelischen und einer katholischen Anstalt, einem Vertreter des ›Dachverbandes Psychosozialer Hilfsvereinigungen‹, Vertretern der Angehörigen und aus Betroffenen der Selbsthilfegruppen zusammensetzen. Aus insgesamt etwa 30 Teilnehmern«. Er sollte »ein Arbeitspapier für die Psychiatrie- und Anstaltsverantwortlichen der anderen Bundesländer und für die konfessionellen

Anstalten herausgeben« und sich einmal im Monat im Bundesgesundheitsministerium in Bonn treffen.

Das Hamburger Psychose-Seminar WS 1989/90

Da Professor Klaus Dörner meinen Antrag bei Frau Süssmuth befürwortet hatte, erhielt er auch eine Kopie der Absage des Bundesministeriums mit dem Vorschlag, »einen Arbeitskreis der vorgeschlagenen Art vor Ort einzurichten«. – Klaus Dörner schlug dem Dipl.-Psychologen PD Dr. Thomas Bock vor, Kontakt zu mir aufzunehmen. Dr. Bock bot damals in der Hamburger Uni-Psychiatrie Eppendorf ein Psychose-Seminar für Berufstätige und Studierende an und lud mich zu einem ihrer Treffen im Sommersemester 1989 ein.

Nicht nur *über* psychotische Menschen, sondern *mit* mir als »schizophren« Diagnostizierter nach fünf Schüben zwischen 1936 und 1959 und damals dreißigjähriger »Heilung« über die Veränderungen durch die Psychose zu sprechen und was mir zum Psychose-Verständnis geholfen hatte, fanden sie spannend. Schon im nächsten Wintersemester 1989/90 wandelte sich das universitäre Psychose-Seminar von einer beruflichen Fortbildung über Psychosen und über psychotische Menschen zu einem Erfahrungsaustausch mit den eingeladenen Mitgliedern von Selbsthilfe- und Angehörigengruppen.

Später erschienen die zwei Textsammlungen aus dem Psychose-Seminar »Stimmenreich« und »Im Strom der Ideen« sowie eine »Arbeitshilfe« im Bonner Psychiatrie-Verlag.

50 Jahre nach dem »Euthanasie«-Beginn – Fortbildungswoche Gütersloh 1989

Für die 41. Gütersloher Fortbildungswoche Anfang Oktober 1989 mit dem Thema »Jetzt wird's ernst – die Psychiatrie-Reform beginnt« hatte mir Professor Dörner das Eröffnungsreferat angeboten. 1989 jährte sich zum fünfzigsten Mal der Beginn der Psychiatrischen Patientenmorde, die so genannte »Euthanasie«, mit der ich mich während der 60-er Jahre so eingehend befasst hatte. Mir ging besonders die Einsamkeit des Sterbens der »Euthanasie«-Opfer nach. Die aus rassischen Gründen ermordeten Juden, Polen, Roma und Sinti erlebten ihre Vernichtung als Volk und im Familienverband. Die »Euthanasie«-Opfer traf das psychiatrische Urteil als »lebensunwert« jeden für sich allein. Ihre Familien hatten sie den Psychiatern, die sich nun als ihre »Todfeinde« erwiesen, überlassen. Auch uns Zwangssterilisierte traf das psychiatrische Urteil als »minderwertig« jeden einzelnen isoliert.

In meinem Referat berichtete ich auch, wie die jahrzehntelang verschwiegenen Patientenmorde und die unverändert unmenschlichen deutschen Psychiatrien mein Leben veränderten, um danach auf mein eigentliches Anliegen zu kommen: Dass die Leiden der Ermordeten und der Überlebenden der Tötungsanstalten und die erzwungenen Verzichte von uns Zwangssterilisierten nur dann einen Sinn gewinnen können, wenn die Fachleute nicht mehr nur ihre Wirklichkeit beobachteter Symptome, sondern die Wirklichkeit der Patienten erkennen. Von dieser Wirklichkeit und den gemeinsamen Mitteln, die unsere Nachtträume und unsere Psychosen als Aufbruch aus ihrer gemeinsamen Quelle, unserem Unbewussten, anwenden können, um vorausgegangene Lebenskrisen zu lösen, hörten viele der Gäste damals zum ersten Mal. So war auch unsere

Arbeitsgemeinschaft über »Schizophrenes Erleben«, die Eva-Maria Panthenius und ich als »ak 71«-Mitglieder anboten, von über 100 Gästen besucht. Dieser Erfolg ließ uns hoffen.

Patientenversuche von Professor Hippius, 1986–90

Am 29. November desselben Jahres 1989 brachte das »Hamburger Abendblatt« einen Bericht über »Menschenversuche mit Glückspillen«: »Versuche mit Menschen haben unter deutschen Medizinern einen Streit ausgelöst. An der Münchner Universitätsklinik erforscht Professor Hanns Hippius die Wirkung von Medikamenten bei Kriegs- und Katastrophenangst. Er versetzt psychisch Kranke mit Horrorfilmen in Schrecken und verabreicht ihnen anschließend Glückspillen. Als andere Ärzte aufmerksam wurden und mit Professor Hippius diskutieren wollten, verpasste ihnen die Regierung Oberbayerns einen Maulkorb.«

Der folgende Text gab nähere Auskunft darüber, dass das Bundesinnenministerium unter Dr. Wolfgang Schäuble diese Versuche seit 1986 mit 280.000,– DM jährlich bezahle. – Dass Professor Hippius »seit längerem dem Wehrbeirat des Verteidigungsministeriums und der ›Schutzkommission‹ des Innenministeriums angehöre«. – Dass die Patienten außer mit Horrorfilmen durch Schlafentzug und überhitzte Bäder in Panik versetzt wurden. – Dass »die Regierung Oberbayerns Proteste als ›Eingriff in die Wissenschaftsfreiheit‹ abwies«.

Zusammen mit meinem »Antrag auf einen Psychiatrie-Beauftragten, der die Anliegen und Rechte Psychiatrie-Betroffener vertritt« schickte ich den Zeitungsartikel an den Bundespräsidenten Richard von Weizsäcker. Ich schrieb ihm von dem tiefen Erschrecken unseres

»Bundes der ›Euthanasie‹-Geschädigten und Zwangssterilisierten e.V. – Land Hamburg« und unserer Selbsthilfe-Organisation heutiger Psychiatrie-Betroffener »Aktionskreis 71 e.V.« darüber, dass das Bundesinnenministerium für jährlich 280.000,– DM in der Münchener Universitäts-Psychiatrie diese nach unserer Auffassung menschenverachtenden Versuche für den Kriegsfall durchführen ließ. »Wir sind auch darüber empört, dass die Regierung Oberbayerns Proteste dagegen als ›Eingriff in das Grundrecht der Wissenschaftsfreiheit‹ abwies, das Grundrecht auf die in der Verfassung garantierte Menschenwürde der zu Versuchsobjekten missbrauchten Patienten dagegen ignorierte ...«

Auch meine Schwester Dr. Anne Fischer, Psychologin und Pädagogin, schrieb an den Bundespräsidenten: »Aus dem beiliegenden Artikel sehen Sie, dass mit staatlicher Unterstützung schon wieder ein Weg beschritten wurde, der vor 50 Jahren zu den Menschenversuchen in KZs und zu den Patientenmorden geführt hat. Wieder werden Menschen zu Objekten degradiert, wieder werden sie als Mittel für ein vermeintliches Allgemeinwohl ausgenutzt, das das Gewissen beschwichtigt ... «

Politiker antworten 1989/90

Das Bundesinnenministerium schrieb mir am 20. Dezember 1989: »... Das Bundespräsidialamt hat mir Ihr Schreiben vom 6.12.1989 zur Beantwortung übersandt. Soweit Sie sich gegen die Untersuchungen von Herrn Prof. Hippius, München, wenden, hat sich die Angelegenheit insofern erledigt, als diese Untersuchungen mit Ablauf des Jahres 1989 eingestellt worden sind. Für Ihre weitergehenden Anliegen

- gesetzliches Verbot, Psychiatrie-Patienten als Versuchsobjekte zu benutzen,

– Einsetzung eines Psychiatrie-Beauftragten

ist der Bundesminister für Jugend, Familie, Frauen und Gesundheit zuständig. Ich habe dieses Ministerium um Übernahme des Vorgangs gebeten. Im Auftrag Löhr.«

Auch das Bundespräsidialamt antwortete mir und meiner Schwester: »Für Ihre Einschätzung, dass Sie die Möglichkeiten der psychiatrischen Behandlung als unzureichend empfinden, hat der Herr Bundespräsident großes Verständnis. Denn in diesem Bereich besteht in vielerlei Hinsicht noch ein erheblicher Nachholbedarf. Dies ist dem Bundespräsidenten als ein wirklich gravierender Mangelzustand bekannt, da er sich in der Vergangenheit schon mehrfach über die Lage der Psychiatrie eingehend hat unterrichten lassen ... Er wird auch künftig in den Gesprächen, die er über diese Fragen führt, die Verantwortlichen darin stärken, alle Anstrengungen zu unternehmen, damit es im Bereich der Psychiatrie möglichst bald zu durchgreifenden Verbesserungen und Fortschritten kommt ...«

Den »Abendblatt«-Artikel schickte ich mit einem Brief auch an die Bundestagspräsidentin Frau Süssmuth, an die Bundesgesundheitsministerin Frau Lehr, an die Fraktionsvorsitzenden der Bundestagsparteien, an das Kommissariat der Deutschen Bischöfe, an die EKD (Evangelische Kirche Deutschland) und an andere maßgebliche Stellen und Personen.

Alle Angeschriebenen antworteten. Das Kommissariat der Deutschen Bischöfe übersandte mir die Kopie eines sehr besorgten Briefes der vier SeelsorgerInnen der Münchener Uni-Psychiatrie an Professor Hippius, aus dem ich im Buch einen Absatz zitierte (s. S. 240). Das Bundesgesundheitsministerium ging in seiner Antwort davon aus, dass »diese klinische Studie von der Ethik-Kommission der Universität München geprüft und gebilligt worden ist«. Die Reputation des »seriösen

Wissenschaftlers« galt als »Garantie« auch für den Petitionsausschuss des Deutschen Bundestages (beide in Abschrift voneinander). Herr Professor Hippius hatte seine Versuche fälschlich als Therapie deklariert.

In einer 60-seitigen Dokumentation fasste ich die Antworten der Angeschriebenen zusammen unter dem Umschlag mit dem »Abendblatt«-Artikel und der Frage: »Schweigen und Vorübergehen?« mit einem dicken Fragezeichen, ließ sie 400-mal drucken, setzte einen roten Stempel »Für einen Psychiatrie-Beauftragten« auf jedes Exemplar und verschickte sie.

Zum Erscheinen dieses Buches 1990

Bei der 42. Gütersloher Fortbildungswoche 1990 stellten Dr. Thomas Bock und ich unser Hamburger Psychose-Seminar vor. Anschließend fuhr ich mit einem befreundeten Teilnehmer zur Frankfurter Buchmesse und war völlig überrascht, auf dem Frankfurter Bahnsteig einen Herrn zu sehen, der dieses gerade erschienene Buch vor sich trug: Hans Krieger, sein Herausgeber und mein Lektor. Wir hatten uns zwischen Hamburg und München nur schriftlich und telefonisch über den Text auseinander gesetzt und verständigt. Nun lernte ich ihn und auch das Team vom List Verlag bei der Buchmesse kennen. Mein erstes Interview zum Buch mit dem Südwestfunk hatten sie vorbereitet.

Da er ein Literaturverlag ist, wurde dieses Buch wie andere List-Bücher auch in der Tagespresse besprochen. So war mir doch etwas seltsam zu Mute, als ich während einer anschließenden Kur in Bad Bevensen im Lesesaal in der »Süddeutschen Zeitung« vom 19. Oktober 1990 unter dem Titel »Gespalten hat sie sich nie gefühlt – Sophie Zerchin über Psychose als Selbstfindung« fast eine halbe Seite lang aus meinem Buch berichtet fand. Damals brauchte ich noch den Schutz des Pseudonyms. Auch meinen Freunden gegenüber, die von meinen Psychosen nichts wussten, verschwieg ich dieses Buch. Obwohl meine fünf Psychosen als »Zentralerleben« die wichtigsten Erfahrungen meines Lebens blieben, denen ich mich von vornherein durch den Entschluss »Mein Wille ist, nicht zu wollen, sondern mich führen zu lassen« ohne Angst überlassen hatte, stand ich mit dieser positiven Bewertung unter »Gesunden« völlig allein.

Das änderte sich durch die Begegnung mit Hans Krieger seit 1974, der meine Erfahrungen dieses Buches für wert hielt, veröffentlicht zu werden, und der mir vor meiner letzten Psychose 1959 in der spontanen Gewissheit - ein Hans würde uns helfen - schon angekündigt worden war.

Hamburger »Initiative Bundesverband ... Erfahrener« 1990

Klaus Dörner hatte nach meinem Eröffnungsreferat 1989 die Frage gestellt: »Könnte es sein, dass wir in den 90er Jahren entdecken, dass psychiatrische Patienten und Ex-Patienten für sich selbst, mit und auch gegen uns Professionelle sprechen und sich in Selbsthilfegruppen zusammenfinden können, wie wir in den 80er Jahren entdeckt haben, dass Angehörige psychisch Kranker für sich selbst sprechen und sich in Gruppen zusammenschließen können, was wir bis dahin für unmöglich gehalten hatten, weil wir es nicht gefördert, sondern behindert hatten?«

Schon im folgenden Jahr 1990 bildete sich aus unserem Hamburger Psychose-Seminar unsere »Initiative Bundesverband ... Erfahrener«. Zum 16. Januar 1991 luden wir Mitglieder aller uns bekannten bundesdeutschen Selbsthilfeinitiativen in die »Werkstatt 3« nach Hamburg-Altona ein. Wir stellten gemeinsam fest, dass die Notwendigkeit eines eigenen Bundesverbandes außer Frage stand.

Die Irsee-Tagung im April 1991

Ein entscheidendes Signal zum Aufbruch dahin wurde die erste Betroffenen-Tagung vom 26. bis 28. April 1991 im Kloster Irsee bei Kaufbeuren. Der »Arbeitskreis Betroffene« im »Dachverband Psychosozialer Hilfsvereinigungen« hatte dazu eingeladen. Diese Tagung mit dem Thema »Patienten brechen ihr Schweigen – Wie wollen Psychiatrie-Patienten behandelt werden?« war ein unglaublich befreiendes Erlebnis nach der psychiatrischen Stigmatisierung durch die nur defizitäre Sichtweise auf psychiatriebetroffene Menschen. Für die 120 Plätze hatten sich 450 Interessierte – auch Angehörige und in der Psychiatrie Tätige – angemeldet.

Kloster Irsee bei Kaufbeuren war von 1849 bis 1972 Kreis-Irrenanstalt und durch ihre fettlose Hungerkost bekannt und berüchtigt. Hier wurden im NS-Regime über 2000 zur untätigen Verkümmerung gezwungene PatientInnen unter den Augen der dort tätigen Nonnen zu Tode gehungert oder durch überdosierte Medikamente vergiftet. Vorher – bis Ende August 1941 – waren die Menschen von hier aus in die Tötungsanstalten Hadamar, Grafeneck und Hartheim bei Linz verlegt und dort vergast worden. Heute ist dieses kostbar renovierte barocke Benediktiner-Kloster »Schwäbisches Bildungszentrum«.

Vor diesem Hintergrund 50 Jahre danach über die Psychose, die die Ermordeten mit ihrem Leben bezahlen mussten, als eine wichtige Erfahrung miteinander und mit interessierten Psychiatriemitarbeitern zu diskutieren, die zudem Thema zweier von zehn Arbeitsgruppen war, blieb ein beeindruckendes Erlebnis.

Der Höhepunkt der Tagung waren die Berichte aus den Arbeitsgruppen im Plenum am Sonntagvormittag. So lebendig und so ehrlich, auch »mit zitternden Knien«, hatten wir noch nie bei Tagungen Berichte aus den Arbeitsgruppen gehört.

Über den bewegenden Abschluss der Irsee-Tagung, dem Gedenken am Mahnmal hinter dem Kloster, schrieb ein Teilnehmer: »Nur selten habe ich in meinem Leben eine so tiefe Ergriffenheit verspürt. Es wurden zwei kurze Reden gehalten. In einer stillen Zeitspanne der Besinnung hat jeder schweigend seinen persönlichen Gedanken anhangen können. Viele von uns haben geweint oder lagen sich weinend in den Armen. Das Mahnmal soll für uns ein Aufruf sein, mit dafür zu sorgen und zu wachen, dass ein solches Unrecht und eine solche Unmenschlichkeit nie wieder über uns hereinbrechen möge ... Euer Jo.«

Bei der »Nachlese« der Irsee-Tagung am 25. Mai 1991 im Jugendgästehaus auf dem Venusberg in Bonn beschlossen wir die Gründung eines »Bundesverbandes Psychiatrie-Erfahrener« und auch, uns ebenso wie der Bundesverband der Angehörigen dem »Dachverband Psychosozialer Hilfsvereinigungen« anzuschließen.

Nach fünfmaligem Treffen der Satzungs-Kommission, die wir einmal auf 60 Psychiatrie-Betroffene erweiterten, gründeten wir vom 9. bis 11. Oktober 1992 in der größten bundesdeutschen Anstalt Bedburg-Hau mit etwa 220 ehemaligen und damaligen Psychiatrie-PatientInnen unseren »Bundesverband Psychiatrie-Erfahrener e.V.« (BPE). *(Adresse: Wittener Straße 87, 44789 Bochum, Telefon 02 34 / 68 70 55 52)*

»Patienten schließen sich zusammen« 1992

Nach der Begrüßung der Gäste am Freitagnachmittag durch Bedburg-Hau's Oberbürgermeister, durch Elke Bücher (Gründungskommission), nach Dr. Elmar Spanckens Geschichtsbeschreibung einer dieser größten europäischen Anstalten und Klaus Nouvertné's (Dachverband) hocherfreuten Worten über unsere Gründungstagung war es uns nach Irsee schon fast selbstverständlich, dass alle Referate und alle 16 Arbeitsgruppen von uns Betroffenen selbst gehalten und moderiert wurden – außer einem Vortrag von Dr. Matthias Krisor, Chefarzt des St. Marien Hospitals in Herne: »Die psychiatrische Institution hat sich den Bedürfnissen des psychisch erkrankten Menschen anzupassen und nicht umgekehrt« war sein Thema und löste heftige Diskussionen aus; denn ihre Bedürfnisse wollen die Betroffenen selbst bestimmen. Auch hier war von *Be*-handeln und nicht von *Ver*-handeln die Rede.

Nach einem lebendigen Sonnabend mit Referaten, Arbeitsgruppen, den Berichten aus ihnen und dem abendlichen Fest verabschiedete die Gründungsversammlung am Sonntagvormittag nach 18-monatiger Arbeit der Satzungskommission dieses »Mammutwerk«. Wir wählten sieben Mitglieder in den Geschäftsführenden und sechzehn Mitglieder in den Erweiterten Vorstand, um die Arbeit auf möglichst viele Schultern zu verteilen. Glücklich fielen wir uns in die Arme. Was für ein Neubeginn 50 Jahre nach den psychiatrischen Ausrottungsmaßnahmen gegen uns!

Unter dem Titel »Die neue Kraft« schrieb Arnd Schwendy: »... Die Bildung dieses bundesweiten Patientenzusammenschlusses ist das wichtigste Ereignis in der Entwicklung der deutschen Psychiatrie seit der Vorlage der Enquete in den 70er Jahren ...« (Psychosoziale Umschau, 4/92)

Aufbruch alter Welterfahrung in der Psychose?

Für mich war eine neue Zeit angebrochen. Ich begab mich auf »Wanderschaft«, obwohl ich mir das als bodenständige Bildhauerin gar nicht hatte vorstellen können. Die Zeit der Lesungen, der Vorträge und der Vorstellung unseres Hamburger Psychose-Seminars an vielen Orten in Deutschland, der Schweiz und in Luxemburg begann. Schon vor 35 Jahren hatte das alte chinesische Schafgarben-Orakel mir das angezeigt.

Immer wieder beschäftigte mich das durch die Psychose veränderte Welterleben sonst nicht gespürter Sinnzusammenhänge, das ich Zentralerleben nannte. Mir schien es der Wahrheit näher als unsere normale Welterfahrung. Viele Betroffene bestätigten das. Zwischen meinen fünf Psychosen erklärte ich diese Veränderung meiner älteren Schwester einmal so: Dass alles irdische Geschehen Niederschläge einer sich über uns vollziehenden geistigen Entwicklung seien.

1967 fand ich in dem »Buch der Wandlungen«, dem I Ging, mit den Kommentaren von Konfuzius (551–479 v. Chr.) und anderen in der Übersetzung und Erklärung von Richard Wilhelm, »dass alles, was in der Sichtbarkeit geschieht, die Auswirkung eines ›Bildes‹, einer Idee im Unsichtbaren ist. Insofern ist alles irdische Geschehen nur gleichsam eine Nachbildung eines übersinnlichen Geschehens, die auch, was den zeitlichen Verlauf anlangt, später als jenes übersinnliche Geschehen sich ereignet.« (S. 16)

Dieses spätere irdische Geschehen erklärt das »Buch der Wandlungen« in seinem Beginn vor über 3000 Jahren als eine »Sammlung von Zeichen für Orakelzwecke«.

Das zum »Buch der Wandlungen« gehörende Schafgarben-Orakel lernte ich 1955 durch den Schriftsteller

Gustav Schenk kennen, der schon als Jugendlicher ferne Länder durchwanderte. Wer dieses pädagogische Orakel befragt, überlässt sich konzentriert seinen Händen beim mehrfachen Teilen eines Bündels von 49 Schafgarbenstängeln.

Dass unsere Hände und Füße durch die Impulse, die wir in ihnen spüren können, und durch die sie begleitende konzentrierte Aufmerksamkeit wissender als unser Bewusstsein sein können und als Symbolhandlungen mit der unsichtbaren Welt gleichsam kommunizieren, war mir aus meinen Psychosen vertraut, etwa als »vorausgeworfenes Zeichen einer einzuholenden Entwicklung«, wie ich mir 1936 die inneren Impulse zu meinem Gang genau auf der Leuchtspur des Morgensterns ins Watt zur symbolischen Wiedergeburt aus dem Schlick erklärte.

Die Psychose als Regression, als Rückkehr in frühere Entwicklungsphasen, ist seit Sigmund Freud und C. G. Jung bekannt. Die in Psychosen häufig aufgebrochenen religiösen Erfahrungen, die der heutigen Norm nicht mehr entsprechen, bestätigen es. Auch in kirchlichen Psychiatrien werden sie als »krank« bekämpft. Wir sollten sie uns trotzdem als einen Wert erhalten.

Bei meiner Befragung des Schafgarbenorakels erhielt ich 1955 das 50. Zeichen des I Ging: »Der Tiegel« für die gegenwärtige Situation, und das Symbol für die Zukunft war schließlich das 56. Zeichen: »Der Wanderer«.

Jetzt nach 35 Jahren - ich war bereits Mitte 70 - trat ich wahrhaftig noch viele Reisen an.

Psychiatrie-Reisen von 1989 bis 1998

Meine erste Einladung zu einem Referat war die erwähnte zur 41. Gütersloher Fortbildungswoche 1989.

Sehr ermutigend fand ich Klaus Dörners anschließenden Kommentar. Er sagte: »Wahrscheinlich war es das erste Mal in der Geschichte der deutschen Psychiatrie, dass der Eröffnungs- und für das Thema besonders wichtige erste Vortrag einer großen Fachtagung von jemandem gehalten wurde, der von sich selbst sagt, dass er fünfmal in seinem Leben wegen ›Schizophrenie‹ stationär behandelt worden sei. Frau Buck hat dabei für sich selbst, aber auch für andere Menschen mit psychischer Erkrankung/Störung gesprochen ... Sie sagt: In der Nazi-Psychiatrie wurden Menschen wegen ihrer besonderen psychischen Erfahrungen zwangssterilisiert und ermordet, weil die damaligen verantwortlichen Psychiater – jenseits aller Wissenschaftlichkeit – dem wahnhaften Glaubensdogma folgten, wonach diese besonderen psychischen Erfahrungen sinnblinde Ausdrucksformen körperlicher Erbkrankheiten seien. Und sie sagt zum anderen: Wenn diese Verstümmelungen und Ermordungen von Menschen nicht völlig umsonst gewesen sein und wenigstens heute einen Sinn haben sollen, dann den, dass die psychiatrisch Tätigen daraus lernen, dass sie nicht von ihrer eigenen Wirklichkeit, sondern von der Wirklichkeit derer auszugehen haben, die sie Patienten nennen.«

Diese in der Psychose erlebte andere Wirklichkeit sonst nicht gespürter Sinnzusammenhänge kennen viele Betroffene. Die so häufigen »Beziehungs- und Bedeutungsideen«, das »nicht mehr Unterscheiden von Wesentlichem und Unwesentlichem«, weil alles Sinnbild, Gleichnis für etwas zu sein scheint, die Glaubwürdigkeit aufgebrochener Symbole als Wirklichkeit, diese bekannten Symptome der Schizophrenie würden ohne den Hintergrund des veränderten Welterlebens kaum überzeugen. Wenn ich nach einer Lesung aus diesem Buch oder einem Referat in der anschließenden Diskussion fragte, wer unter den Zuhörern dieses veränderte

Weltgefühl kenne, meldeten sich immer Betroffene, und wir waren schnell im Gespräch.

Aus Bayreuth Mitte Oktober 1993 erinnere ich einen Erfahrungsaustausch mit achtzehn nicht nur als »schizophren«, sondern auch als »manisch-depressiv« Diagnostizierten, die dieses Welterleben sonst nicht gespürter Sinnbezüge alle kannten. Ich wohnte bei der reformierten Pfarrersfamilie, den Freunden der Leiterin des Sozialpsychiatrischen Dienstes, der Psychologin Frau Dr. Heike Schulz. Die Pfarrersfrau, selbst autodidaktische Keramikerin, bot gemeinsam mit einer befreundeten Kunsterzieherin für die nicht oder ungenügend beschäftigten PatientInnen der Bayreuther stationären Psychiatrie die »Arbeit mit Ton« an. Sogar einen Brennofen hatten sie gestiftet. Diese phantasievoll-mitmenschliche Haltung fand ich beispielhaft.

Meine Lesung war in der reformierten Kirche. Zu meiner Freude war sie ganz voll. Sogar aus Nürnberg waren interessierte Menschen gekommen. In einer Kirche zu lesen, bleibt etwas Besonderes. Im Juni 1996 erlebte ich im großen Gemeindesaal der Münchener Kreuzkirche eine vom Frauen-Percussions-Ensemble CABOCLA und von einer Tänzerin umrahmte Lesung.

Den ungewöhnlichsten Lese-Ort erlebte ich in der einmaligen »Frauen-Tram« in Zürich. Die Fahrt begann am Züricher See und ging für jede lesende Autorin eine Stunde lang durch die Hauptstraßen, vierzig Minuten Lesezeit, zwanzig Minuten Diskussion. Immer die gleiche Strecke. In Zürich hielt ich auch ein Referat über unser Hamburger Psychose-Seminar.

Nach einem Vortrag in der Berner Uni-Psychiatrie war ich mit meiner Freundin und Gastgeberin Lilo Werner im SOTERIA-Haus zum Mittagessen eingeladen. Dieses familiäre Zusammenleben in einer alten Villa und das »weiche Zimmer« mit großen, wunderbar farbigen Kissen auf den beiden Matratzen im teppichausgelegten Gartenzimmer mit hellviolett durchsonnten Gardinen beeindruckten uns sehr.

Auch ein Referat in Basel stand auf dem Programm dieser Schweizer Tage und vorher eine Einladung im gemeinsam vom Angehörigenverband und Betroffenen betriebenen »Träffpunkt«.

Vom Oktober 1992 an war ich neben anderen Betroffenen Referentin der Sozialpsychiatrischen Zusatzausbildung und anderer Fortbildungskurse, die die Diplomsoziologin und Transaktionsanalytikerin Manuela Ziskoven in der Diakonischen Akademie in Stuttgart anbot. Fünfzehnmal war ich im Laufe der Jahre dort und stellte dabei auch unser Hamburger Psychose-Seminar vor. TeilnehmerInnen dieser Kurse luden mich danach in ihre Arbeitsstellen ein. So wurden in den ersten Jahren die meisten Psychose-Seminare im süddeutschen Raum angeboten. Manuela Ziskoven begann Anfang 1994 mit unserem »Bund der ›Euthanasie‹-Geschädigten und Zwangssterilisierten e.V.« eine Unterschriften-Aktion zur Nichtigkeitserklärung der psychiatrischen Urteile zur Zwangssterilisierung und zur »Euthanasie«, die die Bundesregierung und der Bundestag ablehnten. Ende Januar 1995 wurden die Unterschriftenlisten im Stuttgarter Presse-Haus mit regionalem Hörfunk und Fernsehen offiziell übergeben.

Für die Verbreitung des so genannten Trialogs waren diese Lese- und Referatsreisen besonders geeignet. Denn nach der abendlichen Veranstaltung probierten wir häufig am folgenden Vormittag den Erfahrungsaustausch zwischen uns Psychiatriebetroffenen, Angehörigen und Fachleuten einfach mal aus. Natürlich stellte auch Thomas Bock auf Kongressen und Fortbildungen den Dialog zwischen diesen drei Fraktionen vor. Aber die Leitung der Ambulanz der Hamburger Universitäts-Psychiatrie ließ ihm zu Reisen weniger Zeit als mir.

Der erste psychiatrische Weltkongress in Deutschland nach dem Zweiten Weltkrieg 1994 war ein trialogischer

Wir saßen 1992 im Hörsaal der Hamburger Uni-Psychiatrie, als Thomas Bock ans Telefon gerufen wurde. Der Präsident der »World Association für Social Psychiatry«, Prof. Jorge Cośta e Silva in Brasilien war am Apparat. Als Thomas Bock zurückkam, hatte er dem Präsidenten die von ihm gewünschte Ausrichtung des XIV. Weltkongresses in Deutschland durch die »Deutsche Gesellschaft für Soziale Psychiatrie« (DGSP) nur unter der Bedingung zugesagt, dass unser »Bundesverband Psychiatrie-Erfahrener« (BPE) und der »Bundesverband der Angehörigen psychisch Kranker« (BApK) gleichberechtigt in den Weltkongress einbezogen werden würden. Das war dem Präsidenten sehr ungewohnt, aber er hatte zugestimmt.

Zwei Jahre lang bereiteten wir diesen ersten trialogischen Weltkongress gemeinsam vor. Er war zugleich der erste psychiatrische Weltkongress in Deutschland nach dem Zweiten Weltkrieg, als die deutsche Psychiatrie wegen ihrer Ausrottungsmaßnahmen gegen uns das Vertrauen der ausländischen Psychiater verloren hatte. Sein Motto: »Abschied von Babylon - Verständigung über Grenzen in der Psychiatrie«. Der Turm von Babylon stand auf allen Programmen und Plakaten als Symbol für die Sprachverwirrung - Sprachlosigkeit wäre hier zutreffender - und die Entfremdung zwischen Psychiatern und uns Betroffenen und den Angehörigen.

Nach dem Eröffnungs-Sonntag am 5. Juni 1994 im Hamburger CCH-Kongresszentrum mit den Begrüßungen des Präsidenten Cośta e Silva und durch uns Kopräsidentinnen (Hildegunt Schütt für die Angehörigen und ich für die Psychiatrieerfahrenen), einer Ansprache der Hamburger Bischöfin Maria Jepsen zur biblischen Babylongeschichte, allerdings ohne Bezug zum Kongress und zur Verstrickung kirchlicher Anstalten in die Ausrottungsmaßnahmen der NS-Zeit, einem Vortrag des Philosophen Heinz von Foerster (USA) über »Die Magie der Sprache und die Sprache der Magie« standen die folgenden Tage jeder unter einem anderen Thema. Der Montag begann mit »Die dunklen Seiten der Psychiatrie, ihre Ausgrenzung, Entwürdigung, Vernichtung von Patienten«, »dem Größenwahn der Psychiatrie und der Gesundheits- und Sozialpolitik«. Der Dienstag hatte »Erleben und Miterleben« zum Inhalt. Der Mittwoch »Verstehen, Vorbeugen und Behandeln«. Am Donnerstag ging es um »Psychiatrie in der Gemeinde - Planen, Kämpfen, Gestalten«, und am Freitag um Visionen für die Zukunft »Jenseits von Babylon - Perspektive der sozialen Psychiatrie«.

An jedem Morgen dieser fünf Arbeitstage trafen sich die über 3000 Gäste aus 52 Ländern zum ersten gemeinsamen Vortrag von 9–10 Uhr, um sich danach in die drei Hauptsymposien bis zum Mittag und dann in die über 30 Workshops und Symposien mit ihren internationalen Themenangeboten aufzuteilen.

Der Aufbau des Programms mit den Verbrechen der Psychiatrie als Auftakt für die Themen der folgenden Tage ließ die übliche psychiatrische Überlegenheit uns Betroffenen gegenüber gar nicht erst aufkommen. Die uns begeisternden Alternativen zur medizinischen Psychiatrie amerikanischer Psychiater wie David Goldblatts »Burch House«, John W. Perrys Wohnstätte »Diabasis« und Loren Moshers »Soteria House« - alle drei für akute Psychotiker - und die Einsicht dieser Psychiater in den Sinn der Psychosen für die Betroffenen wünschten wir uns auch für unsere deutschen Psychiater.

Der ganze Elan dieses trialogischen Weltkongresses, die selbstbewusste Einmischung von uns Psychose- und Depressionserfahrenen in unseren Referaten, Erlebnisberichten, Diskussionsbeiträgen, die uns viele Psychiater gar nicht zugetraut hatten, unsere Hoffnung, dass diese neue Verständigung bleiben könnte, gaben dem Kongress eine beschwingte Aufbruchsstimmung. Dazu trug auch der künstlerische Rahmen entscheidend bei: Die originellen Maskenspiele, die hinreißende »Fast Faust«-Aufführung der Bremer Blaumeier-Gruppe, die ausdrucksstarke Kunstausstellung Betroffener.

Die Nürnberger Malerin Jutta Jentges hatte drei lange Fahnen in den Farben Blau, Gelb, Schwarz und Weiß in der ihr eigenen Symbolik bemalt, die so genau in die beiden größten Säle passten, als hätte sie diese vorher gekannt. Dazu schreibt sie:

»Die Fahne links zeigt den Psychiater, wie ich ihn oft erlebte. Er versteckt sich hinter seinem sterilen weißen Kittel. Er hat keine Hände. Er kann mir nicht helfen ... Er ist wie blind für das, was mich bewegt in meiner Psychose. Er sieht nicht hin, und er hört nicht hin, wenn ich sage, was ich brauche. Er hat keine Ohren. Er weiß, was für mich gut ist, noch bevor ich etwas sagen kann ...

Die Fahne rechts symbolisiert den Menschen in seinem Wahn. Er ist aufgebrochen, er ist verletzlich und offen. Er hat tausend Augen in sich, die mehr sehen und fühlen, als er verarbeiten kann. Er ist getrieben, sehnsüchtig, suchend und fragend. Er ist erfüllt von blauer, kosmischer Energie ...

Die Fahne in der Mitte soll die Hoffnung ausdrücken, dass jemand da ist, wenn ich ver-rückt werde, der mir die Hand reicht, wenn ich sie suche ..., dass wir eine Sprache finden, in der wir uns gleichberechtigt und partnerschaftlich voneinander erzählen können ...«

Seit 1995 schlossen sich dieser »Sternstunde der Psychiatrie«, wie manche Gäste diesen Weltkongress nannten, die anfangs noch trialogischen »Forum REHA« (Rehabilitations)-Kongresse jedes Jahr in Hamburg an. Aber sie waren als Trialog nicht mehr das besondere Anliegen ihrer Veranstalter, wie es bei Thomas Bock als Organisator dieses nach den bewegten Schlussworten des Präsidenten Cośta e Silva »demokratischsten Kongresses, den ich je erlebt habe«, gewesen war.

Unserem »Bundesverband Psychiatrie-Erfahrener e.V.« wurde »THE 1994 MASSERMAN FOUNDATION AWARD FOR CONTRIBUTIONS TO HUMAN UNDERSTANDINGS« verliehen.

Wieder ohne uns?

Im diesjährigen »Forum REHA«-Programm 2005 kamen keine Psychiatrie-Betroffenen mehr vor. Eine Psychoseerfahrene, die seit zwanzig Jahren nach acht Psychosen durch eine mehrjährige psychoanalytische Begleitung voll berufstätig und psychose- und medikamentenfrei wurde, besuchte alle bisherigen REHA-Kongresse. Auf ihre diesjährige Anfrage beim Planungs-Chef, welche Veranstaltungen für Betroffene ohne professionelles Fachwissen er empfehlen könne, erhielt sie die Antwort, »dass, nach Rücksprache mit den Verantwortlichen der einzelnen Bereiche, der Bereich ›NATM‹ (Bedürfnisangepasste Behandlung) *nicht* für Laien geeignet ist, und die Bereiche ›N‹ (Neurobiologie) und ›G‹ (Gemeindepsychiatrie) *nur sehr bedingt*.«

Aus uns Psychose- und Depressionserfahrenen sind wieder »Laien« geworden, deren Erfahrungen und Bedürfnisse bei einer »bedürfnisangepassten Behandlung« nicht gefragt sind. Eine wieder hierarchisch-medizinische Psychiatrie mit ihrer Bestimmung über die PatientInnen, statt mit ihnen wirksame Hilfen zu entwickeln, wünscht sich aber wohl niemand von uns Betroffenen und den fortschrittlichen Helfern zurück. Der XIV. Weltkongress 1994 hat Maßstäbe gleichberechtigter Partnerschaft gesetzt, hinter die wir uns nicht wieder zurückdrängen lassen wollen.

Zu diesem Trend der verstärkten biologischen Psychiatrie, der die Gene und der »gestörte Hirnstoffwechsel« wichtiger sind als die Lebensgeschichten der Betroffenen und ihre Sinnzusammenhänge mit ihren Psychose-Inhalten, schreibt der Leipziger Sozialpsychiater Professor Klaus Weise zur aktuellen Schließung der Abteilung Sozialpsychiatrie und Psychotherapie der Medizinischen Hochschule Hannover:

»Ihr Verlust wird noch schlimmer auf dem Hintergrund des generellen Trends der Medikalisierung und Dehumanisierung der Psychiatrie. Es ist zu erwarten, dass psychosoziale Inhalte in der psychiatrischen Forschung, in Aus- und Weiterbildung noch spärlicher werden. Im Vergleich zu biologischen Themen sind sie schon jetzt völlig unterrepräsentiert ...

Die Psychiatrie versteht sich immer mehr als Neurowissenschaft mit dem Schwerpunkt auf Psychopharmakotherapie. Sozialarbeit und Gemeindepsychiatrie werden zu Technologien sozialer und psychosozialer Interventionen, die sich ohne eigenes Theorie- und Krankheitsverständnis der medizinischen Psychiatrie (z.B. ihren Krankheitskonzepten und Diagnosesystemen) unterordnen ...

Die Vielschichtigkeit, der Reichtum der individuellen Existenz der Betroffenen, ihre Würde, Freiheit und Selbstbestimmung werden ausgeblendet. Die Menschen werden partikularisiert und bleiben in den institutionellen Strukturen der Psychiatrie und der sozialen

Hilfen mehr oder weniger ohnmächtige Objekte der Professionellen ...« (Soziale Psychiatrie 2/2005)
Diese defizitorientierten »Krankheitskonzepte und Diagnosesysteme« der biologischen Psychiatrie gründen auf Emil Kraepelin (1856–1926). Er ist der Begründer der Krankheitsbilder-Psychiatrie. Auf seine diagnostisch-nosologischen Grundbegriffe bezieht sich auch heute noch die Internationale Classifizierung der Diagnosen (ICD-Schlüssel) der Weltgesundheitsorganisation (WHO). Kraepelin forderte ein »rücksichtsloses Eingreifen« gegen die erbliche Minderwertigkeit, das »Unschädlichmachen« der psychopathisch Entarteten mit Einschluss der Sterilisierung. Seit meinen Psychiatriezeiten 1936–1959 hat sich an diesem Krankheitskonzept der biologischen Psychiatrie wenig geändert. Aus der damaligen »erblich und körperlich verursachten Schizophrenie« ist die »genetisch bedingte Hirnstoffwechselstörung« geworden. Auch die heutigen entmutigenden Prognosen der unheilbaren Krankheit und darum die wie bei einem Diabetes notwendige lebenslange Einnahme von Medikamenten, die es damals noch nicht gab, blieben unverändert. Wir haben dieses Krankheitskonzept der nicht seelisch, sondern erblich und körperlich verursachten und darum »unheilbaren endogenen Psychose« mit unseren Zwangssterilisationen, die »Euthanasie«-Opfer mit ihrem Leben bezahlen müssen. Das sollte eigentlich Grund genug sein, die Patientenerfahrungen eingehend zu erfragen und ernst zu nehmen. Nur so ist eine Psychiatrie als empirische, auf den Erfahrungen der Betroffenen gründende Erfahrungs-Wissenschaft möglich.

PsychiaterInnen und MitarbeiterInnen der Sozialen Psychiatrie sollten sich gemeinsam mit unserem »Bundesverband Psychiatrie-Erfahrener« gegen die zunehmende »Dehumanisierung« durch die wachsende biologische Psychiatrie und die sie fördernde mächtige

Pharmaindustrie wehren. – Dass man inhumanen Entwicklungen nicht ohnmächtig ausgeliefert sein muss, zeigt unsere Unterschriften-Aktion gegen die von der Bio-Ethik-Konvention geplante »fremdnützige medizinische Forschung an ›nicht-einwilligungsfähigen Personen‹«.

50.000 von uns Psychiatrieerfahrenen gesammelte Unterschriften

Diese vom Europarat über Jahre unter Verschluss gehaltene Geheimsache gelangte 1994 durch eine gezielte Indiskretion an die Öffentlichkeit. Der Patientenmissbrauch zu fremdnützigen medizinischen Forschungszwecken sollte europaweit legalisiert werden.

Erschreckt von diesem geplanten Angriff auf die Menschenwürde »nicht-einwilligungsfähiger Personen«, verschickten meine Schwester Dr. Anne Fischer und ich im Mai 1996 ein von ihr als Verlegerin herausgegebenes Heft mit Bio-Ethik-Texten und Protesten, eine Stellungnahme unseres »Bundesverbandes Psychiatrie-Erfahrener«, eine Unterschriften-Liste mit Auszügen aus der »Grafenecker Erklärung«, und als anschauliches Beispiel fremdnütziger medizinischer Forschung an von Ärzten abhängigen PatientInnen die 60-seitige Broschüre in zwei weiteren Auflagen zu Professor Hippius' Panikerzeugung bei PsychiatriepatientInnen, um für den Katastrophenfall paniklösende Substanzen zu entwickeln.

Für diese Unterschriften-Aktion schrieben wir alle Adressen an, die uns notwendig erschienen: den Bundespräsidenten Roman Herzog, einige Bundesminister, alle theologischen, erziehungswissenschaftlichen und sozialpädagogischen Fakultäten deutscher Universitäten und Hochschulen, alle evangelischen und katholischen Bischöfe, die EKD-Ratsmitglieder, die 35 verantwortlichen Mitglieder des Zentralkomitees der Deutschen Katholiken (ZDK), alle 360 Synodalen der evangelischen Kirche, denn beide Kirchenleitungen hatten schon ihre Zustimmung oder Duldung der Unterzeichnung der Bio-Ethik-Konvention durch die Bundesregierung signalisiert, die wir verhindern wollten. Als letzter Versuch von unserer Seite, dessen Hintergrund unsere Betroffenheit durch die NS-Psychiatrie war, ging ein offener Brief an die Bundestagspräsidentin Frau Prof. Rita Süssmuth und an alle damals 672 Bundestagsabgeordneten zusammen mit Dietrich Sattlers Artikel »Der Ungeist bricht sich Bahn!« (Das Sonntagsblatt, 20.9.1996). Wolfgang Heuer machte Tausende Kopien, besorgte die Briefmarken, denn zur individuellen Ansprache verschickten wir nur persönliche Briefe. Die ausgefüllten Unterschriften-Listen gingen an Dr. Michael Wunder in der Evangelischen Stiftung Alsterdorf in Hamburg. Er hatte diese Aktion mit 4000 Unterzeichnern begonnen.

Viele Mitglieder unseres Bundesverbandes schlossen sich der Unterschriften-Aktion an. Einige initiierten in ihren Kirchengemeinden gut besuchte Veranstaltungen gegen die Bio-Ethik-Konvention.

Die von den Theologen beider Kirchenleitungen signalisierte Zustimmung oder Duldung der »fremdnützigen medizinischen Forschung an ›nicht-einwilligungsfähigen Personen‹« war nur möglich, weil sie die von ihr betroffenen Menschen nicht kannten. An sich selbst würde man solche Eingriffe ablehnen. Bei theologischen Entscheidungen über Andere wäre die Orientierung an Jesu Regel für unser Handeln notwendig: »Alles nun, was ihr wollt, dass euch die Leute tun sollen, das tut ihr ihnen auch; das ist das Gesetz und die Propheten« (Matth. 7,12). Da in beiden Kirchen die »Euthanasie«-Morde an den Menschen auch ihrer eigenen kirchlichen Anstalten und Heime kein Thema wie der Holocaust der Juden war, fehlt der Wandel. Pastor

Friederich v.Bodelschwinghs Ablehnung einer Wiedergutmachung für uns Zwangssterilisierte 1965, als der Wiedergutmachungsausschuss des Deutschen Bundestages sie erwog und ihn als Experten hinzugezogen hatte, gründete auf der gleichen Unkenntnis ohne ein Gespräch mit uns Betroffenen. Die von Jesus geforderte Solidarität mit den »Geringsten« wird nur möglich sein, wenn man sie als Mensch kennt. (»Was ihr getan habt einem unter diesen meinen geringsten Brüdern, das habt ihr mir getan«, im »Vom Weltgericht« überschriebenen Kapitel 25, 40 von Matthäus.) Wenn aber für Jesus die Solidarität mit den »Geringsten« der Maßstab für die Annahme und Zukunft des Menschen war, sollte den angehenden Theologen auch die Chance, sie kennen zu lernen, gegeben werden. Wer aber ist in unserer Gesellschaft geringer geachtet als der »Geisteskranke« oder heute »seelisch erkrankte Mensch«? Könnte es sein, dass die häufigen religiösen Erfahrungen in der Psychose auch so verstanden werden können, dass die Betroffenen sich als »geringste Brüder und Schwestern« Jesus besonders nahe fühlen? Und wenn sie es sogar wären?

Unsere Hoffnung auf eine gewaltfreie Psychiatrie ohne Zwangsmedikation und Fixierungen

Für die biologische Psychiatrie und ihr Psychose-Verständnis als eine sinnlose genetisch bedingte Hirnstoffwechselstörung bleibt die meistens sofort einsetzende Medikation *das* Mittel der Wahl. Der von seinem Erleben überwältigte Patient wünscht sich natürlich, mit seinem Erleben ernst genommen zu werden. Die sofortige Stilllegung durch starke Neuroleptika lässt sich nicht als ihm wohlgesonnene Hilfe erkennen. Er wehrt sich. Um ihn gefügig zu machen, wird er womöglich an Händen, Bauch und Füßen ans Bett gefesselt, »fixiert«.

Die Malerin Jutta Jentges zeigte in der Kunstausstellung des XIV. Weltkongresses für Soziale Psychiatrie 1994 ein großes ausdrucksstarkes Bild eines mit über dem Kopf ausgebreiteten Armen und an den Füßen ans Bett fixierten Menschen mit der Frage »Why?«. Sie schilderte die Qual einer solchen auch über Nacht erlebten Fixierung. Dem Fixierten wird eine Windel verpasst. Auch das wird als demütigende Entwürdigung erlebt. Für sehr viele, wenn nicht für die meisten einmal Fixierten bleibt diese quälende Erfahrung ein womöglich lebenslanges Trauma.

In den vier Anstalten, die ich von 1936 bis 1946 erlebte, gab es noch keine Psychopharmaka, infolgedessen gab es auch noch keine Fixierungen dieser Art. Damals wartete man erst einmal einige Wochen ab, ob sich unsere Psychosen von selbst wieder zurückbilden würden, bevor Cardiazol-, Insulin- oder Elektroschocks angewandt wurden. In Bethel 1936 gab es auch diese Schockbehandlungen noch nicht. Bei den meisten von uns bildeten sich die Psychosen von selbst wieder zurück. Aber es dauerte in der Regel länger als unter Medikamenten. Ohne ein einziges ärztliches und seelsorgerisches Gespräch blieben wir auch ohne jede Hilfe zum Psychose- und Selbstverständnis. Hinzu kamen die Zwangssterilisationen mit ihren lebenslangen Folgen als schwere seelische Belastung.

Dass die heutigen Psychopharmaka für viele Betroffene und ihre Angehörigen eine für sie unverzichtbare Hilfe sind, bleibt unbestritten. Obwohl ich mich frage: Was wäre gewesen, wenn sie gleich beim ersten Mal, als sie auf eine seelische Erschütterung oder Lebenskrise mit einer Psychose reagierten, Hilfe zu ihrem Verständnis gehabt und sie in ihr Leben hätten einbeziehen können, statt sie als nur »krank« von sich selbst abzuspalten?

Wir wenden uns gegen die Zwangsmedikation, die dann besonders bitter ist, wenn sie Dauerschäden zur

Folge hat, wie unwillkürliche Zuckungen besonders im Gesicht oder sogar die seltenen veitstanzähnlichen ausladenden Bewegungen, unter denen eine junge Künstlerin unter uns aufs Schwerste leidet. Zumindest müsste einer solch lebenslang so schwer Geschädigten ein entsprechender Schadensersatz zugesprochen werden.

Da Medikamente nur Symptome verdrängen, aber eine Psychose nicht heilen können, gründeten die drei genannten amerikanischen Psychiater ihre Alternativen. Am bekanntesten sind bei uns im deutschsprachigen Raum Loren Moshers »Soteria House« und die von Luc Ciompi gegründete Berner Soteria geworden.

Soteria – Eine Alternative zum entmutigenden medizinischen Krankheitskonzept

Soteria unterscheidet sich vom defizitären naturwissenschaftlich-medizinischen Krankheitsverständnis der Schizophrenie als »uneinfühlbar, unverstehbar, sinnlos« darin, dass die Psychose als Lösungsversuch einer vorausgegangenen Lebenskrise verstanden und ihre lebensgeschichtlichen Sinnzusammenhänge erfragt und ernst genommen werden. Die Psychose und ihre Symptome werden daher möglichst nicht medikamentös verdrängt – um wie alles Verdrängte irgendwann erneut aufzubrechen –, sondern in ihrem Sinn verstanden und ins normale Leben einbezogen.

Eine deutsche Original-Soteria befindet sich in einem schönen, renovierten Altbauhaus außerhalb des Geländes der Münsterklinik in Zwiefalten/Württemberg. Da die Einführung von Soteria in Deutschland bisher nicht nur am Widerstand der biologischen Psychiatrie, sondern auch an den höheren Kosten der intensiven Begleitung der PatientInnen durch die MitarbeiterInnen scheiterte, entwickelten die Oberärzte Theiß Urbahn und Dr. Iris Jiko mit einem engagierten Team und mit Psychiatrieerfahrenen und Angehörigen in der Westfälischen Klinik in Gütersloh eine Soteria-Form, die ohne Mehrkosten und andere Privilegien allen PatientInnen zugute kommen könnte, die die Sinnzusammenhänge ihrer Psychosen mit ihren Lebensgeschichten verstehen und in ihr Leben integrieren wollen. 1992 wurden zuerst das Hermann-Simon-Haus II und ab 1997 zwei weitere akutpsychiatrische Aufnahmestationen ohne personelle und materielle Bevorzugung Soteria-gerecht umgestaltet. 1996 gewann ich einen Eindruck von dieser grundsätzlich offenen Station ohne Krankenhauscharakter. Schon beim Betreten war die wohltuend menschliche Atmosphäre zu spüren. Das Dienstzimmer und die Glaskanzel der MitarbeiterInnen waren einer gemütlichen Wohnküche gewichen. Hier trafen sich PatientInnen und MitarbeiterInnen zum Gespräch und zum gemeinsamen Tun. Während ich dort saß, erlebte ich die freudige Begrüßung einer ehemaligen Patientin und der MitarbeiterInnen.

Theiß Urbahn und Iris Jiko zogen auf der Gütersloher Fortbildungswoche 1996 eine erste Bilanz:

- Trotz Akutaufnahmen einschließlich Zwangseinweisungen und zwei bis drei forensischen Patienten in der Reha-Phase konnte die Stationstür durchgehend offen bleiben.
- Die Zwangsmaßnahmen hatten im Vergleich zu anderen Akutstationen um 90 % abgenommen, der Medikamentenverbrauch sich entscheidend verringert.
- Das bessere Stationsklima bewirkte eine steigende Akzeptanz bei den PatientInnen, die Zahl der freiwilligen Aufnahmen stieg.
- Trotz der gestiegenen Belastung und Verantwortung ergab sich ein weit überdurchschnittliches Engagement der MitarbeiterInnen.

Es war eine tiefe Enttäuschung für unseren Bundesverband, als am 4. Mai 1999 der Landschaftsverband Westfalen-Lippe die nach dem Krankenhausgesetz vom Februar 1996 neu ausgeschriebene Stelle des abteilungsleitenden Arztes nicht mit Theiß Urbahn als Initiator und Begründer dieser Soteria-gerechten Stationen, sondern mit einem jungen Soteria-unerfahrenen Arzt besetzte. Er nahm die Reformen zurück, Theiß Urbahn wurde versetzt, Iris Jiko und die engagierten MitarbeiterInnen verließen nacheinander die Abteilung. – Dieses Beispiel dreier Soteria-gerechten Akutstationen ohne Mehrkosten, die zur Aufnahme aller PatientInnen der ihnen zugeteilten Gemeinden verpflichtet waren, darf nicht dem Vergessen anheim fallen. Es beweist, dass alle Akutstationen ohne Mehrkosten ebenso menschlich sein könnten.

Ich wünsche mir, dass unser Bundesverband, unsere Landesverbände und Landesarbeitsgemeinschaften ihre Initiativen und Gründungen wie »Weglaufhäuser«, die »Offene Herberge« im Raum Stuttgart, »Für alle Fälle« in Berlin, unser Forschungsprojekt »Psychoseerfahrene erforschen sich selbst« und viele andere dank öffentlicher Mittel verwirklichen, halten oder abschließen können.

Unser BPE ist aus unserem Hamburger Psychose-Seminar im Mai 1990 hervorgegangen. Möge er seinen trialogischen Geist, aus dem er kam, auch in Zukunft behalten!

Und ich wünsche mir, dass wir die gegenseitige Toleranz auch denen gegenüber, die andere Erfahrungen machten und anderer Meinung sind als wir selbst, uns immer mehr zu Eigen machen.

Hamburg, im Juli 2005

Psychosen verstehen

»Wir müssen verstehen, was wir erleben, um unsere Erfahrungen in unser normales Leben integrieren, um anderen ein Verständnis vermitteln zu können.«

Die Psychiatrie auf dem Weg zur Erfahrungs-Wissenschaft

Was braucht sie dafür?

- Erfahrungen der Betroffenen anhören und ernst nehmen.

- Psychose als **Aufbruch des normalerweise Unbewussten** ins Bewusstsein, um vorausgegangene Lebenskrisen zu lösen, die wir mit unseren bewussten Kräften nicht lösen konnten.

- Da Traum und Psychose aus derselben Quelle, dem Unbewussten, kommen, **Parallelen zwischen beiden beobachten!**

- Aufbruch von **Symbolen** in Traum und Psychose beim Denken und Handeln.

- **Identifikationen** in Traum und Psychose.
  Wir identifizieren uns mit den im Traum auftretenden Personen, die uns häufig selbst meinen. In der Psychose, vor allem der Schizophrenie, sind Identifikationen mit Jesus und anderen – vor allem biblischen – Gestalten häufig.

- Die in Psychosen häufigen **Beziehungs- und Bedeutungsideen** lassen sich erst aus dem in der Psychose **veränderten Weltgefühl sonst nicht gespürter Sinnzu-**

sammenhänge verstehen. Ähnliches gibt es im Traum. S. Freud erwähnt zum Traum: »Eine **auffällige Tendenz zur Verdichtung**, eine Neigung, neue Einheiten zu bilden aus Elementen, die wir im Wachdenken gewiss aus einander gehalten hätten.«

- Da diese Veränderungen sich von unserem normalen Denken und Vorstellen so unterscheiden, bewerten wir sie als nicht aus uns selbst, sondern von außen kommende »**Eingebungen**«. Aus diesem »Eingebungs«-Erlebnis resultiert wohl auch der Schizophrenie-Begriff.
  Sobald wir aber von einem in der Psychose aufgebrochenem eigenen Unbewussten wissen, das wir wegen der ganz anderen Art des Denkens, des eher **Gedachtwerdens**, als nicht aus uns selbst kommend erkennen, sollte **gemeinsam** ein Psychose- und Selbstverständnis erarbeitet werden.

- Unsere Psychosen gehen meistens mit **aufbrechenden Impulsen und Emotionen** einher, die auch aus dem Unbewussten kommen. Damit sich keine Gefühle und Impulse stauen können, lebe ich immer aus diesen Impulsen oder der inneren, nicht gehörten Stimme. Manche hören sie ja auch.

- Die Krankheit scheint mir darin zu liegen, dass wir unser Psychoseerleben für Realität halten. Würden wir es von vornherein auf der »**Traumebene**« erkennen, wären wir nicht krank. Es bedarf also der Verschiebung der Psychose-Inhalte auf die Traum-Ebene, um sich den S I N N der Psychose zu erhalten, nur ihre objektive Wirklichkeit nicht.

- Durch diese **Verschiebung** meiner fünf als »schizophren« diagnostizierten Schübe zwischen 1936 und 1959 und durch meine **Arbeit** bin ich seit genau 50 Jahren psychosefrei.

Hamburg, im Mai 2009

Weiterführende Literatur:

BOCK, T.; BUCK-ZERCHIN, D.-S.; ESTERER, I.: Stimmenreich: Mitteilungen über den Wahnsinn. Bonn 2007

BUCK-ZERCHIN, D.-S.: Lasst euch nicht entmutigen. Texte 1968-2001. Norderstedt 2002

BUCK-ZERCHIN, D.-S.: Verstehen statt bekämpfen – zum religiösen Erleben in der Psychose. In: 70 Jahre Zwang in deutschen Psychiatrien – erlebt und miterlebt. Neumünster 2006

DÖRNER, K.: Leben und sterben, wo ich hingehöre. Dritter Sozialraum und neues Hilfesystem. Neumünster 2007

Weitere Informationen:

DOROTHEA BUCK HAUS
Wohnheim für psychisch erkrankte Menschen in Bottrop
Internet: http://www.diakonisches-werk.de/ampe/dbh/index.php

DOROTHEA BUCK STIFTUNG gegen Euthanasie, Zwangssterilisation und für EX-IN
Kontakt: Alexandra Pohlmeier, Bleibtreustr. 10, 10623 Berlin, Tel: 030/881 99 73, Fax: 030/882 33 18.

HIMMEL UND MEHR.
DOROTHEA BUCK AUF DER SPUR (D, 2009)
Ein Film von Alexandra Pohlmeier. Kino-Dokumentarfilm, 90 min, Digi Beta.
Gefördert von der Filmförderung Hamburg Schleswig-Holstein GmbH.
Internet: http://www.himmelundmehr.de

INTERNETSEITE mit Informationen zu Dorothea Buck:
http://www.bpe-online.de/buck/index.htm